Zu diesem Buch

Nichts beschäftigt den Menschen so sehr wie das eigene Ich und der Umgang mit anderen. Was unsere Eigenart ausmacht und was unser Verhalten bestimmt, ist aber nicht leicht herauszufinden. Vieles bleibt verwirrend widersprüchlich: unsere Begabungen und ihre Nutzung, unsere Wünsche und ihre Befriedigung, unsere Selbsteinschätzung und ihre Anerkennung. Die eigenen Bedürfnisse zu erkennen und die Forderungen der Umwelt zu verkraften, fällt in einer Phase beschleunigter Entwicklung, wie Jugendliche sie durchmachen, besonders schwer. Hier kann die Psychologie Hilfestellung leisten. Ihre Arbeitsweisen und Erkenntnisse beschreibt dieses Jugendlexikon mit der leichtfaßlichen Vermittlung von Begriffen, die in der öffentlichen Diskussion häufig gebraucht, aber oft nicht verstanden werden.

Wolfgang Schmidbauer, geboren 1941, Diplom-Psychologe und Dr. phil., arbeitet als Psychotherapeut in freier Praxis und als Dozent in der Münchener Arbeitsgemeinschaft für Psychoanalyse. Er veröffentlichte unter anderem: «Seele als Patient», München 1971; «Die sogenannte Aggression», Hamburg 1972; «Erziehung ohne Angst» (dtv 1020), München 1974; «Emanzipation in der Gruppe», München 1974; «Vom Es zum Ich. Evolution zur Psychoanalyse», München 1975; «Psychotherapie» (dtv 1056), München 1975; «Ich in der Gruppe», Ravensburg 1975; «Die hilflosen Helfer. Über die seelische Problematik der helfenden Berufe», Reinbek bei Hamburg 1979; «Alles oder nichts. Über die Destruktivität von Idealen», Reinbek bei Hamburg 1980, «Die Ohnmacht des Helden. Unser alltäglicher Narzißmus», Reinbek bei Hamburg 1981, «Helfen als Beruf. Die Ware Nächstenliebe», Reinbek bei Hamburg 1983.

Das Jugendlexikon Psychologie erscheint in einer Reihe von Nachschlagewerken, die als Orientierungshilfen für Jugendliche in den Bereichen des öffentlichen Lebens und der persönlichen Entwicklung dienen sollen. Die Jugendlexika erläutern schwierige Begriffe, die in den Medien oder in Diskussionen häufig gebraucht werden. Sie klären darüber hinaus komplizierte Sachverhalte, die für Jugendliche mit dem Heranwachsen zunehmend an Bedeutung gewinnen.

Die Reihe umfaßt:
1. Jugendlexikon Politik (rororo handbuch 6183)
2. Jugendlexikon Wirtschaft (rororo handbuch 6189)
3. Jugendlexikon Gesellschaft (rororo handbuch 6195)
4. Jugendlexikon Recht (rororo handbuch 6201)
5. Jugendlexikon Psychologie (rororo handbuch 6198)
6. Jugendlexikon Erziehung (rororo handbuch 6202)
7. Jugendlexikon Nationalsozialismus (rororo handbuch 6288)

Wolfgang Schmidbauer

Jugendlexikon Psychologie

Einfache Antworten
auf schwierige Fragen

rororo

Rowohlt

82.–88. Tausend Januar 1984

Erstausgabe
Veröffentlicht im Rowohlt Taschenbuch Verlag GmbH,
Reinbek bei Hamburg, Juni 1976

Umschlagentwurf Werner Rebhuhn
Satz Aldus (Linotron 505 C)
Gesamtherstellung Clausen & Bosse, Leck
Printed in Germany
680-ISBN 3 499 16198 2

Vorwort

Dieses «Jugendlexikon Psychologie» soll die wichtigsten Ausdrücke der psychologischen Fachsprache anschaulich erklären. Darüber hinaus versucht es, die Einsichten der modernen Psychologie und der Psychoanalyse fruchtbar zu machen, um Konflikte und Probleme des Alltags und der Lebensgestaltung zu beleuchten und lösen zu helfen. Es bietet sich daher – gerade in den längeren Artikeln – auch als Lesebuch an, nicht nur als Nachschlagewerk. Als praktisch tätiger Psychotherapeut und Leiter von Selbsterfahrungsgruppen, als beratender Psychologe in einem Internat und als Dozent für Gruppendynamik und Psychoanalyse habe ich die Erfahrungen gesammelt, die ich hier weitergebe. Danach verstehe ich Psychologie nicht nur als Erforschung kleiner Ausschnitte des Verhaltens, sondern als emanzipatorische Wissenschaft im Dienst menschlichen Wachstums, das durch Einsicht in unsere inneren Widersprüche und Entwicklungsmöglichkeiten gefördert werden kann.

München, im Februar 1976 Wolfgang Schmidbauer

Hinweise für die Leser:

1. In einem Lexikon lassen sich Begriffe, auf die man im Gespräch oder durch Lektüre stößt, rasch klären. Schwieriger ist es, sich darin zu bestimmten Problemen Auskunft zu holen, solange man die einschlägigen Begriffe nicht kennt. Deshalb ist diesem Lexikon als Einstiegshilfe für den Benutzer ein *Orientierungsrahmen* vorangestellt. Darin sind den psychologischen Problemfeldern, die vor allem für Jugendliche wichtig sind, die dazu im Lexikon erfaßten Schlüsselbegriffe zugeordnet.

2. Begriffe, die keine eigenen Artikel erhalten haben, aber in andern Stichworten erklärt werden, finden sich im *Register.* Ein Pfeil vor einem Begriff innerhalb eines Artikels bedeutet, daß dieser Begriff in einem eigenen Artikel erklärt ist.

3. In vielen Artikeln sind Psychologen und ihre Anreger namentlich erwähnt. Damit sie zeitlich und in ihrer Bedeutung für die Psychologie eingeordnet werden können, sind sie in einem *Personenverzeichnis* erfaßt.

Orientierungsrahmen

Eltern-Kind-Probleme	Abhängigkeit, Ablösung, anale Phase, orale Phase, phallische Phase, Erziehung, Familie, Kindertherapie, kindliche Sexualität, Lernen, Ödipuskomplex, Verwahrlosung
Frauenemanzipation	Doppelmoral, Emanzipation, Geschlechtsrolle, männlicher Protest, Ödipuskomplex, politische Psychologie
Gesellschaftliche Einflüsse	Autoritäre Persönlichkeit, Emanzipation, Erziehung, Identifizierung, politische Psychologie, Sozialisation, Sozialpsychologie, Vorurteil
Jugendprobleme	Adoleszenz, Akzeleration, Entwicklung, Erziehung, Familie, Identifizierung, Ich-Ideal, Jugend, Jugendpsychologie, Pubertät, Schule
Kontakt- und Beziehungsschwierigkeiten	Angst, Außenseiter, Besitzanspruch, Bindung, Doppelbindung, Echtheit, Eifersucht, Eheberatung, Intimität, Isolation, Kommunikation, Neurose, Paarbeziehung, Schüchternheit
Schul- und Lernprobleme	Aufmerksamkeit, Anspruchsniveau, Erziehung, Intelligenz, Konzentration, Lernen, Lernstörungen, Prüfungsangst, Schule
Seelische Leiden . . .	Angst, Depression, Hysterie, Neurose, Phobie, Psychose, Psychopathie, Schizophrenie
. . . und ihre Behandlung	Gestalttherapie, Gruppentherapie, Primärtherapie, Psychiatrie, Psychoanalyse, Psychotherapie, Transaktionsanalyse, Verhaltenstherapie
Sexualprobleme	Impotenz, Frigidität, Jugendsexualität, Homosexualität, Kastrationsangst, Keuschheit, Liebesfähigkeit, Masochismus, Nymphomanie, Orgasmusschwierigkeiten, Perversion, Sexualangst, Sexualerziehung

Register

Personenverzeichnis

Ach, Narziß Kaspar (1871–1946), deutscher Psychologe und Begründer der experimentellen Willensforschung, bei der er als erster die Methode der Selbstbeobachtung benutzte. → Denken

Adler, Alfred (1870–1937), Wiener Arzt und früher Schüler Freuds. Er erweiterte die → Tiefenpsychologie um die soziale Dimension und führte so über die bei Freud vorherrschende Triebtheorie hinaus. Als wesentliche Bedingung für die Persönlichkeitsentwicklung erkannte er → Minderwertigkeitsgefühl, → Selbstwertgefühl und → Gemeinschaftsgefühl in der Umwelt. → auch Aggressionsursachen, Familie, Individualpsychologie, Kompensation, männlicher Protest

Adorno, Theodor W. (1903–1969), deutscher Soziologe und Philosoph. Er veröffentlichte eine Vielzahl wissenschaftlicher Arbeiten über soziologische, musikalische, literarische und philosophische Themen. → autoritäre Persönlichkeit

Alexander, Franz (1891–1964), amerikanischer Psychoanalytiker, der sich mit dem Einfluß psychischer Faktoren auf Körperfunktionen und deren Störungen beschäftigte. → Psychosomatik, Tiefenpsychologie

Allport, Gordon W. (1897–1967), amerikanischer Psychologe. Er vertrat ein Persönlichkeitsbild, das sich nicht nur auf Verhalten, sondern auch auf individuelle Werteinstellungen stützt. → Eigenschaft

Aristoteles (384–322), griechischer Philosoph, Erzieher Alexanders d. Gr., Gründer einer Philosophenschule in Athen. Sein wissenschaftliches Werk wurde Grundlage für die gesamte abendländische Philosophie. → Assoziation

Bateson, Gregory (*1904), amerikanischer Anthropologe. Er entwickelte seit den fünfziger Jahren zusammen mit anderen als wichtigstes Ergebnis seiner Familien-Untersuchungen die Lehre von der → Doppelbindung.

Bechterew, Wladimir (1857–1927), russischer Psychiater und Neurologe, der zusammen mit Pawlow die Lehre vom → bedingten Reflex begründete. → Konditionierung

Berne, Eric (1910–1970), amerikanischer Psychiater, der zusammen mit Thomas A. Harris die → Transaktionsanalyse wissenschaftlich begründete und praktisch erprobte. → Spiele

Bühler, Charlotte (1893–1974), deutsche Kinder- und Jugendpsychologin. → Humanistische Psychologie

Charcot, Jean Martin (1825–1893), arbeitete in einer Pariser Klinik für Nervenkrankheiten besonders über → Hysterie und → Hypnose. → Degeneration

Darwin, Charles (1809–1882), begründete eine Abstammungslehre (→ Deszendenztheorie), derzufolge die Arten nach dem Prinzip der Auslese der Tüchtigsten entstehen und sich verändern. → Ausdruck

Dollard, John A. (*1900), amerikanischer Psychologe, führender Vertreter der → Frustrations-Aggressions-Lehre. → Aggression

Erikson, Erik H. (*1902), in Wien ausgebildeter Psychoanalytiker, der sich besonders mit der Entwicklung der → Identität und ihren Krisen befaßte. → Urvertrauen

Festinger, Leon (*1919) Amerikanischer Psychologe. → Dissonanz (kognitive)

Freud, Sigmund (1856–1939), Begründer der → Psychoanalyse. In seinen Studien über → Hysterie und deren Behandlungsmöglichkeiten stieß er auf die Bedeutung des → Unbewußten und frühkindlicher Entwicklungsphasen, woraus er seine Behandlungstechniken entwickelte. → Abreaktion, Aggressionsursachen, anale Phase, Anima, Anlehnungstypus, Assoziation, Bewußtsein, Daseinsanalyse, Degeneration, Denken, Deszendenztheorie, Disposition, Dynamik, Es, Familie, Fehlleistung, Frustration, Führer, Ich, Ich-Triebe, Illusion, Individualpsychologie, Kastrationsangst, Lebenstrieb, Libido, Literatur und Psychologie, Magie, Neo-Psychoanalyse, Neurose, Ödipuskomplex, Penisneid, Realitätsprinzip, Sexualsymbolik, Symbol, Tiefenpsychologie, Todestrieb, Traumdeutung, Über-Ich, Wiederholungszwang, Witz

Fromm, Erich (*1900), berücksichtigt in seinen an Freud anschließenden Arbeiten besonders die sozialen und kulturgegebenen Forderungen an den Einzelmenschen. → humanistische Psychologie

Gallup, G. H. (*1901), Gründer des American Institute of Public Opinion, das wöchentlich Erhebungen über politische, soziale und wirtschaftliche Fragen in den USA veranstaltet. → Meinungsforschung

Groddeck, Georg, deutscher Arzt und früher Vertreter der → Psychosomatik. → Es

Guilford, Joy Paul (*1897), amerikanischer Psychologe. → Graphologie

Heidegger, Martin (*1889), von der → Phänomenologie Husserls beeinflußter deutscher Philosoph, der wesentliche Beiträge zur Existenzphilosophie leistete. → Daseinsanalyse

Heinroth, J. C. (1773–1843), deutscher Nervenarzt. → Über-Ich

Herbart, Johann Friedrich (1776–1841), deutscher Philosoph, einer der Begründer der wissenschaftlichen Pädagogik. → Apperzeption

Hesse, Hermann (1877–1962), deutscher Schriftsteller, dessen Hauptthemen innere Konflikte zwischen Verstand und Gefühl, Geist und Sinnlichkeit sind. Hesses Roman «Steppenwolf» ist eine psychologische Charakterbeschreibung. → Literatur und Psychologie

Hobbes, Thomas (1588–1679), englischer Philosoph, der naturwissenschaftliche Forschungsmethoden auf die Staatslehre übertrug. → Assoziation

Hume, David (1711–1776), englischer Philosoph und Geschichtsforscher. → Assoziation

Husserl, Edmund (1859–1938), deutscher Philosoph, dessen → Phänomenologie eine von vorgefaßten Theorien freie Untersuchung der Phänomene, der «Sachen selbst» forderte.

James, William (1842–1910), amerikanischer Philosoph und Psychologe, der wichtige Beiträge zur Gedächtnisforschung und Denkpsychologie leistete. → Aufmerksamkeit

Janov, Arthur, amerikanischer Psychologe, Begründer der → Primärtherapie. → Urschrei

Jellinek, E. M., österreichischer Nervenarzt. → Alkoholismus

Joyce, James (1882–1941), englischer Schriftsteller, der in seinem Romanwerk

«Ulysses» die Erlebnisse, Gedanken und Empfindungen seiner Hauptpersonen an einem Tag nicht chronologisch, sondern unter wechselnden Perspektiven in ihrer Vielschichtigkeit zu beschreiben versucht. → Literatur und Psychologie

Jung, Carl Gustav (1875–1961), unterscheidet in seiner Zürcher Schule der analytischen Psychologie zwischen individuellem und → kollektivem Unbewußtem, letzteres charakterisiert durch → Archetypen. Den Weg vom Unbewußten zur bewußt geprägten Person bezeichnet er als → Individuation. → Anima, Extraversion, Introversion, Komplex, Literatur und Psychologie, Selbstverwirklichung, Symbol, Tiefenpsychologie, Typenlehre

Kant, Immanuel (1724–1804), stellte den Anschluß Deutschlands an die westeuropäische Aufklärungsphilosophie her. Er kritisierte frühere Denkweisen, trennte die Philosophie von der Theologie und entwickelte eine neue Freiheitslehre. → Traum

Kinsey, Alfred (1894–1956), amerikanischer Biologe und Soziologe, der durch Befragungen und Messungen das durchschnittliche sexuelle Verhalten von Mann und Frau zu ermitteln suchte. → Cunnilingus

Klages, Ludwig (1872–1956), Philosoph und Psychologe in der Schweiz und Deutschland, der eine selbständige Erscheinungswissenschaft und Lebensdeutung allen beseelten Lebens forderte. → Eigenschaft

Köhler, Wolfgang (1887–1967), Mitbegründer der Berliner Schule der → Gestaltpsychologie.

Koffka, Kurt (1886–1941), begründete zusammen mit Köhler und Wertheimer die → Gestaltpsychologie.

Kretschmer, Ernst (1888–1964), deutscher Psychiater. Er befaßte sich besonders mit dem menschlichen Körperbau und stellte eine → Typenlehre auf. → Konstitutionstypen

Külpe, Oswald (1862–1894), Mitbegründer der Würzburger Schule der Denkpsychologie. → Denken

Laing, Ronald D. (*1927), englischer Psychotherapeut, der sich in Theorie und Praxis gegen die menschenunwürdige Entmündigung und Verwahrung psychisch Kranker in den herkömmlichen Nervenkliniken wandte. → Psychose

Lavater, Johann Kaspar (1741–1801), philosophisch-theologischer Schriftsteller in Zürich, Begründer der → Physiognomik

Lersch, Philipp (*1898), deutscher Psychologe, der sich besonders mit der Charakterkunde befaßte. → Eigenschaft

Lewin, Kurt (1890–1947), führender Vertreter der → Gestaltpsychologie. Er entwickelte eine psychologische → Feldtheorie und behandelte speziell Probleme der → Gruppendynamik und der Konfliktsituation. → Aufforderungscharakter, dynamische Psychologie, Konflikt

Lorenz, Konrad (*1903), begründete die vergleichende Verhaltensforschung als Bindeglied zwischen Human- und Tierpsychologie, indem er Ergebnisse aus Tierversuchen auf menschliches Verhalten übertrug. → AAM (Angeborener Auslösender Mechanismus), Aggressionsursachen, Deszendenztheorie, Neugieraktivität

Selz, O., deutscher Psychologe. → Denken

Skinner, Burrhus Frederic (*1904), amerikanischer Psychologe, der sich besonders mit → Verhaltensforschung beschäftigt hat. → Behaviorismus, Belohnung, Konditionierung

Spearman, Charles Edward (1863–1945), englischer Psychologe, der vor allem an der Erforschung der menschlichen → Intelligenz arbeitete.

Sullivan, Harry Stack (1892–1949), erforschte hauptsächlich die zwischenmenschlichen Beziehungen, darunter besonders die → Mutter-Kind-Beziehungen. → Tiefenpsychologie

Szasz, Thomas (*1920), geboren in Budapest, ist heute Professor für Psychiatrie in den USA. Er zählt neben Laing zu den wichtigsten Vertretern der Antipsychiatrie. → Psychose

Szondi, Leopold (*1893), Psychologe und Psychotherapeut in Ungarn und der Schweiz, der einen nach ihm benannten Persönlichkeitstest entwickelte. → Partnerwahl

Thurstone, Louis Léon (1887–1955), amerikanischer Psychologe. Er war beteiligt an der Einführung quantitativer Methoden in die Psychologie, um zum Beispiel → Intelligenz meßbar zu machen.

Tinbergen, Niko (*1907), niederländischer Zoologe, verfaßte das erste Lehrbuch der → Ethologie. → AAM (Angeborener Auslösender Mechanismus)

Tolman, Edward Chase (1886–1959), beschäftigte sich, beeinflußt durch den → Behaviorismus, vor allem mit den Zielen, die durch bestimmte Verhaltensweisen angestrebt werden.

Toman, Walter (*1920), österreichischer Psychologe, der sich vor allem mit dem Problem der Stellung einzelner Mitglieder in der → Familie befaßte.

Watson, John (1878–1958), amerikanischer Psychologe und Mitbegründer des → Behaviorismus.

Weber, Max (1864–1920), deutscher Sozialökonom und Soziologe, begründete die Religionssoziologie. → Charisma

Wertheimer, Max (1880–1943), Mitbegründer der Berliner Schule der → Gestaltpsychologie.

Wundt, Wilhelm (1832–1920), Begründer einer Philosophie, die die traditionelle Geistesgeschichte auf psychologische Grundlagen stellte. → Apperzeption, Aufmerksamkeit, Psychologie

Zulliger, Hans (1893–1965), Schweizer Psychologe und Pädagoge, der die Erkenntnisse der → Psychoanalyse für die Schule und die Erziehung, besonders von entwicklungsgestörten Kindern auswertete. → Über-Ich

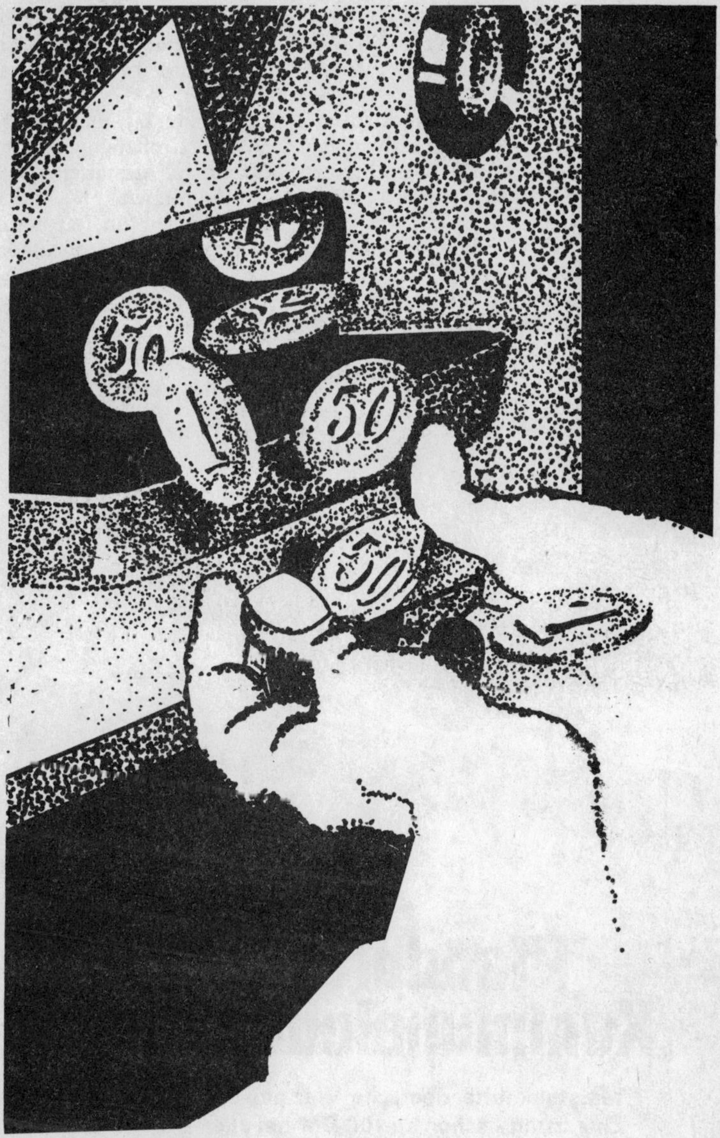

Das Geld . . .

... ist in erster Linie ein ökonomischer Gegenstand, in zweiter Linie ein politischer, in dritter Linie ein privater, in jedem Falle aber auch ein aufschlußreicher Gegenstand für Psychologen. Zum Beispiel: Wie einer Geld fordert, das verrät schon einiges.

Da sind die Lässigen («Nun spuck schon den Zaster aus!»), dann die Korrekten («Das macht auf den Fennich genau ...»), die Großzügigen («Sagen wir runde fünf Märker»), die Schüchternen («Wenn Sie gestatten, erlaube ich mir ...»), die Rechthaberischen («Wenn Sie nicht binnen ...»), die Frechen («Geld her oder ...»), die Vornehmen («Erlauben wir uns zu liquidieren ...»), die Harten («... und keinen Pfennig weniger!»), die Ungeduldigen («Nun geben Sie schon her!») und und und ...

Aber keinen Unterschied findet man darin, wie Leute Geld annehmen: allesamt gern.

A

AAM Abkürzung von Angeborener Auslösender Mechanismus. Von den Verhaltensforschern N. Tinbergen und K. Lorenz entwickelter Ausdruck für zweckmäßige Reaktionen, die von den meisten Tieren einer Art ohne vorherige Erfahrung (→ Lernen) ausgeführt werden, sobald diese bestimmte → Schlüsselreize wahrnehmen. Der AAM ist ein Nervenapparat, der typische Reize in typische Reaktionen umsetzt. Vor allem bei niedrigen Wirbeltieren (Reptilien, Vögeln) bestimmen solche Mechanismen viele Züge des Sozialverhaltens: eine Pute (Truthenne) tötet ihre eigenen Küken, wenn sie durch eine Operation gehörlos gemacht wurde, weil ihr Brutpflegeverhalten über einen AAM durch das Piepsen der Küken in Gang gesetzt wird. Bei höheren Wirbeltieren und vor allem beim Menschen lassen sich AAM's kaum nachweisen. Die von Lorenz vorgetragenen Hypothesen über «angeborene» Reaktionen des Menschen sind umstritten. Jedenfalls sind die AAM-Reste, die auch beim Menschen vorliegen mögen, nicht mehr am konkreten Verhalten, sondern allenfalls an typischen Gefühlserlebnissen abzulesen, die auf bestimmte Situationen folgen (zum Beispiel, wenn ein Kind in Lebensgefahr gerät).

Abhängigkeit Man unterscheidet die teilweise (partielle) Abhängigkeit aller menschlichen Gefühlsbeziehungen von der vollständigen (totalen) Abhängigkeit. Sie ist in der Beziehung des Kindes zu den nährenden und schützenden Erwachsenen naturgegeben, findet sich aber oft auch bei Erwachsenen in einem Festhalten (→ Fixierung) an kindlichen Erlebnisweisen. Ein Partner in einer solchen Abhängigkeitsbeziehung glaubt, nicht mehr ohne den anderen leben zu können, und tut deshalb alles, um die Beziehung aufrechtzuerhalten, auch wenn er sich erniedrigt und gequält fühlt (Hörigkeit). Diese krankhafte Abhängigkeit muß von begründbaren, gegenseitigen Abhängigkeiten unter Erwachsenen (zwischen Ehepartnern oder zwischen Arbeitgebern und Arbeitnehmern) unterschieden werden.

Ablösung Die Umwandlung der vollständigen → Abhängigkeit des Kindes in die teilweise, auf vernünftigen Grundsätzen des Austauschs beruhende Abhängigkeit des Erwachsenen bezeichnet man als Ablösung. (Eine Wiederholung dieser Ablösung tritt oft gegen Ende einer → Psychoanalyse auf.) Die Ablösung des Kindes erfolgt schrittweise; zwei wichtige Punkte sind der Schuleintritt (mit zunehmender Bedeutung der Altersgenossen in der Wertorientierung) und die → Pubertät (mit dem Beginn intimer Beziehungen zum anderen Geschlecht).

Abreaktion Vorgang, durch den ein gestautes oder «eingeklemmtes» (S. Freud) Gefühl ausgedrückt und damit «abreagiert» wird. Galt in der frühen, an kathartischen Erlebnissen (→ Katharsis) orientierten → Psychoanalyse als Ziel der Behandlung. Heute oft für triebhaftes Verhalten schlechthin gebraucht («das Kind reagiert seine Aggression ab, indem es auf die Trommel schlägt»). Die manchmal zugrundegelegte Annahme, daß die Abreaktion eines Bedürfnisses dessen Stärke abnehmen läßt, gilt nicht allgemein. Manche Bedürfnisse scheinen durch Abreaktion nicht vermindert, sondern gesteigert zu werden.

Abwehr Ausdruck der → Psychoanalyse, deren Begründer Sigmund Freud davon ausging, daß aus dem → Es stammende Triebwünsche dann abgewehrt werden, wenn ihre Verwirklichung durch die Außenwelt mit Strafen bedroht ist (etwa der Wunsch eines Kindes, sexuell über die Mutter zu verfügen). Die Abwehr ist eine wichtige Funktion des → Ich, jener seelischen Instanz, die zusammen mit dem → Über-Ich für die Anpassung an die Wirklichkeit sorgt. → Abwehrmechanismus

Abwehrmechanismus Vorgang, durch den das → Ich zeitweise oder dauernd seelische Inhalte abwehrt, die mit Angst besetzt sind: Triebwünsche aus dem → Es, aber auch Ansprüche des → Über-Ich, der Gewissensinstanz. Der wichtigste Abwehrmechanismus ist die → Verdrängung, durch die ein seelischer Inhalt vom Bewußtsein ausgeschlossen wird. Den Verdrängungsprozeß hat bereits F. Nietzsche beschrieben: «Das habe ich getan, sagt mein Gedächtnis. Das kann ich nicht getan haben, sagt mein Stolz. Endlich gibt das Gedächtnis nach.» Der «Stolz», von dem hier die Verdrängung ausgeht, entspricht in der psychoanalytischen Ausdrucksweise dem Ich-Ideal, den positiven Aspekten der Eltern-Vorbilder, die während der Kindheit in den seelischen Apparat aufgenommen werden. Die Verdrängung ist an sich ein normaler seelischer Vorgang, der in unserem Leben immer dann in Aktion tritt, wenn soziale Einschränkungen so übermächtig werden, daß innere Widersprüche gegen sie nicht mehr bewußt verarbeitet und verurteilt werden können, sondern schon vor dem Eintritt ins Bewußtsein erledigt werden müssen, weil sie auch in der abgeschwächten Form des bewußten Vor-Überlegens bereits zu bedrohlich erscheinen. Das ist vor allem in der Kindheit der Fall, in der zum Beispiel feindselige Regungen gegen die schützenden Eltern verdrängt werden müssen. Erst eine Verdrängung, die wegen besonders ungünstiger innerer oder äußerer Einflüsse (hohe Triebstärke oder starke Einschränkungen durch die Eltern bis zur «Gedankenkontrolle») nicht gelingt, kann zu krankhaften Erscheinungen führen: Eine Frau entwickelt beispielsweise eine neurotische Lähmung eines Beines, weil es ihr nicht gelingt, allein durch psychische Verdrängung eines sexuellen Wunsches nach ihrem Schwager Herr zu werden. Die Lähmung nun zieht soviel Aufmerksamkeit auf sich, daß die Verdrängung des sexuellen Wunsches aufrechterhalten werden kann.
Weitere Abwehrmechanismen, die teils neben der Verdrängung, teils dann auftreten, wenn die Verdrängung allein nicht ausreicht, sind die → Projektion, die → Isolierung, die → Reaktionsbildung, die → Rationalisierung, die → Verneinung, die → Identifizierung mit dem Angreifer und die → Sublimierung.

Adaptation (Adaption) Anpassung, ein grundlegender biologischer Vorgang, wobei durch die natürliche Auslese im «Kampf ums Dasein» (Charles Darwin) die am besten angepaßten Lebewesen sich fortpflanzen können. Auch seelische Anpassungsfähigkeit ist von großem biologischen Wert; wer sich im tropischen Urwald ähnlich verhält wie in einem deutschen Forst, riskiert sein Leben. «Angepaßt» wird heute gelegentlich in einem abschätzigen Sinn verwendet und dann mit unschöpferisch, starr, beschränkt gleichgesetzt. Gemeint ist wohl die auf einem Anpassungzwang beruhende Adaptation (der Betroffene kann seine Vorstellungen vom «richtigen» Verhalten nicht begründen und reagiert mit Panik oder → Aggression, wenn er sie verletzt sieht), welche man von der Anpassungsfähigkeit als biologischer Leistung in der Bewältigung verschiedener Lebensumstände trennen muß.

Adoleszenz Stadium des Jugendalters nach der → Pubertät, in dem der junge Mensch vor der Aufgabe steht, nach dem körperlichen Reifungsschritt seinen Platz in der Welt der Erwachsenen zu finden. Die wichtigsten Probleme dieser Lebensperiode sind Berufswahl und → Partnerwahl. Beide sind nur in einem Prozeß der Konzentration und damit auch des Verzichts realitätsgerecht zu lösen. Die oft sehr hoch angesetzten Idealvorstellungen (→ Ideal-Ich) der Pubertät werden dabei an der Wirklichkeit geprüft und im günstigen Fall auf ein erreichbares Maß zurückgeschraubt. Im ungünstigeren Fall, der für eine → Neurose typisch ist, gelingt dieser Kompromiß zwischen Ideal und Realität nicht. Der Heranwachsende findet keinen Weg in vertrauensvolle Partnerbeziehungen, weil keiner der erreichbaren Partner seinen Vorstellungen entsprechen kann und er sich enttäuscht in Tagträume und Phantasien zurückzieht. Auch die → Fixierung an ein überhöhtes berufliches Ideal kann die realistische Leistungsfähigkeit hemmen und am Ende zu dem Erscheinungsbild des «verkannten Genies» führen, das durch großartige Projekte sein tatsächliches Versagen bemäntelt. → Jugend

Affekt Heftiges Gefühl, das sich durch körperliche Begleiterscheinungen (Weinen, Lachen, Schreien) unabweisbar aufdrängt. → Haß, Angst, Liebe, Trauer (→ Depression)

Aggression Verhalten, das einen anderen Menschen unmittelbar (durch Körperverletzung) oder mittelbar (seelische Kränkung) schädigt. Aggression kann offensiv sein (Angriff) oder defensiv (Verteidigung). Die von manchen Autoren eingeführte Unterscheidung zwischen konstruktiver (aufbauender) und destruktiver (zerstörerischer) Aggression ermöglicht eine weitere Klärung. Der Kampf gegen eine korrupte Diktatur – auch unter Gewaltanwendung – ist zweifellos aggressiv, doch kann er durchaus konstruktive Züge tragen, während ein gewalttätig ausgetragener Rassenhaß nur zerstörerisch ist. Andererseits läuft aber ein Ausdruck wie konstruktive oder «gerechte» («natürliche») Aggression Gefahr, die prinzipiellen Schwierigkeiten einer konstruktiven Verwendung von Gewalt zu verdecken.

Aggressionsursachen Von A. Adler stammt die erste Fassung einer Triebtheorie der Aggression. Nach ihr entsteht aggressives Verhalten durch einen biologisch vorgegebenen Antrieb dann, wenn Interessen des Individuums verletzt wurden und nun mit Hilfe der Aggressivität ausgetragen werden sollen. Hier sind also die beiden wichtigsten Aggressions-Erklärungen der Gegenwart noch in einem Modell enthalten: Das Triebkonzept (es gibt im Menschen einen Aggressions- oder sogar Todestrieb, der ähnliche Merkmale hat wie der Sexualtrieb und periodisch abreagiert werden muß) und das Frustrations- oder Lernkonzept (Aggression ist kein spontan ablaufendes Triebgeschehen, sondern die Reaktion auf Versagungen anderer Triebwünsche und in jedem Fall durch Lernvorgänge gesteuert). Vertreter der Triebtheorie sind Freud, Lorenz und andere Verhaltensforscher, während die Lerntheorie von den meisten Psychologen und Völkerkundlern vorgezogen wird. Die gegenwärtig von den meisten Forschern akzeptierte Auffassung sieht etwa so aus: Weder die Triebtheorie noch die Frustrationstheorie genügen, um die Vielfalt aggressiver Verhaltensformen zu erklären. Aggression ist wohl kaum ein Trieb, der ähnlich aufgebaut ist wie die Sexualität, sondern ein viel komplizierteres Geschehen, bei dem soziale und kulturelle Einflüsse, frühkindliche Situationen, gegenwärtige Frustrationen und biologisch vorgegebene Reaktionsnormen eine Rolle spielen. Menschliche Aggression scheint seltener ein unmittelbar triebhaftes Geschehen als die Antwort auf Kränkungen des → Narzißmus eines Individuums oder einer Gruppe zu sein. Vergleiche etwa die narzißtische Kränkung des Kleinbürgertums durch den gesellschaftlichen Wandel nach dem Ersten Weltkrieg und die Entstehung des Faschismus. Ob beim Autofahren, in der Politik, bei einer Wirtshausrauferei – die Quelle für aggressive Reaktionen ist meist eine Kränkung des → Selbstwertgefühls.

Aggressivität Bereitschaft, aggressiv auf bestimmte Reize zu reagieren. Sie ist bei verschiedenen Menschen sehr unterschiedlich ausgeprägt und hängt – ein entscheidender Einwand gegen die Triebtheorie der → Aggression – erheblich von kulturellen Einflüssen ab. Es gibt Kulturen, in denen das für den Westeuropäer «normale» Maß an Aggressivität für ein Zeichen einer ernsten seelischen Erkrankung gehalten würde. Aggressivität kann durch → Tests ungefähr bestimmt werden (etwa indem man prüft, wie häufig die Reaktion auf eine vorgestellte Versagung aggressiv ausfällt).

Agieren Handeln; manchmal als Kurzform für den psychoanalytischen Ausdruck «ausagieren» (acting out) verwendet. In diesem Fall steht das Agieren des → Patienten in psychotherapeutischer Behandlung (→ Psychotherapie) im Gegensatz zu der analytischen Grundregel (→ Assoziation). Der Patient setzt Phantasien in Handlungen um, statt über sie zu sprechen. Anstatt die Feindseligkeit dem Vater gegenüber bewußt zu verarbeiten, sucht er zum Beispiel Streit mit dem Wirt in einem Lokal. Agieren sollte als unbewußte Wiederholung mit oft schädlichen Folgen vom bewußten Erproben neuer Verhaltensweisen unterschieden werden, das in jeder erfolgreichen Psychotherapie sehr wichtig ist.

Akkulturation → Anpassung an eine kulturelle Tradition, wobei entweder das Kind durch die Beziehung zu den Eltern und später zu den Gleichaltrigen die kulturellen Techniken und Werte übernimmt, oder aber ein Erwachsener sich durch die Berührung mit einer anderen Kultur (als Auswanderer, Gastarbeiter oder Angehöriger einer Primitivkultur beim Kontakt mit der Zivilisation) Inhalte einer ihm bisher fremden Kultur aneignet.

Aktivität Tätigkeit; Gegensatz von Passivität. Aktivität gilt als Merkmal des Lebens schlechthin (eine lebende Zelle, zum Beispiel ein Urtier in einem Tümpel, unterscheidet sich von einem faulenden Pflanzenstück durch seine Aktivität). Doch sind Lebewesen in der Regel nur zu bestimmten Zeiten aktiv, zum Beispiel tagsüber (lichtaktive Tiere) oder auch nachts (dunkelaktive Tiere, wie die Fledermaus). → Aktivitätsniveau

Aktivitätenniveau, Aktivationsniveau Ebene des seelischen Geschehens, die den schrittweisen Übergang vom tiefen Schlaf über den ruhigen Wachzustand bis zur normalen Tätigkeit und zu Erregunsspitzen bei heftigem → Affekt beschreibt. Das Aktivitätsniveau läßt sich auch durch Ableiten und graphische Darstellung der Hirnströme (Elektro-Enzephalogramm) ermitteln. Es kann durch äußere Reize, innere Reize und Kombinationen beider gesteigert werden. Biologisch hängt das Aktivitätsniveau mit dem als → Neugieraktivität beschriebenen Verhalten vieler höherer Tiere zusammen. Diese wenden sich auch dann der Umwelt zu, erforschen sie, erproben Bewegungsmöglichkeiten, wenn keine unmittelbare Befriedigung von Grundbedürfnissen, wie nach Nahrung, damit verbunden ist. Diese Neugieraktivität ist beim Menschen besonders deutlich ausgeprägt und wohl eine wichtige Grundlage der Kulturentwicklung, die sich gewiß nicht allein durch → Sublimierung erklären läßt. Der biologische Sinn der Neugieraktivität liegt darin, daß auf diese Weise seelische und körperliche Leistungen eingeübt und entwickelt werden, die dann im Ernstfall gute Dienste leisten (das Tier kann einem Feind besser entfliehen, wenn es vorher «spielerisch» die Umgebung ausgekundschaftet hat). Je stärker lebensnotwendige Bedürfnisse werden, desto mehr tritt die Neugieraktivität zurück. Wer erschöpft einer Berghütte zustrebt, wird sich meist nicht mehr für die Schönheit der Landschaft interessieren.

Akzeleration Beschleunigung eines Entwicklungs- oder Reifungsvorgangs. Jugendliche erreichen in allen Kulturvölkern seit der ersten Hälfte des vergangenen Jahrhunderts immer früher die Geschlechtsreife, sie werden größer und schwerer als die Elterngeneration in einem vergleichbaren Lebensalter. Vermutlich wird die Akzeleration durch Umwelteinflüsse bedingt, welche die Hirnanhangdrüse (Hypophyse) dazu anregen, früher und mehr wachstumssteigernde Hormone zu bilden. Solche möglichen Einflüsse sind die veränderte Ernährung (mehr Proteine), der viel stärkere Zufluß optischer Reize in einer veränderten Umgebung, die stärkere Licht-Exposition durch den häufigeren Aufenthalt im Freien, der zunehmende → Stress durch die Lebensbedingungen in der Großstadt (in der die Akzeleration nachweislich stärker ausgeprägt ist als auf dem Land). Psychologische Probleme entstehen durch die Akzeleration vor allem dann, wenn der Jugendliche äußerlich einen weit «erwachseneren» Eindruck macht, als er seelisch tragen kann. Dadurch kann es geschehen, daß ihm Verantwortung und vernünftige Haltung abverlangt werden, die ihn überfordern, wie zum Beispiel in einer Frühehe. Das Auseinanderklaffen von körperlicher und geistig-emotionaler Entwicklungsstufe bei manchen akzelerierten Jugendlichen gibt oft auch Anlaß zu kränkendem Spott, vor allem in einer Gesellschaft, in der Fortschritt – auch Fortschritt der Entwicklung zum Erwachsenen – als wichtiger Wert gilt («Jetzt bist du schon so groß und benimmst dich so kindisch . . .»).

Alkoholismus «Warum trinkst du?», fragt der kleine Prinz in Saint-Exupérys Buch den Alkoholiker. «Weil ich mich schäme!» – «Und warum schämst du dich?» – «Weil ich trinke.» Hier ist der Teufelskreis des Alkoholismus klar verdeutlicht. Der Alkohol spendet Trost, statt die Probleme zu lösen; als Tröster unentbehrlich, wird er bald zum größten Problem des Trinkers. Man muß verschiedene Formen des Alkoholismus unterscheiden, die man nach E. M. Jellinek mit griechischen Buchstaben kennzeichnet: Alpha-Trinker schauen gern tief ins Glas, weil sie sich dann wohler fühlen, können aber aufhören, wenn sie wollen. Beta-Trinker trinken regelmäßig größere Mengen, entweder am Abend oder auch während der Arbeit. Sie können aufhören, wenn sie körperliche Schäden durch den Alkohol (Leberverfettung, Pankreasentzündung) feststellen. Gamma-Alkoholiker können das nicht mehr; ihre Stoffwechselvorgänge haben sich an die Alkoholzufuhr angepaßt, so daß sie an Entzugserscheinungen leiden, wenn sie nicht mehr trinken. Andererseits verlieren sie schon durch kleine Alkoholmengen jede Kontrolle über das eigene Trinken (daher die Gefahr der «guten Freunde», die «nur ein Gläschen» vorschlagen – der frühere Alkoholiker kann dann kaum seinen Vorsatz, nichts mehr zu trinken, aufrechterhalten, sondern bechert weiter, bis er am Boden liegt). Wie alle Süchtigen neigt der Alkoholiker dazu, sich selbst zu betrügen und seine Abhängigkeit zu verleugnen («Ich könnte jederzeit aufhören – aber was kann ich in dieser miesen beruflichen Situation anders als trinken?») und ein Drei-Personen-Drama zu gestalten, in dem es immer einen Retter, einen Verfolger und ein Opfer gibt. Der Alkoholkranke ist abwechselnd das Opfer («Ich bin zu schwach, um ohne Alkohol zu leben») oder der Verfolger («Eure ständige Kritik treibt mich zum Suff»). Den Retter spielen häufig der Ehepartner, die Eltern, später die Klinik, der Arzt, die Sozialarbeiterin. In der Behandlung des Alkoholismus ist es sehr wichtig, den Alkoholiker nicht in der Rolle des Opfers festzuhalten, indem der Therapeut den Part des Retters spielt, sondern die zugrundeliegende emotionale Unreife und soziale Angst zu bearbeiten, die durch die auffällige Symptomatik des Trinkens verdeckt werden.

Alkoholpsychose Neben organischen Schäden an Magen, Herz und vor allem der Leber wird auch das Gehirn durch regelmäßigen Alkoholkonsum beeinträchtigt. Es gibt vier verschiedene psychische Folgeleiden: das Delirium tremens (eine lebensgefährliche Erkrankung mit Wahnwahrnehmung kleiner Tiere, wie Spinnen, Eidechsen, «weiße Mäuse», mit heftiger Erregung, Schlaflosigkeit, Angst und Desorientierung); die Korsakoffsche Krankheit (mit einer Geistesschwäche, die auf einem Versagen des Gedächtnisses beruht); den Alkoholwahn (meist in der Form eines → Eifersucht-Wahns) und die Alkoholhalluzinose (Wahnvorstellungen verfolgen den Kranken: er wird von «Stimmen» beschimpft und angeklagt).

Allmachtswünsche Ein vierjähriges Kind sieht auf einem Spaziergang ein verfallenes Haus: «Das bau ich jetzt wieder auf!» Was sich hier ausdrückt, ist eine Allmachtsphantasie, die bei Kindern noch naiv und unüberlegt ausgedrückt wird. Das Kind, das sich schwach und abhängig sieht, hat ein besonderes Bedürfnis nach der Allmacht in der Phantasie. Aber auch beim Erwachsenen lassen sich Allmachtswünsche nachweisen, die sich in «Beherrschung» ausdrücken können, welche zum Beispiel manche Sportarten verlangen (Reiten, Fliegen, Segeln). Allmachtsphantasien sind in den Helden der Sage (Herakles, Siegfried) verkörpert, die alle Gegner besiegen, finden sich aber auch in vielen Werken der Trivialliteratur («Schundromane») ausgedrückt, etwa bei Karl May oder in Comics (Superman, Tarzan). Die um Allmachtswünsche kreisenden Phantasien sind eine wichtige Seite des → Narzißmus. Ihre grundlegende Quelle ist wohl die → Kompensation der menschlichen Einsicht in die Hinfälligkeit, Abhängigkeit und Ohnmacht unserer Existenz. Sie hängt mit dem Entstehen des Bewußtseins zusammen und benötigt die Tröstungen der religiösen (einem Schöpfergott zugeschriebenen) oder der phantasierten eigenen Allmacht.

Alter Umgangssprachlich für die Zeit, die ein Lebewesen bisher verbracht hat. Als Lebensperiode Gegensatz von → Jugend, wobei der Beginn unscharf bestimmt ist und sozialen Einflüssen unterliegt. In den Industriegesellschaften gilt der ältere Arbeitnehmer oft als weniger tüchtig, die ältere Frau als weniger anziehend. Daher wird das Alter ver-

Die Superhelden der Comics dienen oft als Identifikations-Figuren für Allmachtswünsche. Quelle: Wolfgang J. Fuchs/ Reinhold C. Reitberger «(Comics. Anatomie eines Massenmediums», Heinz Moos Verlag, vor München Gräfelfing, 1972

leugnet oder vertuscht. Ältere Menschen haben nach dem Austritt aus dem Berufsleben oft Schwierigkeiten. Sie fühlen sich verlassen, unnütz, bewältigen nur mit Mühe den Übergang zum Rentnerdasein. Die Zeit der Pensionierung ist eine Situation besonderer Gefahr für seelische und körperliche Krankheiten (→ Depression). Genauere psychologische Untersuchungen haben gezeigt, daß die frühere Annahme, die → Intelligenz des Menschen sinke mit dem Alter relativ rasch ab, nicht zutrifft. In manchen Bereichen bringt das Alter sogar eine Zunahme der Leistungsfähigkeit, was unter anderem die Spätwerke großer Künstler zeigen. Auch vom biologischen Standpunkt läßt sich ein aktives Alter als natürlicher Sinn der (verglichen mit den Menschenaffen) sehr hohen Lebenserwartung des Menschen verstehen: Alte Leute dienen als «lebendige Bibliotheken» der Übermittlung von Wissen über Lebenssituationen, die nur alle zwanzig oder dreißig Jahre auftreten.

Altruismus Uneigennützigkeit, Nächstenliebe. Psychologisch ist der Begriff ebenso schwer zu definieren wie sein Gegenstück, der → Egoismus (→ Selbstliebe). Einem Bettler eine Münze zu geben, ist auf den ersten Blick eine altruistische Handlung. Doch läßt sich unschwer einwenden, daß sie auch durchaus egoistisch sein kann, etwa indem sich der Geber Lohn im Jenseits erhofft oder sein Selbstgefühl durch seine Mildtätigkeit steigert – auch, ja gerade dann, wenn die altruistisch-egoistische Handlung ein echtes Opfer darstellt. So gesehen, dient das Begriffspaar

Altruismus–Egoismus eher dazu, die psychologische Grundlage des Gebens und Nehmens zu verschleiern und Wertbegriffe an die Stelle einer Analyse zu setzen.

Ambivalenz Doppelwertigkeit oder Doppelgerichtetheit. In der Psychologie nach E. Bleuler das gleichzeitige Auftreten gegensätzlicher Gefühle, wie Haß–Liebe, Angst–Lust. Vielleicht jedes starke Gefühl trägt als unbewußten Gegenpol einen Ansatz zur Ambivalenz in sich, wobei das Modell der frühen Kindheit eine wichtige Rolle spielt: Die Eltern werden geliebt und als Verkörperung einschränkender «Erziehungsmaßnahmen» gehaßt. Entwicklungspsychologisch hat die Ambivalenz eine enge Beziehung zur → analen Phase.

Amplifikation Bereicherung, Vermehrung. Im Gegensatz zur klassischen → Psychoanalyse, bei der die freien Einfälle (→ Assoziation) des Analysanden zu einer Kindheitsszene in Verbindung gebracht werden, ergänzt und erweitert bei diesem von C. G. Jung eingeführten Verfahren der Therapeut einen Traum des Patienten durch eigene Einfälle, meist mythologisch-religionsgeschichtlicher Art. Dadurch soll der Analysand den vollen Umfang der möglichen Bedeutungen seiner unbewußten seelischen Vorgänge erkennen lernen.

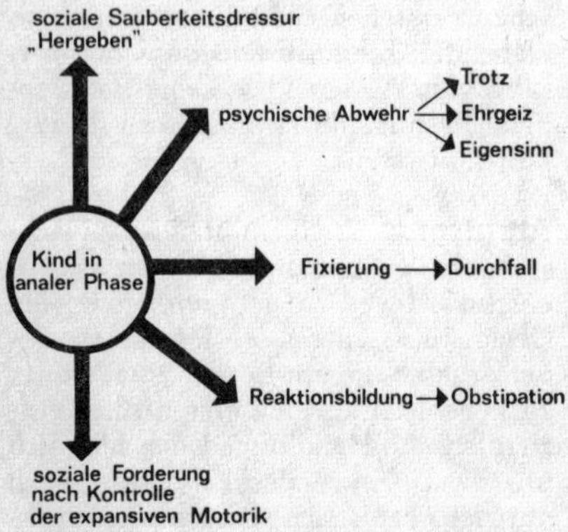

Schaubild der analen Phase und der verschiedenen Möglichkeiten ihrer Verarbeitung.
Quelle: Wolfgang Schmidbauer «Psychosomatik», Selecta-Verlag, Planegg vor München, 1974

Anale Phase Nach dem Entwicklungsmodell der → Psychoanalyse folgt auf die → orale Phase eine Periode, in der die Ausscheidungsfunktionen und die Handhabung des Körpers und seiner Muskeln im Mittelpunkt der Erlebnisweisen des Kindes steht. In der analen Phase werden die ersten – Sauberkeit und Zurückhaltung betreffenden – Forderungen an das Kind gestellt, wird unter Umständen die Wurzel zur Abspaltung und Verdrängung größerer Erlebnisbereiche gebildet. Das Kind muß erleben, daß bestimmte Dinge, die es erzeugt, besitzt und für wichtig hält, von den Bezugspersonen abgelehnt, die Beschäftigungen mit ihnen bestraft werden. Die Darmentleerung etwa ist einmal «gut», einmal «böse», je nachdem, ob sie den Wünschen des Erziehers oder den spontanen Bedürfnissen des Kindes gemäß erfolgt. Daher ist die anale Phase auch der Anfangspunkt der Auseinandersetzungen um Macht und Kontrolle, Hergeben und Behalten, den eigenen Willen durchsetzen oder sich einem fremden Willen beugen. Die lustvolle Eigenwilligkeit in der Betätigung der Aftermuskulatur ist ein Vorbild für den Lustgewinn aus der Muskeltätigkeit schlechthin, den die Familiengruppe annehmen, verwerfen, fördern oder durch übermäßige Forderungen nach Gefügigkeit verkrüppeln kann. Übermäßige Genauigkeit, peinliche Abwehr alles Schmutzigen, zwanghafter Ordnungssinn sind mögliche Formen der Verarbeitung von Erlebnissen, die ursprünglich der analen Phase zuzuordnen sind. S. Freud hat von einem «analen Charakter» gesprochen, der durch die drei Eigenschaften Geiz, Pedanterie und Ordnungssinn ausgezeichnet sei. Weil in der analen Phase das Kind vielfach zum erstenmal erlebt, daß die Bezugspersonen bestimmten Äußerungen seines Körpers feindlich gegenüberstehen, wurzelt in ihr auch die → Ambivalenz der Gefühlsregungen und der Zweifel an der Richtigkeit eines Verhaltens, der sich beim Zwangsneurotiker (→ Zwangsneurose) krankhaft steigert. Er muß sich beispielsweise mehrmals vergewissern, ob das Licht gelöscht, der Gashahn geschlossen, die Tür versperrt ist, und beginnt immer wieder daran zu zweifeln, ob das auch tatsächlich der Fall ist.

Analverkehr Geschlechtsverkehr, bei dem das männliche Glied in den After eingeführt wird. Häufig in gleichgeschlechtlichen Beziehungen zwischen Männern (→ Homosexualität), aber auch von heterosexuellen Paaren gelegentlich ausgeführt.

Analyse Abkürzung für → Psychoanalyse; im weiteren Sinn die wissenschaftliche Zerlegung eines äußeren Erscheinungsbildes (chemischer Stoff, politisches Ereignis ...).

Anamnese Um sich ein Bild von einem Menschen zu verschaffen, muß man seine Lebensgeschichte kennen, wobei der Psychologe die Kindheitssituation besonders ins Auge faßt: Er erhebt eine Anamnese (griechisch anamnesis = Erinnerung), die besonders die soziale Situation der Eltern, die Stellung des Kindes in der Geschwisterreihe, die Familiensituation während der verschiedenen Entwicklungsphasen, die die Beziehungen zu anderen Menschen und zur Sexualität umfaßt. Es gibt spezielle Anamnese-Fragebögen, doch verwendet man in der Praxis meist ein offenes Gespräch, in dem sich die wesentlichen Züge der Entwicklung relativ schnell erfassen lassen.

Angewandte Psychologie Man pflegt zwischen «reiner» und «angewandter» Wissenschaft zu unterscheiden. Die angewandte Psychologie zeigt freilich deutlich, wie fragwürdig solche Einteilungen sind: eine der erfolgreichsten Forschungsmethoden der Psychologie ist zugleich ein wichtiges Stück angewandter Psychologie – die → Psychoanalyse, die zugleich theoretische Forschung und praktische Hilfe darstellt. Die angewandte Psychologie umfaßt ein sehr breites Spektrum von Aufgaben, die sich im Zug der zunehmenden Bedürfnisse nach wissenschaftlicher Hilfe in der Bewältigung der gesteigerten seelischen Anforderungen an den Menschen unserer technischen Gesellschaft ergaben. In der Berufs- und Arbeitspsychologie wird die Eignung von Menschen für eine bestimmte Tätigkeit ermittelt. Zugleich sucht der Betriebspsychologe seelische Probleme am Arbeitsplatz (etwa Konflikte zwischen Arbeitnehmern) zu lösen. Psychologen bemühen sich, Arbeitsplätze optimal zu gestalten, andere erforschen die Motive von Käufern und schlagen bestimmte Werbemaßnahmen vor (Werbepsychologie). Schulpsychologen greifen bei schulischen Problemen ein, beraten Eltern und Lehrer. Klinische Psychologen sind an (Nerven-)Krankenhäusern und in freier Praxis tätig; sie führen psychologische Tests durch, erstellen Gutachten und arbeiten mehr und mehr psychotherapeutisch. Gerichte, die Polizei, die Gefängnisverwaltungen, sie alle stellen ebenfalls Psychologen ein, ebenso die Bundeswehr. Die Funktion des

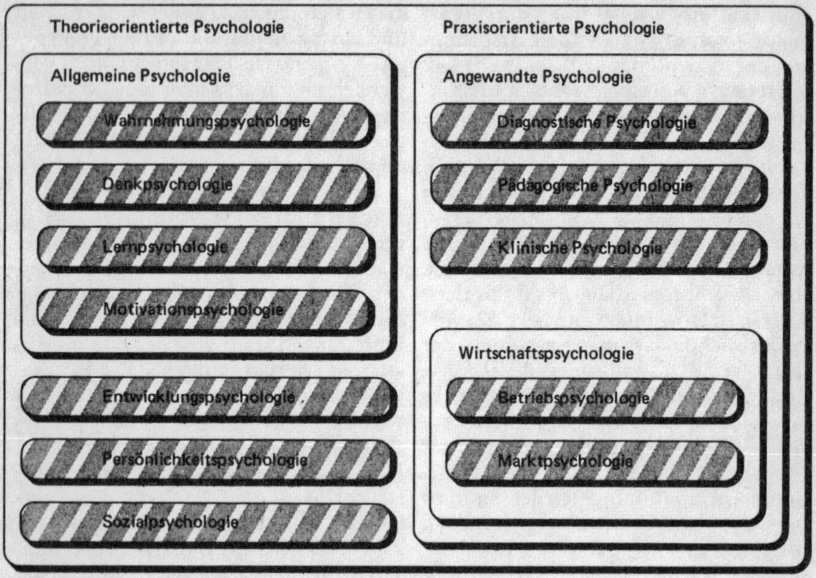

Forschungs- und Anwendungsbereiche der Psychologie.
Quelle: Klaus D. Heil «Programmierte Einführung in die Psychologie», Rowohlt Taschenbuch Verlag, Reinbek bei Hamburg, 1975

praktisch tätigen Psychologen ist meist beratend. Er erhält nur sehr selten wirkliche Spitzenpositionen wie die Leitung einer Personalabteilung, eines Gefängnisses oder einer Nervenklinik. Das liegt wohl nicht nur daran, daß solche Führungsaufgaben Personen mit einer traditionsreichen Ausbildung (Juristen, Ärzten) überlassen werden. Auch das Selbstverständnis der Psychologen verhindert das, teilweise auch → Vorurteile, mit denen man vielfach noch den psychologisch geschulten Fachleuten begegnet («Wir haben das früher auch nicht gebraucht!»). Auf der anderen Seite wird die psychologische Hilfe oft überschätzt; man erwartet Rezepte mit Wirkungsgarantie und sofortige Hilfe in verfahrenen Situationen, Hoffnungen, die natürlich enttäuscht werden müssen.

Angst Ein Gefühl von Unsicherheit, Erregung und Spannung, das manchmal – nicht immer – mit der Vorstellung einer bedrohlichen, möglicherweise Schmerzen verursachenden Situation verbunden ist, nennt man im allgemeinen Sprachgebrauch Angst. Die Angstreaktion ist ein sinnvolles Stück unserer biologischen Ausrüstung. Wer sich vor Gefahren nicht fürchtet und ihre Wiederholung nicht vermeidet, hat geringere Überlebenschancen. Von dieser begründbaren, an realistisch gesehene Gefahren geknüpften Angst (Realangst, objektive Angst) muß die irrationale, neurotische Angst unterschieden werden. Wer sich ungesichert dicht an einem Abgrund fürchtet hinabzustürzen, wird durch diese Angst in seinen Überlebenschancen gefördert (weil er auf Klettertouren sicher Wert darauf legt, sich rechtzeitig anzuseilen). Wer hingegen bereits auf einer von einem starken, hohen Geländer gesicherten Brücke vor Angst kaum mehr atmen und gehen kann, wird durch diese neurotische Angst ernstlich behindert. Er muß weite Umwege machen, um Brücken zu meiden. Nach dem Erfahrungsstand der → Psychoanalyse entsteht solche neurotische Angst dann, wenn Angst vor einer äußerlich real nicht gefährlichen Situation benutzt wird, um eine tatsächlich bestehende, aber unbewußte (verdrängte) innere Gefahr auszudrücken und zu vermeiden.

Der «kleine Hans», ein vierjähriger Junge, dessen → Phobie S. Freud beschrieben hat, litt eine Zeitlang an heftiger Angst, daß auf der Straße ein Pferd umfallen könnte, und wollte deshalb gar nicht mehr auf die Straße gehen. Es zeigte sich, daß hinter dieser Angst ein Todeswunsch gegen den Vater stand, verbunden mit der Furcht, deshalb vom Vater bestraft zu werden. Als der Vater selbst, der mit Freud in der Behandlung des kleinen Hans zusammenarbeitete, dem Kind diese Bedeutung erklärte, verschwand die Pferdephobie.

Eine Unterscheidungsmöglichkeit innerhalb der neurotischen Angstzustände ist die zwischen der in einer → Phobie «gebundenen» und der «frei flottierenden» Angst. Im ersten Fall werden bestimmte Situationen gefürchtet – allein auf die Straße zu gehen, Plätze zu überqueren, Spinnen, Schlangen, Katzen oder Hunden zu nahe zu kommen. Die frei flottierende Angst hingegen überfällt das Opfer jäh, ohne erlebbaren äußeren Anlaß. Erst die psychoanalytische Aufklärung könnte hier möglicherweise einen unbewußten Anlaß erschließen. Die «freie» Angst äußert sich oft als körperliches Unbehagen; der Betroffene glaubt etwa, sein Herz würde stillstehen, er muß plötzlich erbrechen, er erleidet einen Anfall heftiger Atemnot. Einzelne Abschnitte des Spektrums der körperlichen Begleiterscheinungen der Angst können ihrerseits wiederum zu Auslösern für soziale Ängste werden. Wer Angst hat, schwitzt und muß häufig austreten. Er kann nun eine Angst entwickeln, in sozialen Situationen – etwa bei Vorgesetzten – zu schwitzen oder austreten zu müssen, was durch die Erwartung, daß es geschehen könnte, dann prompt ausgelöst wird.

Ein niedriger Grad von Angst kann die Leistungen in manchen Situationen verbessern (in Prüfungen, beim Theaterspielen), während heftige Angst die Leistungsfähigkeit blockiert. Wer Angst hat, neigt meist dazu, sich zu überfordern; er möchte die Angst mit einem großen Schritt loswerden, scheitert daran und klagt am Ende über noch stärkere Angst. Ein aus Angst vor sexuellem Versagen impotenter Mann will zum Beispiel mit einer neuen Bekannten sofort Sexualverkehr haben, versagt und leidet nun an gesteigerter Angst vor dem Versagen. Eine bessere Taktik ist die schrittweise Überwindung, bei der die Angst nie so stark werden darf, daß sie die Leistungsfähigkeit blockiert. Wer Angst vor öffentlichem Reden hat, sollte nicht sofort von sich verlangen, frei zu sprechen, sondern erst einmal dadurch Selbstvertrauen gewinnen, daß er bereits vollständig ausgearbeitete Texte vorträgt. Wenn ihm das mehrmals gelungen ist, wird er sicher eines Tages auch frei sprechen können.

Angstentstehung Kinder fürchten sich oft vor denselben Situationen wie ihre Mütter (Spinnen, Gewitter, Höhe . . .). Das neugierig-aktive Kind hat vor allen starken, unvertrauten Reizen

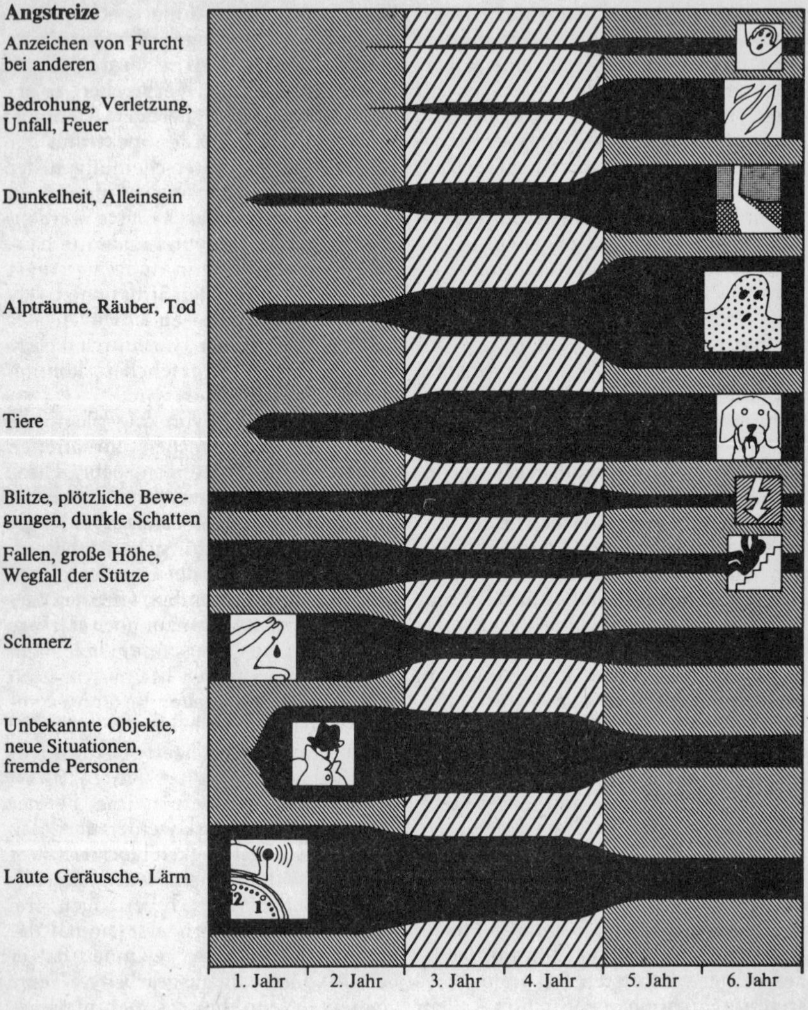

Entwicklung verschiedener Kinderängste: Die Breite der von links nach rechts verlaufenden Bahnen zeigt, welche Bedeutung die einzelnen furchtauslösenden Objekte und Situationen in unterschiedlichen Altersstufen (0 bis 2, 2 bis 4 und 4 bis 6 Jahre) haben. Manche Ängste gehen mit zunehmendem Alter zurück, andere wieder müssen erst «reifen» und treten später in Erscheinung (nach J. A. Gray).
Quelle: Gerd Hennenhofer/Klaus D. Heil «Angst überwinden», Rowohlt Taschenbuch Verlag, Reinbek bei Hamburg, 1975

zunächst Angst. Es kann diese Angst bewältigen, wenn ihm ein Erwachsener einfühlsam beisteht (das Kind auf dem Arm der Mutter getraut sich, einen Hund zu streicheln oder eine Planierraupe genauer zu betrachten, vor denen es zunächst angstvoll floh). Diesen Rückhalt in der aktiven Angstbewältigung gibt übrigens der Psychotherapeut dem Klienten ebenfalls, der auf diese Weise ermutigt wird, sich mit bisher angstvoll gemiedenen Situationen auseinanderzusetzen. Neurotische Angst entsteht vielfach dann, wenn die Bezugspersonen des Kindes kein Verständnis für seine Neugieraktivität hatten und – da diese Aktivität das Kind immer wieder in Angstsituationen brachte – es endlich dazu kam, daß die Neugieraktivität selbst, die ja die Ängste durch schrittweise Auseinandersetzung überwinden hilft, von dem Betroffenen mit Angst erlebt wurde. Damit wird die Angst unabhängig von äußeren Reizen. Innere Anlässe genügen, um Angst auszulösen. Diese wiederholt (→ Wiederholungszwang) eine ursprüngliche Angst, die Liebe und den Schutz der frühkindlichen Bezugspersonen zu verlieren. Neurotische Angst ist also oft die schon dem Sprichwort bekannte «Angst vor der eigenen Courage».

Anima, Animus «Seelenbild» (lateinisch anima = Seele) der jeweils gegengeschlechtlichen, aus dem Selbstbild ausgeschlossenen seelischen Inhalte. Der von C. G. Jung eingeführte, an S. Freuds Auffassung der → Bisexualität anknüpfende Begriff der Anima (Animus) geht davon aus, daß jeder Mensch die gegengeschlechtlichen Wünsche und Phantasien verdrängt. Jung nahm ergänzend an, daß diese Verdrängung eine vorgegebene, allen Menschen gemeinsame innere Struktur, einen → Archetypus aufbauen hilft, der wiederum das Phantasieleben, die Träume und oft auch das Verhalten beeinflußt. So kann ein Mann eine Frau heiraten, die seiner Anima (also seinen eigenen weiblichen Aspekten) entspricht, oder auf der anderen Seite seine Anima auf eine Frau projizieren, die tatsächlich ganz andere Eigenschaften hat.

Anklammerung Wie andere Primaten (niedrige und höhere Affen) ist auch der Mensch weder ein «Nesthocker» (der bei der Geburt noch nicht fertig ausgebildet ist) noch ein «Nestflüchter» (der vollständig bewegungsfähig auf die Welt kommt), sondern ein «Tragling» oder Kontaktwesen, das in den sozialen Mutterschoß einer Gruppe hineingeboren wird und sich zunächst am Muttertier festklammert (niedere Affen) oder von ihm getragen wird (wie höhere Affen oder menschliche Säuglinge in Primitivkulturen). Das Anklammerungsbedürfnis entspricht der frühesten Periode des menschlichen Sozialverhaltens. In späteren Entwicklungsabschnitten zeigt anklammerndes Verhalten eine gestörte Vertrauensbeziehung an. Ein zweijähriges Kind, das schon längere Zeit angstfrei allein spielen konnte, klammert sich dann jede Minute an die Mutter an, wenn es zum Beispiel einige Zeit von der Mutter getrennt und in einer Klinik war. Anklammerungstendenzen Erwachsener können häufig ähnlich erklärt werden.

Anlehnungstypus S. Freud unterschied zwei grundlegende Formen von zwischenmenschlichen Liebesbeziehungen (→ Objektbeziehungen): den Anlehnungstypus, bei dem der Liebespartner nach dem Vorbild einer nährenden Mutter oder eines schützenden Vaters gewählt wird, und den narzißtischen Typus (→ Narzißmus), bei dem der Partner dem Mann beziehungsweise der Frau entspricht, die dem eigenen, mit Selbstliebe besetzten Idealbild nahekommt (wenn zum Beispiel ein kleiner, dunkelhaariger Mann sich nur für große Blondinen erwärmen kann).

Anspruchsniveau Ein Schüler ist hochbefriedigt über eine Drei, ein anderer bricht fast in Tränen aus. Diese unterschiedlichen Reaktionen auf eine gleiche Note weisen auf ein unterschiedliches Anspruchsniveau, auf verschiedene Erwartungen hin. In der Regel wird es sich so verhalten, daß der erste Schüler früher schlechtere Leistungen aufwies und also auch diesmal wieder erwartete. Mißerfolge senken, Erfolge steigern das Anspruchsniveau – eine in psychologischen Experimenten bestätigte Alltagserfahrung. Tiefenpsychologisch gesehen, hängt das Anspruchsniveau mit dem → Über-Ich und dem → Ich-Ideal (Ideal) zusammen, das heißt mit den verinnerlichten Leistungsforderungen der frühkindlichen Bezugspersonen. Ein zu hohes Anspruchsniveau in der Familientradition kann lähmend wirken. Familiensprüche wie «Wir Müllers haben immer hochbegabte Kinder oder völlige Versager» erweisen sich als sich selbst erfüllende Prophezeihungen. Auf der anderen Seite verhindert kritikloses Anhimmeln aller Leistungen eines Kindes, daß dieses ein realitätsgerechtes Anspruchsniveau erreicht und lernt, sich wirklich anzustrengen.

Antrieb Meist als Ausdruck für die Stärke der → Aktivität eines Menschen verwendet, manchmal auch gleichbedeutend mit → Trieb. Antriebsmangel ist ein Kennzeichen vieler psychischer Erkrankungen, vor allem jener, die mit einer → Depression einhergehen. Antriebsüberschuß ist bei Kindern (im Vergleich zu Erwachsenen) natürlich; es fällt ihnen erheblich schwerer, sich längere Zeit ruhig zu verhalten. Antriebsüberschuß bei Erwachsenen tritt vor allem bei der → Manie auf; er unterscheidet sich von der kraftvollen Aktivität eines antriebsstarken Menschen dadurch, daß die Geschäftigkeit ohne bleibende Resultate bleibt, weil immer wieder eine neue Handlung begonnen wird, ehe die vorausgehende zu Ende geführt wurde.

Apperzeption Der Ausdruck ist von dem lateinischen appercipere (etwas hinzu bemerken) abgeleitet. Er betrifft die Auffassung als bewußte, geistige Tätigkeit des Sich-Aneignens eines Bewußtseinsinhaltes, der in die «Apperzeptionsmasse», in die schon aufgenommenen und verarbeiteten Inhalte eingegliedert wird (Herbart). Die zunächst nur im «Blickfeld» des Bewußtseins wahrgenommene Vorstellung rückt bei der Apperzeption in den «Blickpunkt» des Bewußtseins (W. Wundt). Die Vorstellung, daß es im Bewußtsein einen weiten, aber unklaren und einen engen, aber hellen Bereich gibt, hat auch S. Freud erwähnt, der von der «Enge des Bewußtseins» spricht. In der von W. Wundt begründeten «experimentellen Psychologie» spielte die Apperzeption eine große Rolle, weil er nachzuweisen suchte, daß die Vorstellungen nicht zufällig oder mechanisch, sondern durch den willensbestimmten Akt der Apperzeption miteinander verknüpft werden.

Archetyp Urtümliches, von Anfang an der seelischen Struktur eigenes, aber noch unausgestaltetes Bild, das die Erlebnisse des Individuums ordnet und in den religiösen, mythologischen, künstlerischen Traditionen aller Kulturen auftaucht. Der Ausdruck wurde von C. G. Jung geprägt; ein Anlaß dafür war die Beobachtung, daß in den Träumen von amerikanischen Negern, die völlig ohne europäische Bildung waren, Elemente aus griechischen Mythen auftauchten. Ein wichtiger Archetypus sind

→ Anima, Animus, weitere Beispiele sind etwa der «alte Weise», «das Kind», «der Listige», «der schwarze Jäger (= Teufel)», wobei die Archetypen immer nur aus den konkreten Bildern erschlossen, nicht aber mit ihnen identifiziert werden dürfen.

Askese Übung, Entsagung, Verzicht auf sinnlichen Genuß jeder Art (Fasten, sexuelle Enthaltsamkeit, Armut). Askese war schon vor dem Christentum ein Lebensideal in vielen Hochkulturen (China, Indien, Ägypten); die psychologische Grundvoraussetzung entspricht wohl dem → Masochismus. Da → Unlust und → Triebverzicht unvermeidlich scheinen, lege ich sie mir aktiv auf, um sie nicht passiv erleiden zu müssen, und gewinne auf diese Weise an Selbstgefühl, was ich mir an Triebbefriedigung versagen muß. Die Askese steht also in Beziehung zu dem → Abwehrmechanismus der → Identifizierung mit dem Angreifer. In dem Verschmelzen mit einer versagenen Wirklichkeit gewinnt das Ich die Macht, sich über die eigene Bedürftigkeit zu erheben. Freilich ist diese Macht oft illusionär, was die zusätzlichen Maßnahmen vieler Asketen zeigen, um den Triebverzicht aufrechtzuerhalten (klösterliche Regel, Leben in Abgeschlossenheit, auf hohen Säulen oder in der Wüste; endlich der zwanghafte Versuch, andere zur selben Askese zu bekehren).

Assoziation Wenn ich auf das Reizwort «Tal» das nächste Wort sagen soll, das mir einfällt, werde ich (wie sehr viele Menschen) mit «Berg» antworten. «Tal» und «Berg» sind miteinander verknüpft, assoziiert. Die Verknüpfung von Vorstellungen ist ein psychologisches Grundprinzip; sie erfolgt oft nach bestimmten Gesetzen, den Assoziationsgesetzen, die schon der griechische Philosoph Aristoteles beschrieben hat: 1. Ähnlichkeit (Hut–Mütze), 2. Gegensatz (groß–klein), 3. räumliche Beziehung (Hut–Feder) und 4. zeitliche Beziehung (Morgen–Abend). Neben den hier angedeuteten Wortassoziationen gibt es auch Verknüpfungen zwischen Bildern, Gefühlen, Empfindungen, die sich manchmal erst nach genauerer Untersuchung herausfinden lassen. Ein Ehepaar betritt ein Gasthaus; beide sagen fast gleichzeitig: «Riccione». Zunächst sieht das nach Gedankenübertragung aus (→ Parapsychologie), doch finden die beiden heraus, daß sie deshalb an ihren italienischen Urlaubsort dachten, weil in dem Eßzimmer des Gasthauses ein ähnlicher Geruch herrschte wie damals dort. Die Assoziation galt in der sogenannten «Assoziationspsychologie» (die von den englischen Philosophen Hobbes, Hune und Mill begründet worden war und bis ins 19. Jahrhundert die vorherrschende Schulmeinung in der Psychologie verkörperte) als Erklärungsprinzip für den Aufbau des ganzen Seelenlebens. Manche Auffassungen des → Behaviorismus und der Reflex-Schule nach I. P. Pawlow sind davon nicht sehr weit entfernt. In allen diesen Fällen wird versucht, die seelischen Vorgänge durch die Zurückführung auf einfachste Elemente, die Assoziationen, und die → bedingten Reflexe als Sonderfall von Assoziationen zu erklären.
Der Begriff der «freien Assoziationen» enthält die Grundregel der → Psychoanalyse. Er ist ebenfalls der Assoziationspsychologie verpflichtet. Hier wird aus dem nicht gelenkten Spiel seelischer Verknüpfungen, die «vom Hundertsten ins Tausendste» gehen (S. Freud), der Einfluß des Unbewußten rekonstruiert, ähnlich, wie man aus dem Strömungscharakter einer Wasseroberfläche auf die Eigenschaften des Flußbettes schließen kann, in dem das Wasser fließt.

Auffälliges Verhalten Wenn ein Soldat sein Gewehr wegwirft und desertiert, weil «ein Baum in seiner Heimat ihn gerufen hat», würde ein europäischer Psychiater in diesem höchst auffälligen Verhalten einen Hinweis auf eine → Schizophrenie sehen. Ein mit den Gebräuchen der Ibo-Neger vertrauter Völkerkundler hingegen könnte in diesem Verhalten nichts Auffälliges sehen, denn er weiß, daß solche Vorfälle in dieser Kultur nicht selten sind und es für weit auffälliger gilt, wenn jemand dem Ruf seines Baumes nicht folgen würde. Dieser Vergleich zeigt, daß es keinen absoluten, sondern nur einen relativen, kulturabhängigen Gesichtspunkt im Urteil über auffälliges Verhalten gibt. Wer etwas tut, was nicht den Erwartungen einer bestimmten sozialen Umwelt entspricht, fällt auf. Dabei ist es nicht möglich, einen Katalog schlechthin auffälligen Verhaltens anzugeben – immer ist es das Auseinanderklaffen von erwartetem und tatsächlichem Verhalten, das den Charakter der Auffälligkeit bestimmt. → Normalität

Aufforderungscharakter Von K. Lewin geprägter Begriff, der die Eigenschaften eines Zieles betrifft, eine Handlung auszulösen. Ein Stück Brot hat zum Beispiel für einen ausgehungerten Menschen einen viel stärkeren Aufforderungscharakter als für einen satten.

Aufmerksamkeit Aus der Fülle von Reizen, welche unsere Sinnesorgane empfangen, muß eine zweckmäßige Auswahl getroffen werden, um die menschliche Fähigkeit zur Reizaufnahme und Reizverarbeitung nicht zu überfordern. Die Aufmerksamkeit als «Wachheit des Bewußtseins» (W. Wundt) und Ausleseprinzip, das aus der natürlichen Umwelt eine psychologische macht (W. James), ordnet die Wahrnehmungen entsprechend den jeweiligen Notwendigkeiten innerer und äußerer Art. Meine Aufmerksamkeit ist während des Schreibens auf den Text gerichtet; wenn aber ein äußerer Reiz (lautes Geschrei meiner Tochter, die nebenan spielt) mich ablenkt, wende ich meine Aufmerksamkeit dieser Situation zu. In derselben Situation kann auch ein innerer Reiz (zum Beispiel Hunger) meine Aufmerksamkeit auf sich ziehen. Obwohl die eigentliche Aufgabe zeitweilig in den Hintergrund tritt, kehrt die Aufmerksamkeit spontan zu ihr zurück, wenn die unterbrechenden Situationen nach kürzerer oder längerer Zeit gelöst sind. Die Aufmerksamkeit wirkt wie der Lichtkegel eines Scheinwerfers, der manche Informationen anleuchtet, andere jedoch im Dunkel läßt. Gleichzeitig dient sie als Filter zwischen der Reizfülle, die uns unsere Sinnesorgane zuführen, und den begrenzten Möglichkeiten, unsere Umwelt planmäßig und zielgerecht zu verändern. Während volle Aufmerksamkeit die Denk- und Muskelleistungen in der Regel auf einem besonders hohen Niveau halten kann, greift sie in emotionale und vegetative Leistungen des Organismus eher störend ein, entsprechend der Geschichte vom Tausendfüßler, der in heillose Verwirrung geriet, als man ihn aufforderte, sich doch auf seine Beine zu konzentrieren. Gesteigerte Aufmerksamkeit auf die körperlichen Folgen sexueller Erregung kann unter Umständen zu → Impotenz führen. Hier verstärkt die Aufmerksamkeit als solche offenbar die verbietenden und einschränkenden oder leistungsfordernden Funktionen des → Über-Ich.

Ausdruck Die Ausdruckspsychologie untersucht den seelischen Gehalt spontaner (Gesichtsausdruck, Stimmklang) oder mittelbarer (ein handschriftlicher Text oder eine Zeichnung) menschlicher Äußerungen. Sie läßt sich in zwei große Bereiche einteilen: Ausdrucks- und Ein-

Aufschluß über Persönlichkeitszüge aus dem grafischen Ausdruck: Wartegg-Zeichentest. Quelle: Georg Sieber «Achtung Test», Rowohlt Taschenbuch Verlag, Reinbek bei Hamburg, 1971

drucksforschung – warum blickt Herr A. zornig und was veranlaßt Herrn B., diesen Blick als zornig zu empfinden? Die Bedeutung des Ausdrucks für die menschliche Kommunikation ist kaum zu überschätzen. In allen Beziehungen zwischen Menschen wird häufig die Bedeutung sprachlicher Mitteilungen erst durch die begleitenden Ausdruckszeichen festgelegt. Eine Mutter, die zu ihrem Kind sagt: «Versuch's doch, Liebling», kann das so sagen, daß das Kind ermutigt wird und mit aller Kraft etwas versucht, oder auch so, daß das Kind kraftlos wird und darauf verzichtet, sich einzusetzen (→ Doppelbindung). Der im Hören mit dem «dritten Ohr» geübte, auf Botschaften des Unbewußten wartende Psychotherapeut achtet deshalb oft mehr auf den Ausdruck, mit dem etwas gesagt wird, als auf den Inhalt des Gesagten.

Biologisch gesehen, ist die Mitteilung sozialer Botschaften durch den Ausdruck des Körpers, durch Miene, Gesten, Stimmklang, Körperhaltung weit älter als die abstrakte sprachliche Aussage. Tierische Kommunikationen laufen vorwiegend oder ausschließlich auf der Ebene des körperlichen Ausdrucks ab. Ein in den Erbanlagen vorgegebenes Verstehen der artspezifischen Verhaltensweisen, die einen Signalwert haben, wurde durch Versuche mit isoliert aufgezogenen Tieren bestätigt. Sie ziehen sich zum Beispiel, ohne jemals schlechte Erfahrungen mit einem drohenden Artgenossen gemacht zu haben, doch vor diesem zurück. Beim Menschen wird beides – Ausdruck wie Eindruck – zum größten Teil von erlernten Vorgängen umgestaltet und überformt. Die Abstandnahme vom eigenen Verhalten, die der Mensch durch die Spaltbarkeit seines Bewußtseins vornehmen kann (ich kann mich selbst beobachten), ermöglicht es ihm auch, sich zu verstellen, bestimmte Ausdrucksformen bewußt darzubieten und dahinter ganz andere Absichten zu verbergen (obwohl es leichter ist, ein Gefühl mit Worten abzuleugnen, als im Ausdruck zu unterbinden). Darüber hinaus sind die menschlichen Ausdrucksformen in ihrer Bedeutung oft kulturell bestimmt. Weinen drückt manchmal Trauer, manchmal Freude aus, kann aber auch, ähnlich dem Händedruck hierzulande, zur Begrüßung eines Freundes schicklich sein. Kopfnicken heißt in manchen Kulturen «Ja», in anderen «Nein». Andererseits hat Darwin sicher richtig gesehen, daß im Ausdruck von emotionalen Vorgängen auch beim Menschen zahlreiche Relikte aus seiner Stammesgeschichte aufzufinden sind. Das intuitive Verständnis für feine Nuancen des Ausdrucks ist wohl kaum ohne eine solche Anlage zu erklären. → Graphologie, Physiognomik

Außenseiter Wenn sich Menschen in Gruppen zusammenschließen, gibt es häufig einen, der deutlich am Rande der Gruppe bleibt und keine freundschaftlichen → Bindungen zu anderen Gruppenmitgliedern hat. Er hat in der Regel keinen Einfluß, wird nicht besonders hoch geschätzt und gerät in Gefahr, zum «Sündenbock» oder Prügelknaben zu werden. Kennzeichnend für den Außenseiter ist, daß er sich in einem oder mehreren Merkmalen von der Gruppe unterscheidet – etwa durch besonders hohe oder besonders niedrige → Intelligenz, eine Körperbehinderung, andere Rasse oder Hautfarbe, Verhaltensstörungen, wie besondere Schüchternheit, Ungeschicklichkeit, oder auch durch einen aggressiv-unverträglichen → Charakter. Die Gruppe kann den Außenseiter benützen, um Spannungen zwischen Gruppenmitgliedern, die sonst den Zusammenhalt bedrohen würden, an einem Sündenbock auszulassen. Die vom finanziellen und politischen Ruin bedrohten deutschen Kleinbürger griffen die nationalsozialistische Weltanschauung auch deshalb auf, weil sie erlaubte, statt der wirklich für die Niederlage von 1918 verantwortlichen Politiker die Juden – religiöse und soziale Außenseiter – als Sündenböcke zu verwenden. Oft kommt der Außenseiter durch seine persönlichen Haltungen (wie besondere Distanziertheit) solchen sozialen Abläufen entgegen. Im Fall der Juden mag die Überzeugung, das auserwählte Volk zu sein, hier beigetragen haben. In einer Schulklasse wird zum Beispiel ein Kind dann zum Außenseiter, wenn ihm von den Eltern (→ Identifizierung) Werte und Normvorstellungen vermittelt wurden, die seine Einbindung in den Klassenzusammenhalt verhindern. Solche Vorstellungen lassen sich als «innere Formeln» beschreiben, die einen Außenseiter vorprogrammieren, wie etwa «spiel nicht mit den Schmuddelkindern!», «wir Müllers sind was besseres als andere Leute, und deshalb mag man uns nicht!», «du darfst nie jemanden mehr liebhaben als deine Mami, nicht wahr!»

Autoerotik Der Lust am eigenen Selbst (griechisch autos = selbst) dienende erotische Betätigung. Typische autoerotische Verhaltensweisen sind Zungen- und Fingersaugen (→ orale Phase), Zurückhalten des Stuhls, um bei seiner Ausscheidung die Afterschleimhaut besonders zu reizen (→ Anale Phase) und die → Selbstbefriedigung durch Manipulation der Geschlechtsorgane. In der Entwicklung der → Libido verkörpert die Autoerotik ein Stadium, in dem die einzelnen auf Reizung der verschiedenen erogenen Zonen gerichteten Triebteile (Partialtriebe) anarchistisch nach Befriedigung suchen. Es gibt kein übergeordnetes Ziel oder Objekt der Libido; dieses stellt erst die Periode des → Narzißmus her, in der das Selbst als erstes, ursprünglichstes Objekt der Libido erlebbar wird. Die Selbstliebe ist dann die Voraussetzung dafür, daß auch andere Menschen geliebt werden können. Eine leibfeindliche Erziehungstradition, welche autoerotische Betätigung verbietet und bestraft, erwartet auf diese Weise in der Regel, die «richtige», partnerbezogene, reife Sexualität zu fördern. Das Gegenteil tritt meistens ein. Ein Verbot der Selbstbefriedigung hat sicher noch keinen besseren Ehepartner produziert, ebensowenig wie die Kränkung des kindlichen Narzißmus oder des Narzißmus eines Erwachsenen geeignet ist, dessen → Altruismus und Nächstenliebe zu steigern.

Autogenes Training Von dem Berliner Arzt J. H. Schultz aus den Erfahrungen der → Hypnose entwickeltes Verfahren der «konzentrativen Selbstentspannung», bei dem durch selbsthypnotische, regelmäßige Übungen ein vertiefter Entspannungszustand erreicht werden soll. Die Unterstufe besteht aus sechs einzelnen Übungen, die erst an Körperteilen («rechter Arm ist ganz schwer») durch formelmäßig verdichtete Vorstellungen erarbeitet und dann in einer Gesamtübung vereinigt werden. Zur Unterstufe gehören: 1. Schwereerlebnis, 2. Wärmeerlebnis, 3. Herzübung, 4. Atemübung, 5. Regulierung der Bauchorgane («Bauch strömend warm») und 6. Einstellung des Kopfgebietes («Stirn angenehm kühl»). In der «Oberstufe» werden zusätzlich meditative Farb- und Bildererlebnisse verwendet, die eine vertiefte Selbstwahrnehmung ermöglichen sollen. Das autogene Training erlernt nur, wer bereit ist, regelmäßig zu üben; dann ist es ein nützliches Mittel, um Störungen der vegetativen Nerven (→ vegetative Dystonie), Schlaflosigkeit und Spannungszustände zu lindern.

Autonomie Selbstgesetzlichkeit, Unabhängigkeit; Gegensatz von → Abhängigkeit. Bei einem zweijährigen Kind ist zum Beispiel der Wunsch, selbst mit dem Löffel zu essen und nicht gefüttert zu werden, ein Zeichen seines Autonomiestrebens; bei einem 18jährigen Mädchen der Versuch, unabhängig von den Absichten und Vorstellungen der Eltern Freunde zu finden. Eine Folge unterdrückten Autonomiestrebens ist die → autoritäre Persönlichkeit, die sich zwanghaft und unkritisch an mächtige Personen anpaßt.

Autorität Das Wort leitet sich vom lateinischen auctoritas ab; die ursprüngliche Bedeutung betrifft nicht die formelle Amtsgewalt (potestas), sondern eine als vorbildhaft anerkannte Macht. Das gleiche drückt sich noch heute umgangssprachlich in Bemerkungen aus wie «Lehrer A. hat mehr Autorität als Lehrer B.», obwohl doch beide als Lehrer dieselben Machtmittel in der Hand haben (zum Beispiel Noten zu geben). Die psychologische Bedeutung dieser Autoritätsunterschiede liegt wohl darin, daß der erste Lehrer eher als Vorbild anerkannt wird als der zweite. Die im Zug der Diskussion über die antiautoritäre Erziehung (→ Autoritäre Persönlichkeit) manchmal gestellte Frage, ob denn Autorität überhaupt notwendig sei, kann so undifferenziert nicht beantwortet werden. Für das kleine Kind ist jede erwachsene Bezugsperson eine Autorität. Sie wird in vielen Lebensbereichen als Vorbild anerkannt. Unter den Lebensumständen der Primitivkultur reicht diese Form der Autorität, das heißt das unmittelbare Vor-Leben einer erfolgreichen Lebensbewältigung, wohl aus. Unter den Umständen der Hochkultur muß sie durch spezielle Erziehungsmaßnahmen ergänzt werden. Immer aber gibt es Lebensbereiche, in denen Autorität anerkannt wird, wo es sich um sachlich begründete Autorität handelt, etwa um die Autorität eines Chirurgen oder eines Piloten, was Operation oder die Handhabung eines Flugzeugs angeht. Fragwürdig ist immer nur die Autorität, welche einen sachlich nicht begründeten oder über das Begründbare hinausgehenden Totalanspruch stellt («Du tust das, weil ich es sage» in der Erziehung, oder etwa «weil es göttliche Offenbarung ist» in der allgemeinen Lebensgestaltung). Formelle (durch den Vorgesetztenstatus verliehene) Autorität wird oft die informelle (auf keinen sozialen Vorrang gegründete, in der Persönlichkeit verwurzelte) Autorität verstärken. Zu erheblichen Konflikten kommt es, wenn in einer Gruppe der formelle «Führer» weniger Autorität hat als einer seiner formellen Untergebenen.

Autoritäre Persönlichkeit Von Th. W. Adorno und seinen Mitarbeitern beschriebener Persönlichkeitstypus, der in den Auseinandersetzungen über die «antiautoritäre Erziehung» eine sehr wichtige Rolle spielte. Diese Erziehung richtete sich nämlich, zumindest wo man sich um eine wissenschaftliche Begründung bemühte, niemals gegen Autorität in ihrer sachbezogenen Form und auch nicht gegen das natürliche Vorbild des Erwachsenen in der Erziehung, sondern gegen die Produktion eines autoritären Charakters. Dieser zeichnet sich durch starres Festhalten an hergebrachten → Normen und Werten aus, durch unterwürfige und unkritische Haltung gegenüber Mächtigen, die als absolute (nicht sachbezogen-begrenzte) Autoritäten anerkannt werden, verbunden mit → Aggression gegen alle Menschen, die von den eigenen Werten abweichen. Es besteht eine enge Beziehung des autoritären Charakters zu rassischen → Vorurteilen. Die autoritäre Persönlichkeit erlebt soziale Beziehungen grundsätzlich nach dem Modell oben–unten, stark–schwach, Führer–Gefolgschaft. Daher neigt sie auch zum «Radfahren»: Schwache werden verachtet, Starke bewundert. Die erziehungsbedingten Voraussetzungen dieser Persönlichkeitsentwicklung sind vor allem in einem «Brechen des Willens» beim Kind zu sehen, das in einer Situation, in der die Macht der Eltern alles, die eigenen Wünsche nichts gelten, sich mit dem Angreifer identifiziert (→ Identifikation). Die gegen die mächtigen Eltern, später gegen die mächtigen Vertreter der amtlichen Macht (Polizei, Militär) nicht möglichen Aggressionen und Phantasien werden durch → Projektion abgewehrt. Die autoritäre Persönlichkeit glaubt sich durch Minderheiten, die sie als schwach ablehnt, verfolgt und bedroht (wie die Machthaber und Mitläufer des Dritten Reichs durch die Juden). Zugleich beschäftigt sie sich intensiv mit der «sexuellen Verworfenheit» solcher Minderheiten. Die eigene moralische Überlegenheit dient dann der → Rationalisierung heftiger und oft brutaler Aggressionen gegen diese Sündenböcke. Auf diese Weise bleiben die Mächtigen, denen diese Aggressionen ursprünglich galten, verschont und können weiterhin idealisiert werden.

Aversionstherapie Methode der → Verhaltenstherapie, bei der unerwünschte Verhaltensweisen (Alkoholismus, homosexuelle Wünsche) mit unangenehmen Reizen (elektrischen Schlägen, die schmerzhaft, aber ungefährlich sind; Brechmittel) so gekoppelt werden, daß der Betroffene diese ursprünglich lustvollen Verhaltensweisen endlich nach dem Prinzip des → bedingten Reflexes als unangenehm erlebt. Von herkömmlichen, jahrtausendealten Versuchen, durch Strafen unerwünschtes Verhalten abzustellen, unterscheidet sich die Aversionstherapie dadurch, daß der Betroffene sein Einverständnis erklärt und die Schmerzreize systematisch und kontrolliert an das unerwünschte Verhalten geknüpft werden (während die sozialen Strafen, wie Verlust der Stellung, vom Alkoholiker kaum je unmittelbar mit der Lust am Trinken verknüpft werden). Dennoch sind die Techniken der Aversionstherapie umstritten und auch in ihrem Erfolg sehr unbeständig. In jüngster Zeit wurden deshalb verfeinerte Methoden entwickelt, die nicht mehr mit unmittelbaren Schmerzreizen arbeiten, sondern den Patienten trainieren, sich die unerwünschten Folgen des eigenen Verhaltens so deutlich auszumalen, daß er es endlich selbst unterlassen kann («verdeckte Sensibilisierung»).

B

Bedingter Reflex Ein Hund sondert Magensaft ab, wenn er Futter sieht oder riecht (→ Reflex). Der russische Physiologe I. P. Pawlow operierte Hunde und setzte ihnen einen Schlauch ein, mit dessen Hilfe er die Magensaftmenge messen konnte. Dann ließ er immer, wenn er ihnen Futter gab, ein Glockensignal ertönen. Nach einigen Darbietungen des unbedingten Reizes (Futter) zusammen mit dem bedingten Reiz (Signal) sonderten die Hunde auch dann Magensaft (in etwas geringerer Menge) ab, wenn man den Glockenton allein, ohne Futter, darbot. Ein bedingter Reflex war entstanden. Dieses berühmte Experiment von Pawlow hat weite Bereiche der psychologischen Forschung in Amerika (→ Behaviorismus) und der Sowjetunion angeregt; der Prozeß des Erwerbs und des Auslöschens bedingter Reflexe und Reaktionen (→ Konditionierung) wurde herangezogen, um die verschiedenartigsten Vorgänge zu erklären. Es zeigte sich, daß die Signale «generalisiert» (verallgemeinert) werden: Der Hund sondert auch dann Speichel ab, wenn eine Pfeife ertönt oder eine andere Glocke klingt; die Speichelmenge verringert sich, wenn die Ähnlichkeit zwischen dem ursprünglichen und dem geprüften Reiz abnimmt. Eine solche Generalisierung (= Verallge-

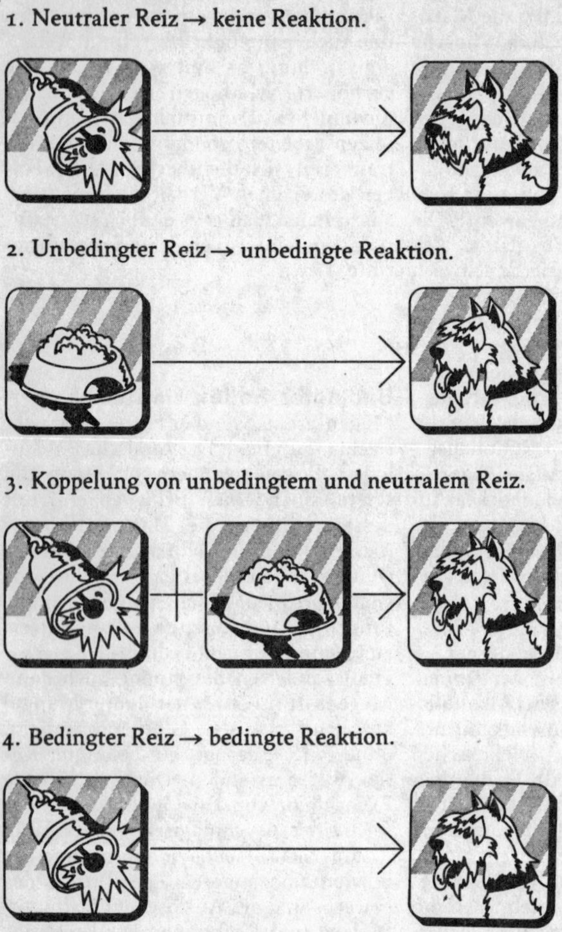

Entstehung eines bedingten Reflexes nach dem Experiment von Pawlow.
Quelle: Klaus D. Heil «Programmierte Einführung in die Psychologie», Rowohlt Taschenbuch Verlag, Reinbek bei Hamburg, 1975

meinerung) läßt sich auch dann beobachten, wenn zum Beispiel ein Kind zunächst vor einem bestimmten Tier Angst hat (etwa vor einer Wespe, weil es einmal gestochen wurde) und diese Angst dann auf alle kleinen, fliegenden Tiere ausdehnt. Hier dürfte freilich die Reflexlehre schon nicht mehr ausreichen, um diese Angstreaktion zu erklären. Wenn das Kind die Angst nicht «braucht», um irgend etwas Unbewußtes auszudrücken, wird es kaum an ihr festhalten. Mit Hilfe der Prüfung bedingter Reaktionen kann man auch feststellen, welche Möglichkeiten des Unterscheidens von Signalen bei Tieren bestehen (indem man das ursprüngliche Signal variiert und beobachtet, ob eine Reaktion eintritt und wie stark sie ist). Durch widersprüchliche Signale kann man neurose-ähnliche (→ Neurose) Störungen bei Tieren hervorrufen: Ein Hund erhält auf das Bild eines Kreises hin Futter, auf das eines Ovals einen elektrischen Schlag. Zeigt man ihm nun stufenweise Bilder, bei denen der Unterschied zwischen Kreis und Oval kaum mehr wahrnehmbar ist, dann reagiert er mit deutlich gestörtem Verhalten, beispielsweise Verweigerung der Nahrungsaufnahme. Wenn bedingter und unbedingter Reiz längere Zeit nicht mehr zusammen geboten werden, wird der bedingte Reflex allmählich schwächer und verschwindet endlich ganz; er tritt allerdings nach einer erneuten → Bekräftigung rascher und stärker wieder auf als bei einem naiven Tier.

Bedürfnis Einer von mehreren Ausdrücken für jene spontan entstehenden oder durch äußere Reize angeregten, subjektiv als → Trieb oder Beweggrund (→ Motiv) erlebten Kräfte, die dem Erreichen eines Zieles dienen, das vom Handelnden als lustvoll oder nützlich empfunden wird. Man unterscheidet zwischen primären, biologisch vorgegebenen Bedürfnissen (Hunger, Durst, Atmung, Ausscheidung, geeignete Wärme und Luftfeuchtigkeit, Anerkennung durch eine soziale Gruppe) und sekundären Bedürfnissen, welche meist die von Kultur und Gesellschaft vorgegebenen Befriedigungsformen der primären Bedürfnisse umfassen. Gelderwerb ist ein typisches sekundäres Bedürfnis; mit Hilfe des Geldes können dann primäre Bedürfnisse befriedigt werden. Beim Menschen nehmen im Alltagsleben meist die sekundären Bedürfnisse einen größeren Raum ein, doch setzt das voraus, daß die primären Bedürfnisse zuverlässig befriedigt werden, da sie sonst dominierende Macht gewinnen («Erst kommt das Fressen, dann die Moral»). Wenn ganze Abläufe der Befriedigung eines primären Bedürfnisses bis in die Bewegungsformen hinein weitgehend starr und beständig vorgegeben sind, spricht man von → Instinkt.

Die Stärke eines Bedürfnisses kann experimentell gemessen werden. Man kann zum Beispiel die Zeitspanne feststellen, über die hinweg eine Ratte Hunger und Durst in Kauf nimmt, ehe sie über eine elektrisch geladene Platte läuft. Solche Experimente haben gezeigt, daß (bei Ratten) das stärkste Bedürfnis einer Mutter ist, sich um ein schreiendes Kind zu kümmern; dann folgen Durst und Hunger. Um einen Sexualpartner zu erreichen, liefen manche Ratten überhaupt nicht über die elektrisch geladene Schranke.

Begabung Die Gesamtheit der Fähigkeiten zum Vollzug kulturell geforderter Leistungen auf den verschiedensten Gebieten (zum Beispiel schulisches Lernen, Musik, Sport). Begabung ist umfassender als → Intelligenz, doch werden beide Begriffe manchmal fast gleichbedeutend verwendet, da Intelligenz bei weitem die wichtigste Begabungsform in einer technischen Zivilisation darstellt. Die frühere Auffassung von Begabung als einer festen Größe ist heute umstritten. Genauere Forschung hat gezeigt, daß schon in recht frühen Jahren die Lernfähigkeit erweitert oder eingeengt werden kann. Begabung ist also nichts Vorgegebenes, das durch geeignete Auslesemaßnahmen ermittelt werden kann, sondern ein prozeßhaftes Geschehen, bei dem die Erbanlagen eine Veränderungsbreite abstecken. Sie kann gefördert werden, wobei man davon ausgehen darf, daß der Unterschied zwischen einer unterdurchschnittlichen und einer weit überdurchschnittlichen

Begabung teils auf Erbeinflüssen, teils auf Umwelteinflüssen beruht, während bei dem Unterschied zwischen einer unterdurchschnittlichen und einer durchschnittlichen Begabung diese Kombination, aber auch eine einfache Folge ungünstiger Umwelteinflüsse im Fall der geringeren Begabung vorliegen kann. Das zeigt vor allem die Forschung an eineiigen, also erbgleichen Zwillingen (→ Zwillingsforschung).

Behandlung (psychologische) Heute ungebräuchlicher Begriff, gleichbedeutend mit → Psychotherapie oder → Verhaltenstherapie

Behaviorismus Von J. B. Watson 1913 begründete Schule der Psychologie, die vor allem in den Vereinigten Staaten großen Einfluß gewann. Sie fordert, die Introspektion (Beschreibung und Analyse nur innerseelisch beobachtbarer Vorgänge) als unwissenschaftlich aufzugeben und sich ausschließlich mit der Messung des Verhaltens (vor allem im Tierexperiment) zu befassen. Während der Beitrag des Behaviorismus zur wissenschaftlichen Psychologie hoch einzuschätzen ist und die Forderung nach konsequenter Beschränkung auf objektiv erfaßbare Beobachtungen weithin anerkannt wurde, sind andere Gesichtspunkte des Behaviorismus inzwischen aufgegeben worden. Innerseelische Vorgänge lassen sich durch Aufzeichnen beispielsweise des sprachlichen Verhaltens und des → Ausdrucks auch mit genügender Objektivität festhalten. Watsons Forderungen nach einem extremen «Molekularismus» (nur → bedingte Reflexe werden als Bausteine des Verhaltens anerkannt) sind bereits im «molaren», zweckmäßiges Verhalten einbeziehenden Behaviorismus von E. C. Tolman verlassen worden. Die gegenwärtig erfolgreichste Schule des Behaviorismus ist die von B. F. Skinner, der eine einfache Theorie (Verhalten wird durch positive und negative Reize gesteuert und kann durch deren planmäßige Veränderung ebenfalls verändert werden) und eine sehr erfolgreiche Experimentiertechnik mit verblüffenden Dressurerfolgen an den verschiedensten Tierarten und zahlreichen Anwendungsmöglichkeiten in → Erziehung und → Psychotherapie verknüpft hat. Wissenschaftliche Gegner des Behaviorismus sind neben anderen die → Gestaltpsychologie, die sich gegen den Molekularismus wendet, und die → Psychoanalyse, die eine Untersuchung des menschlichen Verhaltens ohne Rücksicht auf Träume, Phantasien und unbewußte Prozesse für unvollständig hält.

Prüfgerät für die Fähigkeit von Fischen, Farbunterschiede wahrzunehmen und zu erlernen (in einer der Tüten mit unterschiedlichen Farben ist Futter).
Quelle: David Katz «Psychologischer Atlas», Benno Schwabe Verlag, Basel 1945

Bekräftigung Verhalten wird oft durch seine Folgen positiv oder negativ bekräftigt (verstärkt): Positive Bekräftigung führt zu steigender Häufigkeit, negative Bekräftigung zu abnehmender

Häufigkeit des vorangehenden Verhaltens. Man unterscheidet primäre Bekräftiger (Essen, körperlicher Schmerz) von sekundären Bekräftigern (Geld, Gewissensbisse). Primäre Bekräftiger sind in unserer biologischen Ausrüstung enthalten (Nahrungsbedürfnis, Schmerzempfindung), während sekundäre Bekräftiger im Lauf des Lebens erworben werden (kulturelle Wertvorstellungen).

Belohnung Nach dem Verhaltensmodell von Skinner (→ Behaviorismus) ist Belohnung oder positive → Bekräftigung ein Ereignis, das jenes Verhalten, welches mit ihm räumlich und zeitlich eng zusammenhängt, bestätigt und so in Zukunft eher auftreten läßt.

Beratung Wichtiges Teilgebiet der → angewandten Psychologie. Psychologische Beratung wird meist nach dem Lebensbereich bezeichnet, den sie betrifft: Erziehungsberatung, Schulberatung, Eheberatung, psychotherapeutische Beratung, Studienberatung. Der psychologische Berater versteht sich außer bei ganz eindeutig auf Unwissenheit beruhenden Problemen und Konflikten (wenn etwa ein Elternpaar darüber klagt, daß ihr einjähriges Baby noch nicht sauber ist, während die entsprechenden Nerven- und Muskelsysteme erst im Alter von zwei Jahren voll ausgereift sind) meist nicht als Fachmann, der auf Grund seines überlegenen Wissens dem Ratsuchenden detailliert sagt, was dieser zu tun hat. Er bemüht sich vielmehr, in partnerschaftlicher Zusammenarbeit mit dem Ratsuchenden Handlungsmodelle zu entwickeln und Lösungsvorbereitungen aufzubauen. Diese Zurückhaltung hat ihren Grund nicht nur in der Erwägung, daß man die Gestaltung des eigenen Lebens der freien Entscheidung jedes Individuums überlassen sollte. Sie berücksichtigt auch, daß die meisten Ratsuchenden bereits Lösungen kennen, aber nicht fähig sind, diese Lösungen zu akzeptieren, weil sie vielleicht mit ihrem Selbstgefühl nicht vereinbar sind. Der Berater muß also versuchen, dem Ratsuchenden (Klienten) zu mehr Einsicht in die eigenen Ansprüche zu verhelfen, die oft überhöht sind. Daher ist der Übergang von Beratung zur → Psychotherapie oft fließend; der Prozeß der Beratung sollte dazu führen, daß der Klient aktiver nach Lösungen der eigenen Probleme sucht und vom Berater dazu mehr Anstöße als fertige Rezepte erhält. Wie Ärzte sind psychologische Berater zum Schweigen über alles verpflichtet, was sie im Rahmen ihrer beruflichen Tätigkeit erfahren.

Berührungsangst Vermeidung körperlicher Berührung ist in den europäischen Zivilisationen – vor allem in den nördlichen – eine kulturelle Vorschrift, die seit frühester Kindheit eingeübt und mit Berührungsängsten aufrechterhalten wird, welche den ursprünglichen Verboten der Elternfiguren entsprechen. Wegen der meist parallel zur Berührungsvermeidung ausgesprochenen sexuellen Verbote gewinnt die körperliche Berührung sexuelle Bedeutung. Männer, die Zärtlichkeiten austauschen, müssen fürchten, für homosexuell gehalten zu werden. Die Berührungsangst schlägt sich oft in einer geringen Fähigkeit zu zärtlichem Verhalten nieder: Körperliche Berührung wird nicht als lustvoll erlebt, sondern quasi nur als Mittel zum sexuellen Zweck eingesetzt. Mit gruppendynamischen Trainings versucht man, diese Ängste zu überwinden. → Encounter-Gruppen, Bioenergetik

Besitzanspruch Besitzansprüche werden von manchen psychologischen Autoren für ein Stück der menschlichen

Natur angesehen (H. Schultz-Henke), wobei das «Haben-Wollen» in der → oralen Phase, das «Behalten-Wollen» in der → analen Phase erworben wurde. Doch scheint diese Vermutung nur die Eigenheiten der Ackerbau- und Industriekulturen zu berücksichtigen, während in den meisten Primitivkulturen das kollektive Eigentum eine wichtigere Rolle spielt und in den vor-ackerbaulichen Gesellschaften der Jäger und Sammler Besitz tatsächlich eine Bürde ist. Jeder kann nur soviel besitzen, wie er (oder seine Frau) tragen will oder kann.

Von großer psychologischer Bedeutung ist ferner die «besitzergreifende Liebe», ein auf den Menschen angewandter Besitzanspruch, bei dem die Eigenentwicklung des geliebten Menschen unterdrückt wird, der letztlich dem → Narzißmus des besitzergreifend Liebenden dienen muß. Durch solche Besitzansprüche kommt es in Beziehungen zwischen Erwachsenen zu → Eifersuchts-Konflikten, oft auch zum Ende der Beziehung selbst. Besitzergreifende Liebe von Eltern kann je nach ihrer Intensität und der Heftigkeit, mit der Abweichungen des Kindes bestraft werden, zu schweren seelischen Einbußen an Selbständigkeit führen. Extrembeispiele finden sich in Familien mit einem an → Schizophrenie leidenden Mitglied, wo zum Beispiel ein zwanzigjähriges Mädchen keinen Büstenhalter schließen und keine passenden Schuhe kaufen kann, weil immer alles die Mutter erledigt hat.

Bettnässen Verhaltensstörung von Jungen und Mädchen, die noch nach dem vierten Lebensjahr gelegentlich oder regelmäßig, tagsüber oder während der Nacht, unwillkürlich ihre Blase entleeren. Man unterscheidet zwischen primärem und sekundärem Bettnässen: Das erste liegt bei Kindern vor, die nie sauber werden, das zweite, wenn ein Kind (häufig nach der Geburt eines Geschwisters) wieder anfängt, ins Bett zu machen. Die Ursachen sind in über 95 Prozent der Fälle seelisch; Mißbildungen der Harnwege spielen nur selten eine ausschlaggebende Rolle. Bettnässen (Enuresis) und das Gegenstück des Einkotens (Enkopresis) drücken einerseits eine → Regression auf eine frühkindliche Entwicklungsstufe aus (wenn zum Beispiel ein Kind merkt, daß ein jüngeres Geschwister bevorzugt wird), andererseits auch → Aggressionen gegen durch die Eltern verhängte Einschränkungen (→ anale Phase).

Bewußtsein Der Schritt zum reflektierenden, seine eigenen Funktionen wahrnehmenden Bewußtsein fand in der menschlichen Evolution wahrscheinlich parallel zur Entwicklung einer begrifflichen Sprache statt. Neuere Experimente mit Patienten, bei denen wichtige Verbindungen im Gehirn durch eine Operation zerstört worden waren, haben die bereits von S. Freud geäußerte Vermutung bestätigt, daß die Eigenart des Wachbewußtseins in der Verknüpfung einer Wahrnehmung mit Wortvorstellungen liegt. Patienten, bei denen die Nervenverbindungen im Gehirn zwischen den von dem linken und rechten Auge übermittelten Wahrnehmungen zerschnitten worden waren, konnten ohne weiteres bestimmen, was sie mit dem Augen sahen, dem das Sprachzentrum im Gehirn entspricht (meist dem rechten Auge; das Sprachzentrum liegt in der linken Gehirnhälfte, und die Sehnerven kreuzen sich). Deckte man dieses Auge ab und bot dem anderen Auge ein Bild, dann konnten die Versuchspersonen keine bewußte Wahrnehmung angeben, doch bei besonders affektbesetzten Bildern (etwa dem einer nackten Frau) schilderten die Versuchspersonen «so ein komisches Gefühl» und kicherten, obwohl sie nicht

angeben konnten, was sie sahen.
Erst die Forschungen über das → Unbewußte haben die Aufgaben des Bewußtseins deutlicher gemacht. Das Bewußtsein gehört zu den → Ich-Funktionen, dient also im wesentlichen der Orientierung in der und Anpassung an die Realität. Sein biologischer Wert – der Überlebensvorteil, den es verschafft – liegt darin, daß durch das «Probehandeln» (S. Freud) des Denkens Handlungsmöglichkeiten in der Vorstellung durchgespielt werden können, ohne daß ein ähnlich hoher Grad von Erfolg notwendig ist wie beim realen Handeln (wo eine falsche Aktion unter Umständen lebensgefährlich ist). Auf diese Weise kann ein der jeweiligen Situation möglichst gut angepaßtes Handlungsmodell entworfen werden, das dann in die Tat umgesetzt wird. Hier liegt auch der wesentliche Schritt von der Verhaltenssteuerung durch → Instinkte zu der durch bewußte → Einsicht. Instinkte ermöglichen angepaßtes Verhalten ohne vorheriges Ausprobieren durch Versuch und Irrtum. Doch können sie nicht den lebensgeschichtlichen Veränderungen der Situation des Individuums gerecht werden, sondern sich nur im allmählichen Prozeß der stammesgeschichtlichen Auslese verändern. Das Bewußtsein entstand in der Evolution zum Menschen wohl deshalb, weil die Fähigkeit, in einem inneren Abwägen zwischenmenschliche, soziale Beziehungen planend vorwegzunehmen, die kleinen Gruppen der Vormenschen überlebensfähiger machte.

Beziehung Unter Beziehung versteht man in der Regel die → Objektbeziehung, das heißt die Verbindung zwischen zwei oder mehreren Menschen.

Bezugssystem Im Lauf der gesellschaftlichen Entwicklung ergeben sich → Normen, aus denen eine Vergleichsgrundlage in der Wahrnehmung von Sachverhalten und beim Urteil darüber gebildet wird. Das Bezugssystem der Angehörigen einer Kultur entspricht denselben Normen und weist zahlreiche Gemeinsamkeiten auf, wodurch eine → Kommunikation erst ermöglicht wird (→ Auffälliges Verhalten, Normalität). Ein vereinfachtes Beispiel für ein Bezugssystem bietet der Dreischalen-Versuch: Wenn man vor sich auf einen Tisch drei Schalen mit warmem, lauem und kaltem Wasser stellt, je eine Hand in die warme und in die kalte Schüssel taucht und nach einiger Zeit beide Hände in die Schüssel mit lauem Wasser gibt, dann ist das laue Wasser für die Hand aus dem warmen Wasser kühl, für die aus dem kalten Wasser warm. Die Wärmerezeptoren jeder Hand haben gewissermaßen ihr eigenes Bezugssystem gebildet. Im sozial-psychologischen Bereich ist in letzter Zeit bis in den Streit um Wörter wie «Gruppe» oder «Bande» hinein deutlich geworden, wie stark das Bezugssystem das Urteil über einen Sachverhalt bestimmen kann. Extremistische Gruppen legen Wert darauf, ihren Kampf als politische Aktion zu begründen, fordern also ein ganz anderes Bezugssystem für ihr Verhalten als es das Strafgesetzbuch darstellt.

Bindung Gefühle und Überzeugungen, welche dafür sorgen, daß ein Mensch in seinem Verhalten und Erleben einen anderen Menschen und dessen Gefühle berücksichtigt, nennen wir Bindung. Bindungen gibt es aber auch zwischen Tieren, vor allem zwischen dem Muttertier und den noch unreifen Jungen; sie werden hier oft durch spezifische Mechanismen (→ AAM) bewirkt. Eine eben geschlüpfte Graugans bindet sich zum Beispiel an das bewegte Objekt, das sie zuerst sieht; das ist im typischen Fall die Mutter, im untypischen kann es auch ein Verhaltensforscher sein (→ Prägung). Wichtige bindungsstiftende

Einflüsse sind beim Menschen gemeinsame Erlebnisse, Werte, eine gemeinsame Sprache (das wird zum Beispiel deutlich, wenn sich zwei Landsleute im Ausland treffen), in der Eltern-Kind-Bindung einfach die Tatsache, daß besonders die Mutter dem Kind vertraut ist. J. Rosen hat diese kindliche Bindung in die Formel gekleidet: «Man sucht die Mutter, die man kennt.» Ein alleingelassenes Kind auf der Straße wird oft gute, hilfsbereite Menschen weinend zurückweisen und sich erst beruhigen, wenn seine Mutter kommt – auch wenn die Mutter das Kind oft grausam schlägt. Seelische Bindungsfähigkeit ist eine wichtige Voraussetzung der Erziehbarkeit; durch längere Aufenthalte in einem Säuglingsheim oder durch seelisch gestörte Eltern kann diese Bindungsfähigkeit zerstört werden (→ Urvertrauen).

Bioenergetik Von W. Reich als Lehre vom «Orgon», der im → Orgasmus freiwerdenden biologischen Energie, eingeführt und später weiterentwickelt. Grundprinzip dieser Lehre ist es, die im «Charakterpanzer», der sich oft in Dauerverspannungen einzelner Muskeln ausdrückt, gebundene biologische Energie wieder zu befreien, was durch bestimmte Übungen oder Massagen geschieht.

Bisexualität Die psychoanalytische Forschung (→ Psychoanalyse) hat gezeigt, daß neben den bewußt bisexuellen, das heißt geschlechtliche Beziehungen zu beiden Geschlechtern aufrechterhaltenden Menschen, die in unserer Kultur (nicht aber in der griechisch-römischen Antike) als nicht → normal gelten, auch bei den bewußt «rein heterosexuellen» Menschen eine unbewußte Neigung zur Bisexualität (→ Anima, Animus) besteht. Starre Abwehr der bisexuellen Tendenzen rechnete Freud zu den schwierigsten Situationen der psychoanalytischen Behandlung. Die aggressiven Vorurteile gegen → Homosexualität (von Männern und Frauen), wie man sie bei → autoritären Persönlichkeiten beobachten kann, sind wohl auch die Folge von → Reaktionsbildungen gegen eigene bisexuelle Neigungen.

C

Cafeteria feeding Wenn man Kleinkindern, die eben selbst essen können, nach Art eines Selbstbedienungsrestaurants (Cafeteria) ein reichhaltiges Angebot verschiedener Nahrungsmittel anbietet, dann führen sie sich im Normalfall zuverlässig die benötigten Mengen lebensnotwendiger Stoffe (Eiweiß, Fett, Kohlehydrate, Vitamine) trotz zunächst teilweise einseitig wirkender Ernährungsgewohnheiten (sechs hartgekochte Eier bei einer Mahlzeit) zu. Kinder sind also schon sehr früh und ohne Kontrolle Erwachsener fähig, sich richtig zu ernähren; offenbar steuert der Organismus auf dem Weg spezieller → Bedürfnisse nach verschiedenen Nahrungsmitteln die Aufnahme der notwendigen Stoffe selbst.

Charakter Manchmal gleichbedeutend mit → Persönlichkeit verwendet. Charakter ist dabei das ältere Wort; die griechische Wurzel, von der es stammt, läßt sich mit einritzen, eingraben übersetzen. Charakter wurde häufig auf die moralischen und sittlichen Eigenheiten eines Menschen bezogen und erhielt daher einen wertenden Gehalt («Er hat keinen Charakter»). Im psychologischen Sprachgebrauch bedeutet Charakter aber immer die individuelle, besondere Ausprägung von → Dispositionen (Charaktereigenschaften wie → Begabungen, → Interessen, → Bedürfnissen, → Trieben).

Charisma Griechisch für Begnadung; in der Soziologie des Führertums von M. Weber Ausdruck der Fähigkeit des «geborenen Führers», Menschen für sich einzunehmen und zu begeistern. In der modernen → Gruppendynamik und → Sozialpsychologie wird stark angezweifelt, ob es einen «geborenen Führer» unabhängig von den Erwartungen der Geführten und der vorgegebenen Gruppenstruktur gibt. Die Forschung scheint eher dafür zu sprechen, daß der → Führer seine Stellung in einer Gruppe keineswegs auf Grund einer angeborenen, nicht weiter erklärlichen Befähigung einnimmt, sondern daß er eine → Rolle übernommen hat, die sehr stark von gerade dieser Gruppe bestimmt wird.

Child Guidance Clinic Keine «Klinik» im europäischen Sinn, sondern der in Nordamerika und England verwendete Ausdruck für eine Einrichtung, in der Familien mit schwierigen oder gestörten Kindern beraten und diese Kinder behandelt werden. Die Child Guidance Clinic ist stärker als die deutsche → Erziehungsberatungsstelle therapeutisch orientiert; kennzeichnend für sie ist die Zusammenarbeit (Teamwork) von Kinderpsychiater, Psychologe und Sozialarbeiter. Der Kinderpsychiater übernimmt dabei den ärztlichen Teil der Diagnostik und den Hauptteil der Behandlungen, der Psychologe ist mit Hilfe von → Tests psychodiagnostisch tätig, arbeitet aber ebenfalls an der Therapie mit, der Sozialarbeiter arbeitet mit den Eltern, und versucht, die therapeutischen Maßnahmen beim Kind durch ergänzende Familienberatung zu unterstützen. Hauptziel der Child Guidance Clinic wie der Erziehungsberatungsstellen ist die Vorbeugung gegen neurotische Störungen (→ Neurose) durch rechtzeitige Maßnahmen in dem krankmachenden Geschehen der einzelnen → Familie.

Cunnilingus Oraler Kontakt mit weiblichen Geschlechtsteilen, der in der jüdisch-christlichen Tradition verboten, in anderen Kulturen hingegen erlaubt war. Bei Tieren sind oralgenitale Kontakte weit verbreitet; in den Untersuchungen des Sexualverhaltens von Amerikanern durch A. Kinsey zeigte sich, daß Cunnilingus in höheren Bildungsschichten öfter angewendet wird als in niedrigeren und von Männern öfter angestrebt als von Frauen gerne geduldet wird. → Fellatio

D

Dämmerzustand Traumähnlicher Zustand mit herabgesetzter Bewußtseinsklarheit und abgeschwächter Fähigkeit, die Folgen des eigenen Verhaltens zu beurteilen oder sich an Normen zu halten, die man bei klarem Bewußtsein anerkennt. Dämmerzustand findet sich bei verschiedenen Vergiftungen (manchmal auch bei → Alkoholismus), Schlafmittelmißbrauch, gefäßbedingten Hirnschäden (mangelnde Durchblutung, vor allem nachts bei älteren Menschen) und bei Nervenkrankheiten, wie → Hysterie und → Epilepsie. Die Dauer dieser Zustände wechselt erheblich, doch sind sie im allgemeinen vorübergehend.

Debilität Vom lateinischen debilis = schwach abgeleiteter Ausdruck für den geringsten Grad der Geistesschwäche. Ihr entspricht ein → Intelligenzquotient (IQ) von 50 bis 70 Punkten, den man mit einem Intelligenzalter zwischen 8 und 13 Jahren gleichsetzen darf. Die Minderbegabung kann ererbt oder durch Gehirnschäden während der Geburt, durch Verletzungen oder Krankheiten

(Gehirnentzündung) erworben sein. Die geistige Reifung ist verzögert, Kenntnisse können nur sehr mühsam erworben werden, die Begabungsschwerpunkte liegen vor allem im Praktischen (manuelle Betätigungen). Besonders wichtig ist die richtige Erziehung des Debilen; er soll nicht sozial isoliert, noch viel weniger verspottet werden, um eine angemessene soziale Einordnung zu finden (→ Erethisch).

Defekt Schaden, Mangel. Meist mit der Bedeutung eines intellektuellen Defekts gebraucht, etwa nach einer schweren Gehirnverletzung bei einem Autounfall oder nach einer Gehirnentzündung.

Degeneration Rückentwicklung; Abnahme der biologischen Funktionstüchtigkeit. Der Begriff stammt ursprünglich aus der Medizin, und zwar aus der Nervenheilkunde: Wird ein Nerv durchtrennt, dann degeneriert er sowohl diesseits wie jenseits der Schnittstelle, das heißt, er verliert seinen funktionstüchtigen Aufbau. Über diese engere Bedeutung hinaus wurde der Begriff vor allem von französischen Nervenärzten des 19. Jahrhunderts (zum Beispiel Charcot) verwendet, um die erbliche Neigung zu → Neurosen (vor allem zur → Hysterie) zu erklären. Degeneration sollte demnach durch Verwandtenehen oder auch spontan durch eine ungünstige Mischung von Erbanlagen entstehen und alle erdenklichen Nervenleiden vorbereiten (noch Freud vermutete in einer Erkrankung eines Elternteils an Syphilis eine Teilursache von Neurosen). Von dieser Seite her wurde der Begriff in die Literatur aufgenommen. Thomas Mann stellt in den Buddenbrooks glänzend dar, wie eine Familie schrittweise «verfällt», immer krankheitsanfälligere, daneben aber sensiblere und mehr künstlerisch befähigte Mitglieder hervorbringt. Heute gilt Degeneration als veraltetes Erklärungsmodell. Seelische Krankheiten sind nur in Ausnahmefällen auf Inzucht zurückzuführen. Die Erklärung der Neurosen durch seelische Konflikte und Folgen mangelhafter Erlebnisverarbeitung (→ Abwehrmechanismus) durch S. Freud erledigte die frühere Annahme der Degeneration als Ursache. Auch die angebliche Degeneration der Nachkommen von Alkoholikern erklärt sich eher aus der Vielfalt ungünstiger Kindheitserlebnisse in solchen Familien.

Deja-vu-Erlebnis Erinnerungstäuschung, bei der ein Mensch überzeugt ist, schon einmal wahrgenommen zu haben, was er gerade erlebt. Die Ursache liegt häufig in einer Bekanntheitstäuschung. Die als bekannt erlebte Situation klingt an etwas Ähnliches an, was man früher erlebt hat. Da im allgemeinen das Wiedererkennen leichter fällt als das freie Erinnern, spürt der Betroffene ein unerklärliches Bekanntheitserlebnis. Eine zweite Erklärungsmöglichkeit liegt darin, daß die wahrgenommene Situation an eine verdrängte Erinnerung anklingt und daher als bekannt erlebt wird, während eine Erklärung dieses Bekanntheitscharakters nicht möglich ist.

Denken Im Denken wird die wahrgenommene Welt geordnet und in ihren Veränderungen planmäßig erfaßt. Auf diese Weise ermöglicht das Denken ein einsichtiges Probehandeln (→ Bewußtsein). Dieses Ordnen vollzieht sich an konkreten Gegenständen (eine Stufe, auf der die frühen Denkprozesse der Kindheit ablaufen), aber auch an Vorstellungen und endlich an abstrakten Beziehungen zwischen Vorstellungen und an Begriffen, die mit keiner konkreten Vorstellung mehr zu verbinden sind. Wird die Wirklichkeit gemäß persönlicher Wünsche geordnet, liegt das «primärprozeßhafte» Denken vor (S. Freud); ein Beispiel dafür wäre die Geschichte vom Milchmädchen, das überlegt, wie es vom Erlös einer Kanne Milch ein Kälbchen, eine Kuh, endlich einen ganzen Bauernhof erwerben wird. Erst kritische Prüfung und rationaler Vergleich mit der Wirklichkeit lassen die sekundären Denkvorgänge entstehen, welche die Anpassung des Erwachsenen an das → Realitätsprinzip kennzeichnen. Eine Sonderform des primärprozeßhaften Denkens ist das magische Denken (→ Magie). Hier werden Gegenstände, Tiere und Pflanzen nach dem Modell des erlebenden Menschen gedacht. Man unterstellt ihnen Absichten, versteht das, was ihnen geschieht, als Entsprechung zu dem, was einem menschlichen Wesen geschieht.

Die verschiedenen Denkvorgänge sind von den einzelnen psychologischen Schulen sehr unterschiedlich interpretiert worden. Während die Vertreter der Assoziations-Lehre glaubten, alles Denken lasse sich von der Ordnung konkreter Vorstellungen ableiten, haben die Versuche der «Würzburger Schule» (O. Külpe, N. Ach, O. Selz) gezeigt, daß Denkvorgänge sehr oft keine anschauliche Grundlage haben und daß die Aufgabenstellung, also das Ziel des Denkvorgangs bestimmt, welche Art von Ordnungsrichtung vorliegt. Die → Gestaltpsychologie hat vor allem das «produktive» Denken erforscht, das heißt das Problem untersucht, auf welche Weise Denkprozesse bisher unbeantwortete Fragen klären können. Es zeigte sich, daß sich solche Vorgänge nicht durch isolierte Verbindungen zwischen einzelnen Denkschritten oder durch die → Assoziation von Vorstellungen erklären lassen, sondern durch die innere → Wahrnehmung einer Struktur oder eines Feldes (→ Feldtheorie), in dem eine bestimmte Spannung herrscht. Die Klärung erfolgt oft durch einen ziemlich raschen Schritt, durch den das ganze Problem ein verändertes Aussehen gewinnt («Aha-Erlebnis»). So behält das Problem, eine Krebsgeschwulst im Körperinneren zu bestrahlen, ohne das umgebende Gewebe mit einer gleichhohen Strahlendosis zu schädigen, so lange seine gespannte, unlösbare Struktur, wie man von einer einzigen Strahlenquelle und einem statisch daliegenden Kranken ausgeht. Es verändert seine Struktur mit einem Schlag, wenn man erkennt, daß die Strahlen dann die Geschwulst voll und das restliche Gewebe abgeschwächt treffen, wenn die Geschwulst im Brennpunkt einer verteilten Strahlenquelle liegt. Ist dieser Denkschritt vollzogen, dann werden mehrere Möglichkeiten deutlich, das Problem zu lösen. Man kann entweder den Kranken so um eine feste Strahlenquelle drehen, daß die Strahlung in der Geschwulst die höchste Konzentration erreicht, oder man kann um den festliegenden Körper des Kranken mehrere Strahlenquellen so gerichtet anbringen, daß sich die Strahlen im Geschwulstgebiet schneiden. In jüngster Zeit ist die Denkpsychologie durch die → Kybernetik wesentlich angeregt worden. Der Versuch, Denkoperationen in elektronischen Maschinen (Computern) nachzuvollziehen, hat für das Verständnis der Eigenarten des schöpferischen, problemlösenden Denkens neue Anregungen erbracht. → Lernen

Depersonalisation Entpersönlichung; Gefühl, nicht mehr die Person zu sein, die man bisher war, verbunden mit einem vollständigen oder (öfter) teilweisen Verlust, zu dem, was man tut, sagt, erlebt mit der gleichen Selbstverständlichkeit wie früher «ich» sagen zu können. Das eigene Erleben scheint ebenso wie das Verhalten der übrigen Menschen wie auf einer Filmleinwand vorbeizuziehen. Depersonalisation ist bei Jugendlichen oft eine vorübergehende Phase; ihre Ursache liegt wohl in einer starken, distanzierenden → Abwehr des → Ich gegen neuartige Erlebnisse, die von bisher abgespaltenen Persönlichkeitsanteilen (→ Es) ausgehen. In seltenen Fällen kündigt Depersonalisation eine seelische Erkrankung an; sie ist dann besonders ausgeprägt und wird zu einem schwerwiegenden Hindernis in der → Kommunikation mit der Umwelt.

Depression Gedrückte, traurige Stimmung; eine der häufigsten und wichtigsten seelischen Erkrankungen. Gemeinsam ist fast allen Depressionen die gedrückte Grundstimmung, die Veränderung der Zukunftswahrnehmung in einem negativen Sinn (es wird immer alles schlecht ausgehen; die Depression selbst wird nie aufhören, eher schlechter werden). Darüber hinaus kann die Krankheit viele unterschiedliche Formen annehmen. Die wichtigsten sind:

1. Die gehemmte Depression, wobei der Kranke sich kaum mehr bewegen will, das Bett nicht mehr verläßt, sich für nichts mehr interessieren kann. In leichteren Fällen wird diese Hemmung zwar gespürt, aber trotz subjektiven Leidens überwunden, so daß der Kranke seine Alltagspflichten weiter erfüllen kann. In schweren Fällen sitzt oder liegt er völlig teilnahms- und interesselos da.

2. Die erregte oder agitierte Depression ist durch eine ängstliche Überaktivität des Kranken, verbunden mit gedrückter Stimmung, Schuldgefühlen und → Angst gekennzeichnet. Der Kranke kann keine Ruhe finden, auch nachts im Schlaf nicht; gleichzeitig fühlt er sich zu konsequenter Arbeit unfähig, klagt oft, wobei er die heftigste Kritik gegen sich selbst richtet.

3. Die hypochondrische Depression. Hier werden Schuldgefühle und Ängste gewissermaßen verkörperlicht; der Kranke ist trotz fehlender Krankheitszeichen felsenfest davon überzeugt, an Krebs im Endstadium oder an einem Herzinfarkt zu leiden.

4. Die paranoische Depression. Der Kranke äußert wahnhafte Schuldgefühle und Beeinträchtigungsideen, bezichtigt sich schrecklicher Verbrechen («Ich habe damals meinen Vater umgebracht, ich hätte ja wissen müssen, daß er zukkerkrank ist»), fühlt sich verfolgt und tödlich bedroht (zum Beispiel durch eine terroristische Verschwörung).

5. Bei den anankastischen Depressionen herrschen Zwangsvorstellungen vor; sie unterscheiden sich nur durch ihr periodisches Auftreten und Abklingen von schweren → Zwangsneurosen.

6. Bei den vegetativen Depressionen, manchmal auch larvierte oder maskierte Depressionen genannt, finden sich keine Zeichen von Trauer, oft überhaupt keine bewußten Merkmale einer seelischen Erkrankung, sondern nur körperliche Erscheinungen, die übrigens auch bei den anderen Formen der Depression selten fehlen: Appetitlosigkeit, Einschlaf- und Durchschlafstörungen, Gewichtsverlust, Verstopfung, Herzmißempfindungen (→ Vegetative Dystonie).

Depressionen gehören zu den quälendsten Leiden überhaupt; Kranke, die den jähen Schmerz eines Herzinfarkts und eine Derpession erlebt hatten, hielten im Nachhinein die Depression für weitaus unangenehmer. In vielen Fällen ist der Zustand des Kranken in den Morgenstunden am schlechtesten; abends hellt sich die Stimmung auf. Nur wenige Depressive denken überhaupt nicht an Selbstmord; etwa zehn Prozent unternehmen tatsächlich einen Selbstmordversuch. Die Ursache der Depressionen ist nicht bekannt. Es gibt Hinweise darauf, daß in manchen Fällen eine Störung im Hirnstoffwechsel lebens-

wichtiger Eiweißstoffe (biogene Amine) mitbeteiligt ist, doch kann man kaum entscheiden, ob diese Störung die Ursache oder bereits eine Folgeerscheinung der Depression ist.
Die herkömmliche Einteilung der Depressionen nach ihrer mutmaßlichen Ursache, wie sie in der Nervenheilkunde meist vorgenommen wird, ist von sehr begrenztem Wert. Man unterscheidet dort:
1. Endogene Depressionen, die «von innen heraus» (endogen) auf Grund einer ererbten Anlage entstehen sollen. Genauere Forschung (P. Matussek und andere) konnte aber zeigen, daß auch bei diesen Depressionen meist ein Anlaß vorliegt. Die Erbforschung erweist eine familiär erhöhte Neigung zu dieser Krankheit, doch können die Erbanlagen allein offenbar die Depression nicht auslösen, weil sie sonst bei eineiigen Zwillingen immer bei beiden Partnern auftreten müßte, was nicht der Fall ist. Wahrscheinlich wirken auch bei den «endogenen» Depressionen Erbanlagen und Umwelteinflüsse (siehe unter neurotische Depression) zusammen. Bei etwa einem Viertel der endogenen Depressionen treten gelegentlich auch → Manien auf; man spricht deshalb auch manchmal (vor allem in älteren psychiatrischen Lehrbüchern) von einer manisch-depressiven → Psychose.
2. Neurotische Depressionen sind äußerlich oft von angeblich endogenen Depressionen nicht zu unterscheiden; manchmal wird auch erst nach einer erfolgreichen → Psychotherapie statt einer endogenen eine neurotische Depression angenommen. Bei den neurotischen Formen der Depression handelt es sich oft um Menschen mit einem starren, übermächtigen → Über-Ich, die sich, um ihre Gewissensängste zu erleichtern, an andere Menschen (Eltern, Partner) anklammern und bei drohendem (oft nur phantasiertem) Verlust dieser Partner in eine Depression verfallen. Hier ist eine Psychotherapie möglich, die vor allem auf eine Abschwächung der Gewissensängste abzielt.
3. Reaktive Depressionen und Erschöpfungsdepressionen werden nicht durch unbewußte Konflikte, sondern durch eine zumindest teilweise offenkundige Überforderung und Überlastung ausgelöst, zum Beispiel bei Gastarbeitern, bei Müttern nach der Geburt eines Kindes oder nach einem Todesfall. Es handelt sich um ein Mehr an normaler Traurigkeit als Reaktion auf belastende Ereignisse, oder auch um ein weit überdurchschnittliches Maß an Belastung.

Deszendenztheorie Abstammungslehre; von Ch. Darwin (daher auch «Darwinismus» genannt) vertretene Theorie der Entwicklung der verschiedenen Tierarten durch die Auslese der besser angepaßten und darum eher zur Fortpflanzung gelangenden Tiere im «Kampf ums Dasein». Die Deszendenztheorie hatte großen Einfluß auf die Psychologie, weil sie ein Modell dafür bot, die schrittweise Vervollkommnung der Verhaltenssteuerung von niederen Tieren, höheren Tieren und dem Menschen zu erklären. Darwin selbst hat in einer Arbeit über den → Ausdruck von Gemütsbewegungen bei Tier und Mensch die vergleichende Verhaltensforschung (→ Ethologie) begründet. Er konnte zeigen, wie mächtig das biologische Erbe im menschlichen Verhalten ist; in diesem Punkt hat S. Freud die Gedanken Darwins aufgegriffen und weiterentwickelt. Gerade die Betrachtung der speziellen – da kulturgeprägten – Form der menschlichen Evolution zeigt neben den Gemeinsamkeiten auch die wichtigen Unterschiede zwischen den Arten des Tierreichs und Homo sapiens. Die Grundgedanken der Deszendenztheorie werden in der heutigen Biologie und Psychologie weithin akzeptiert, doch besteht oft keine Einigkeit darüber, unter welchen Gesichtspunkten Vergleiche zwischen Tier und Mensch angebracht sind. Im Gegensatz zu den Analogien von K. Lorenz (der etwa von der «sicher instinktiven» Reaktion des menschlichen Sich-Verliebens spricht), fordern Psychologen und Verhaltensforscher heute meist, Ergebnisse der Ethologie nur als Arbeitshypothesen anzuerkennen, die nicht auf den Menschen übertragen, sondern an ihm erneut bewiesen werden müssen.

Deutung Seelische Aktivität, durch die eine bestimmte Erscheinung zu einem begrifflichen Modell oder zu einer Verknüpfung anderer Erscheinungen in Beziehung gesetzt wird und auf diese Weise einen neuen Sinn gewinnt. Deutungen sind das wichtigste Hilfsmittel der analytischen → Psychotherapie. Sie sollen allerdings niemals vom Therapeuten «von oben herab» gegeben, sondern vom Patienten in eigener Aktivität vorbereitet werden, so daß endlich die Deutung nur zusammenfaßt, was dem Kranken bereits zugänglich ist. Voreilige Deutungen, wie sie als pseudopsychologische Party-Spiele sehr beliebt sind, beweisen nur den Wunsch des Deuters, sich überlegen zu fühlen, und nützen in den meisten Fällen dem «Opfer» nicht im geringsten. Eine vom Patienten angenommene Deutung wird zu einem sicheren Besitz des → Ich und ermöglicht dadurch ein Stück seelischen Wachstums, bessere Kontrolle und Verwirklichung von Abkömmlingen des → Es oder ein freundlicheres → Über-Ich. Deutungen sind, wissenschaftlich gesehen, immer Arbeitshypothesen, mit denen ein menschlicher Organismus seine innere Ordnung ein Stück weit neu gestaltet. Ihre Bewährung wird daher nicht allein nach ihrer Richtigkeit beurteilt, sondern auch nach ihrer therapeutischen Wirkung. Da seelische Vorgänge meist mehrfach bestimmt sind, gibt es häufig mehr als eine zutreffende Deutung (zum Beispiel eines → Traums).

Differentielle Psychologie Sie befaßt sich mit den Differenzen, den Unterschieden zwischen den einzelnen Menschen und ihren → Eigenschaften. Die frühesten Formen der differentiellen Psychologie sind die an Geschlechtsunterschiede oder Rassenunterschiede geknüpften Vermutungen über seelische Unterschiede. Während die naive Unterscheidung menschlicher Charaktere gerne mit Alternativen und Extremformeln arbeitet (dumm – gescheit, stark – schwach, gefühlvoll – gefühllos, frech – brav), zeigt die Forschung in der differentiellen Psychologie fast immer einen stufenweisen Übergang, wobei sich der Ausprägungsgrad der Eigenschaften bei Tieren und Menschen entlang einer kontinuierlichen Skala verteilt, die im typischen Fall die Form einer Glockenkurve (Gauss'sche Normalverteilung) annimmt: Die meisten Geprüften sind dabei durchschnittlich intelligent, während die Extrempositionen (sehr wenig intelligent – weit überdurchschnittlich intelligent) nur von jeweils wenigen Prüflingen eingenommen werden.

Die Unterschiede zwischen den Menschen, mit denen sich die differentielle Psychologie befaßt, können durch zwei große Einflußwege entstehen: durch die Erbanlagen und durch Umwelteinflüsse (→ Erbe/Umwelt-Problem, Lernen). In der Beurteilung des Gewichts dieser Faktoren bestehen bis heute erhebliche Meinungsverschiedenheiten. Man kann davon ausgehen, daß in den letzten hundert Jahren viele menschliche Merkmale, die man früher für ererbt hielt, als umweltbedingt erkannt worden sind. Die Vermutung einer «angeborenen» Eigenschaft diente oft genug dazu, Unwissen zu verschleiern und eine genauere Analyse aufzugeben, wenn sich nur dieselbe Eigenschaft auch bei den Eltern eines Betroffenen fand. Man geht heute meist davon aus, daß die Vererbung – krankhafte Extreme ausgenommen – einen relativ breiten Entwicklungsspielraum absteckt, innerhalb dessen der Umwelteinfluß darüber entscheidet, was sich herausbildet. Wichtigstes Instrument dieser Forschung ist die → Zwillingsforschung. Eineiige Zwillinge haben praktisch dieselben Erbanlagen. Hier sind alle Unterschiede sicher umweltbedingt, während die Gemeinsamkeiten keineswegs erbbedingt sein müssen (da eineiige Zwillinge ja meist in einer ähnlichen Umwelt aufwachsen); nur wenn die Umwelteinflüsse bei beiden Zwillingen sehr unterschiedlich waren, kann man Gemeinsamkeiten mit einigem Recht und nach entsprechend kritischer Prüfung als erbbedingt ansehen. Die Zwillingsstudien haben gezeigt, daß äußere Körpermerkmale (Haarfarbe, Augenfarbe, Gesichtszüge) weitgehend ererbt sind, während seelische Merkmale ebenso weitgehend auf Umwelteinflüssen beruhen. Die Persönlichkeitseigenschaften eineiiger Zwillinge sind recht verschieden. Ein wichtiges Hilfsmittel, um Unterschiede zwischen Individuen zu erfassen, sind die psychologischen → Tests. Ergebnisse solcher Untersuchungen enttäuschen durchweg alle Betrachter, die sich anmaßen, von einfachen Gruppenzugehörigkeiten (Mann – Frau, Weißer – Schwarzer, Arbeiter – Akademiker) auf Persönlichkeitseigenschaften zu schließen. Ähnlich wie schon in Experimenten zur Lernfähigkeit von Tieren eine am oberen Ende der Variationsbreite stehende Ratte besser lernt als ein wenig «begabter» Schimpanse (obwohl Schimpansen zweifellos viel klüger sind als Ratten, vorausgesetzt, man akzeptiert die Meßmethoden der Psychologen über tierische Intelligenz), sind auch in allen naiven → Typenlehren die Unterschiede innerhalb der Gruppen weit größer als die zwischen den Gruppen. Das gilt beispielsweise für den Vergleich der Intelligenztestergebnisse von schwarzen und weißen Amerikanern oder für den Vergleich der Persönlichkeitsunterschiede zwischen Männern und Frauen.

Disposition Anlage, Angelegtheit; individuell unterschiedliche, relativ konstant wirkende Bereitschaft zu bestimmten Verhaltensweisen, Symptomen und anderen Eigenarten. Man kann zwischen primären (angeborenen) und sekundären (erworbenen) Dispositionen unterscheiden; doch ist diese Alternative heute fragwürdig geworden (→ Erbe/Umwelt-Problem). S. Freud, der den Ausdruck einführte («Disposition zur Zwangsneurose»), sprach bereits von einer «Ergänzungsreihe», welche zu einer solchen Disposition führen kann. Erbanlagen und Umwelteinflüsse müssen in einer Reihe von Wechselwirkungen zusammenkommen, um endlich eine bestimmte Folge auszulösen. Die einzelnen Einflüsse sind dabei Bedingungen, keine Ursachen; so ist es logisch nicht richtig, etwa von einer erblichen Ursache der → Schizophrenie zu sprechen.

Dissonanz (kognitive) Zwei oder mehr Elemente meiner inneren geistigen Welt widersprechen sich. Diesen Zustand der kognitiven (das heißt auf Denkvorgänge bezogenen) Dissonanz (Mißklang) hat der amerikanische Psychologe L. Festinger untersucht. Er fand, daß ein solcher Mißklang eine innere Spannung bewirkt, die nach Lösung drängt. In einem Experiment wurde zum Beispiel Teenagern, die verschiedene Schallplatten vergleichen sollten, am Ende eine Platte geschenkt, die sie eigentlich nicht so gut gefunden hatten. Als man später den Test wiederholte, war die geschenkte Platte in der Wertschätzungsskala weiter nach oben gerückt. Der Widerspruch zwischen den Denkinhalten «diese Platte ist nicht so gut» und «diese Platte gehört jetzt mir» hatte dazu geführt, das anfänglich abschätzige Urteil zu ändern. Es gibt im wesentlichen drei Formen der Verminderung einer kognitiven Dissonanz: Das eigene Verhalten zu ändern, die Umwelt zu ändern oder ein neues kognitives Element aufzunehmen.

Dissozialität Verhalten, das den gesellschaftlich anerkannten → Normen nicht nur nicht entspricht (Asozialität), sondern sie verletzt, wobei der Übergang zu strafgesetzlich verfolgten Vergehen und Verbrechen (→ Kriminalität) fließend ist. → Auffälliges Verhalten

Doktorspiele Volkstümlicher Name für die kindliche → Sexualforschung, die ihren Höhepunkt im dritten bis sechsten Lebensjahr erreicht und (je nach der Intensität der gesellschaftlichen Verbote) im Schulalter abflaut, möglicherweise aber auch bis zur Geschlechtsreife fortgesetzt wird und (wie in manchen Primitivkulturen) allmählich in reifere sexuelle Kontakte übergeht. Das Doktorspiel hat seinen Namen davon, daß sich die Kinder – wie beim Arzt – voreinander ausziehen und sich gegenseitig die Geschlechtsteile zeigen und auch abtasten. Auf diese Weise werden viele Kinder das erste Mal gründlicher mit dem Geschlechtsunterschied von Mann und Frau vertraut (→ Kastrationsangst); sie lernen gelegentlich die → Selbstbefriedigung kennen. Oft stoßen sie auf massiv einschränkende Verbote der Eltern, wodurch schwerwiegende sexuelle Hemmungen (und Hemmungen der Neugieraktivität, des Forscherdrangs und damit der Intelligenzentwicklung) entstehen können. Doktorspiele sind ein Teil der normalen kindlichen Entwicklung; sie erfordern keine besondere «Erziehungsmaßnahme», vielleicht mit Ausnahme der Aufklärung darüber, daß wegen der Vorurteile vieler Erwachsener auf diesem Gebiet eine (an sich berechtigte) völlige Offenheit dieser Spiele doch unterbleiben sollte.

Domestikation Oberbegriff für die durch menschliche Eingriffe hervorgerufenen züchterischen Veränderungen an Haustieren, aber auch an freigehaltenen, jedoch vom Menschen in ihrer Zuchtwahl beeinflußten Arten (die lappländischen Rentiere leben weitgehend frei, doch weisen sie deutliche Domestikationserscheinungen auf, weil die aggressiveren Männchen von der Fortpflanzung ausgeschlossen werden). Typische Folgen der Domestikation sind Einbußen an Aggressions- und Fluchtbereitschaft, weniger genaues Ansprechen von → Instinkten und angeborenen auslösenden Mechanismen (→ AAM), körperliche Veränderungen im Sinn einer «Verkindlichung» (Infantilismus), deutlich zum Beispiel in der Kurzschädeligkeit vieler Hunderassen, verglichen mit den Wildformen, oder die reichlichere Ansammlung von Unterhautfettgewebe bei vielen Haustieren. Der Begriff der Domestikation für körperliche und seelische Eigentümlichkeiten des Menschen scheint fragwürdig, da es hier keine planmäßige züchterische Veränderung gab (das wichtigste Instrument der Züchtung, die Inzucht, ist sogar durch das → Inzestverbot ausgeschlossen) und kulturelle Neuerwerbungen immer erst ein Stück instinktiver Steuerung überflüssig machen mußten, ehe es allmählich seine Bedeutung verlor.

Doppelbindung Von G. Bateson eingeführter Begriff, der eine Mitteilung

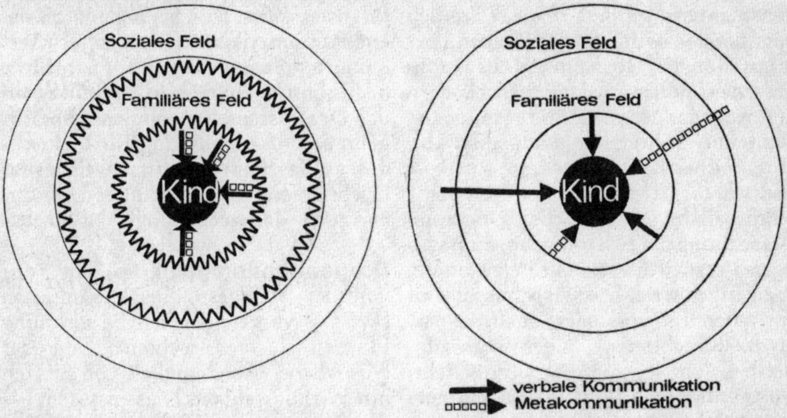

Schema der psychisch gestörten Familie (links): Die Kommunikationen sind nicht eindeutig. Oft werden doppelt gebundene Aussagen gegenüber dem Kind gemacht. Gleichzeitig grenzt sich die Familie von dem sozialen Feld ab. Im Vergleich dazu Schema der gesunden Familie (rechts): Die Kommunikationen sind eindeutig; die Familie tauscht ständig Informationen und Emotionen mit dem sozialen Feld aus und ermöglicht so dem Kind einen breiten sozialen Spielraum, der später die Ablösung von den Eltern erleichtert.
Quelle: Wolfgang Schmidbauer «Verwundbare Kindheit», Selecta-Verlag, Planegg vor München, 1973

mit folgenden Merkmalen kennzeichnet:

1. Eine Botschaft, die auf einer Kommunikationsebene (zum Beispiel sprachlich) gesendet wird: «Du mußt tun, was du für richtig hältst!»

2. Eine zweite Botschaft auf einer anderen Kommunikationsebene (durch Gesichtsausdruck oder Stimmklang vermittelt), die der ersten Botschaft widerspricht – in Worte übersetzt könnte sie in unserem Beispiel heißen: «Du darfst nie etwas tun, was Mutter traurig machen könnte!»

3. Keine Möglichkeit für das in der Doppelbindung gefangene «Opfer», die belastende Situation zu verlassen – verbal oder nicht verbal etwa so auszudrücken: Wir Müllers waren schon immer eine besondere Familie, und niemand sonst hat verstanden, worum es bei uns *wirklich* geht!

Doppelt gebundene Kommunikationen sind eine häufige Ursache von seelischer Verwirrung und Orientierungslosigkeit; sie hinterlassen im Opfer das Gefühl: «Wie ich's mache, ist es falsch!» Sie sind allerdings erheblich weiter verbreitet in Familien mit einem an → Schizophrenie leidenden Mitglied, von denen Bateson in seiner Konzeption der Doppelbindung ausging.

Doppelmoral In den meisten patriarchalischen, von Männern bestimmten Gesellschaften (und das sind trotz formeller Gleichberechtigung auch die europäisch-amerikanischen Zivilisationen geblieben) übliche zweifache und geschlechtsspezifische Moral, nach der den Männern größere sexuelle Freiheit zugestanden wird als den Frauen. Extremfälle der Doppelmoral liegen in manchen mohammedanischen Ländern vor, wo jeder Mann mehrere Frauen haben kann, während die Frau zu strikter voreehelicher Keuschheit verpflichtet ist und unter Umständen durch eine schmerzhafte körperliche Operation (Vernähung der Schamlippen) zum völligen Verzicht auf sexuelle Befriedigung gezwungen wird. Die Doppelmoral wird entweder religiös oder auch «biologisch» gerechtfertigt, indem man zum Beispiel ein Naturgesetz unterstellt, wonach die Sexualität für Frauen eine weit größere Gefühlsbedeutung habe als für Männer. Aus der überlieferten Doppelmoral hat sich in den letzten Jahren eine neue Form entwickelt, bei der auch Frauen voreheliche sexuelle Kontakte haben dürfen, wenn sie nur verliebt oder verlobt sind, während die «reine» Sexualität ohne → Bindung nach wie vor männliches Vorrecht bleibt. Die Wurzeln der Doppelmoral sind wahrscheinlich in der Entwicklung einer besitzorientierten Gesellschaftsordnung zu suchen, in der die Verfügung über die weibliche Fruchtbarkeit wegen der erbrechtlichen Folgen einer Geburt besondere Bedeutung erhielt.

Dressur Abrichtung, Einüben von Verhaltensweisen durch Belohnen des erwünschten und Bestrafen des unerwünschten Verhaltens, das in kleinen Schritten aufgebaut wird. Dressur wendet sich nicht an Einsicht, sondern benutzt die Möglichkeit, → Reiz-Reaktionsverbindungen aufzubauen. Sie ist deshalb immer da möglich, wo ein bestimmtes Maß an Lernfähigkeit gegeben ist (man kann Würmer, ja sogar Pantoffeltierchen dressieren). → Konditionierung

Drogen In der ursprünglichen Bedeutung des deutschen Worts getrocknete Pflanzenstoffe. Durch Anklang an das englisch-amerikanische «drug» (Arzneimittel) Sammelbegriff für natürliche oder künstliche Stoffe mit Wirkung auf den Organismus; im populären Sprachgebrauch oft Abkürzung für «Rauschdroge», das heißt ein Mittel, welches das Erleben verändert und unter Umständen zur → Drogenabhängigkeit führt.

Drogenabhängigkeit Im Jahr 1964 von der Weltgesundheitsorganisation (WHO) vorgeschlagene Bezeichnung für den Zustand seelischer und/oder körperlicher Abhängigkeit von Stoffen mit Wirkung auf das Nervensystem (→ Psychopharmaka). Die seelische Abhängigkeit besagt, daß eine Droge so regelmäßig angewendet werden muß, daß sie immer im Organismus bleibt, um einen angenehmen Zustand zu erzielen oder einen unangenehmen zu verhindern. Physiologische, körperlich bedingte Abhängigkeit bedeutet, daß durch die wiederholte Anwendung einer Droge der Körper sich so umgestellt hat, daß bei ersatzloser Absetzung oder Verminderung der Dosis erhebliche, körperlich nachweisbare Entzugserscheinungen auftreten. Einen Zustand hoher seelischer und körperlicher Abhängigkeit, meist verbunden mit einer Neigung, die Dosis zu steigern (um die nachlassende Empfindlichkeit des Körpers auszugleichen, das heißt trotzdem noch den stimmungshebenden Effekt der Droge zu spüren), nennt man Drogensucht. Bei Gewohnheitsbildung besteht meist keine Neigung, die Menge der Droge zu steigern. Die Abhängigkeit wird vom Drogenkonsumenten charakteristischerweise verleugnet; er behauptet, jederzeit aufhören zu können, doch keinerlei Grund zu sehen, warum er es tun solle, schließlich sei er ja nicht abhängig . . . Die Art der Drogenabhängigkeit wird nach den spezifischen Merkmalen der einzelnen Rauschdrogen unterschieden; man findet in der WHO-Einteilung:

1. Barbiturat-Alkohol-Typ. Barbiturate sind der Grundstoff der meisten Schlafmittel. Ähnlich wie Alkohol wirken sie betäubend auf die Gehirnrinde, welche die Nervengrundlage für die höheren Bewußtseinsleistungen bildet – darunter auch für die vom Bewußtsein ausgeübte Hemmung, Kritik und Kontrolle (→ Über-Ich). Der von Schlafmitteln, Alkohol oder beidem Abhängige sucht meist die kritischen und ihn deprimierenden Äußerungen seines Über-Ich auszuschalten und im betäubten Vergessen eine trügerische Zufriedenheit zu finden.

2. Morphin-Typ. Die Opiate, also die Abkömmlinge des Opiums, von denen Morphin und Heroin am bekanntesten sind, gehören zu den stärkste Abhängigkeit auslösenden Rauschgiften. Sie spenden eine durch die Anwendung (Einspritzen in die Vene) sehr rasch einsetzende, heftige Euphorie, die freilich durch sehr unangenehme Entzugssymptome bezahlt werden muß. Der typische Morphin- oder Heroinsüchtige muß die Dosis ständig steigern, um über den Ausgleich der sehr belastenden Entzugssymptome hinaus noch Lust zu gewinnen. Die Opiate bauen ihre Herrschaft in der Regel nicht auf der Lust, die man durch sie gewinnt, sondern auf den Entzugssymptomen auf, die man durch ihre Zufuhr vermeiden kann. Diese Entzugssymptome sind eine «Rache des Nervensystems» auf die dauernde Lähmung durch die betäubende Droge. Es hat sich auf ein anderes Gleichgewicht eingestellt, um die Lebensfunktionen unter dem Einfluß des Opiats aufrechtzuerhalten. Läßt dieser Einfluß nach, dann kommt es zunächst (für einige Tage, höchstens eine Woche lang) zu heftigen, überschießenden Reaktionen wie Schwitzen, Magenkrämpfe, Kältegefühl, heftige Übelkeit.

3. Halluzinogen- oder Cannabis-(Hanf-)Typ. Die typischen Halluzinogene sind die Pilzdroge Psilocybin, das Kaktusgift Meskalin, das synthetisch (aus Mutterkorn-Alkaloiden) hergestellte Lysergsäurediäthylamid (LSD) und das am weitesten verbreitete Haschisch (Haschisch ist das reine Harz der Hanf-Pflanze Cannabis indica; Marihuana enthält noch Pflanzenteile und wirkt meist schwächer; die Konzentration des wirksamen Delta-Tetra-Hydrocannabinol kann je nach Herkunft und Zubereitung der Droge sehr stark, bis um den Faktor 100, schwanken). Die Abhängigkeit von diesen Drogen ist vorwiegend psychisch. Körperliche Veränderungen und Entzugssymptome sind sehr selten; die Möglichkeit, sie stabil, in der Art eines Genußmittels, zu verwenden, scheint erheblich häufiger gegeben als bei den Opiaten und dürfte in etwa der Situation bei Alkohol entsprechen. Dennoch sollte man nicht übersehen, daß alle seelisch wirksamen Drogen die Leistungen des Gehirns herabsetzen und dadurch, wenn sie ständig verwendet werden, die Aussichten auf eine ohne die Pseudo-Lösung der Droge befriedigende Lebensgestaltung vermindern.

4. Amphetamin-Typ. Die Amphetamine sind Weckmittel. Sie steigern die seelische Leistungsfähigkeit, wenn in einer Ausnahmesituation (wie bei Bomberpiloten im Zweiten Weltkrieg) langdauernde Konzentration ohne Ermüdungserscheinungen und Nachlassen der Aufmerksamkeit gefordert wird. Diese Wirkung zeigt auch die Gefahr der Weckamine (amphetamine; Handelsnamen: Preludin, Pervitin; im Jargon der Drogen-«Szene»: Speed, Pep-Pills, Purple Hearts ...). Sie führen, dauernd genommen, zu schweren Schlafstörungen, die dann oft zusätzlich durch Schlafmittel bekämpft werden. Der Betroffene läuft Gefahr, die natürliche Er-

müdung als Warnsignal vor völliger Erschöpfung seiner körperlichen und seelischen Energien zu übertönen, seine Reserven aufzubrauchen und endlich mit den Zeichen einer schweren seelischen Störung (→ Psychose), Wahnwahrnehmungen und Wahnvorstellungen zusammenzubrechen.

5. Cocain-Typ. Die Abhängigkeit davon hat weniger praktische Bedeutung, da dieses Suchtmittel relativ selten verwendet wird. Es gleicht in seiner rasch zur Sucht führenden Wirkung den Opiaten, führt aber zu einer andersartigen körperlichen Abhängigkeit und hat auch andere psychische Wirkungen (es steigert zunächst die Leistungsfähigkeit und Aktivität).

Die WHO-Einteilung der Drogenabhängigkeit hat den Versuch unternommen, den unklaren Begriff der «Sucht» (man spricht ja auch von Fettsucht, obwohl Essen kaum als Droge angesprochen werden kann) durch besser abgegrenzte Begriffe zu ersetzen. Die Einteilung nach Drogen-Typen wird freilich der Tatsache nicht gerecht, daß der typische Drogenkonsument heute polytoxikoman ist, also viele verschiedene Rauschmittel verwendet. Die Entstehung der Drogenabhängigkeit ist ein von vielen Bedingungen bestimmtes Geschehen: Individuelle, psychologische Einflüsse (ungünstige Familienverhältnisse in der Kindheit, große Unterschiede zwischen den Ansprüchen an das Leben und den tatsächlichen persönlichen Möglichkeiten, eine Neigung zu → Depressionen) wirken mit den körperlichen Veränderungen durch die Rauschdrogen und sozialen Einflüssen zusammen: Alkoholkonsum als Zeichen von «Männlichkeit», Haschischkonsum als Zeichen von «Protest gegen das Establishment», Verwendung von Halluzinogenen in primitiven Religionen und in der Subkultur der Hippies, Neugier, die durch sensationelle Berichte in den Massenmedien geweckt wird. Die Behandlung der Drogenabhängigkeit ist daher, wenn sie Aussicht auf Erfolg haben soll, ähnlich umfassend anzulegen. Die reine Entziehung in einer Nervenklinik beseitigt nur die körperliche Abhängigkeit, läßt aber die seelische meist unverändert, behebt die zugrunde liegenden neurotischen Konflikte nicht, ändert die soziale Situation des Drogenabhängigen nicht, so daß eine Rückfallhäufigkeit von bis zu 90 Prozent nicht erstaunlich ist. Wichtig ist in der Behandlung eine langfristige, intensive psychosoziale Betreuung, wie sie unter anderem die Selbsthilfegruppen (etwa die Anonymen Alkoholiker und Synanon) vermitteln.

Dyade Zweierbeziehung; die beiden wichtigsten Dyaden im Leben eines Menschen sind die Beziehung zu dem bevorzugten Elternteil oder auch Geschwister in der Familie, und die Freundschaften oder Liebesbeziehungen im späteren Erwachsenenleben. Die Zweierbeziehung ermöglicht den wohl größten Grad seelischer Nähe.

Dynamik Von griechisch dynamis = Kraft, Macht. Der Ausdruck wurde aus der Physik (Lehre von den Bewegungsvorgängen = Dynamik) in die Psychologie übernommen und zuerst von W. McDougall und S. Freud verwendet. → Dynamische Psychologie

Dynamische Psychologie Gegenüber der statischen, an Ordnungen von Vorstellungen interessierten Assoziationspsychologie (→ Assoziation) wendet sich die dynamische Psychologie den Kräften hinter dem innerseelischen Geschehen und dem offenbar werdenden Verhalten zu, der Frage also nach den Beweggründen (→ Bedürfnis, Motiv, Trieb) des menschlichen Lebens, welche bisher die Dichter und Schriftsteller weit genauer aufzuspüren wußten als die akademischen Psychologen. Psychologie wird nicht mehr als Reihe innerer Zustände, sondern als Ausdruck eines inneren Kräftespiels verstanden, wobei vor allem S. Freuds Gegenüberstellung von → Ich-Trieben und Sexualtrieben (später von → Ich und → Es) für die dynamische Auffassung wichtig wurde. → Traumdeutung und → Psychoanalyse von → Neurosen zeigten, daß der bisher nur von Dichtern geschilderte innere Kampf («Zwei Seelen kämpfen, ach, in meiner Brust») sehr wohl Gegenstand wissenschaftlicher Forschung werden kann. Auch die → Gestaltpsychologie, vor allem die → Feldtheorie K. Lewins, hat dynamische Gesichtspunkte einbezogen. Sie wies darauf hin, daß auch in der früheren Domäne der Assoziationspsychologie, der Theorie der → Wahrnehmung, durchaus dynamische Gesichtspunkte mit einbezogen werden müssen. Wahrnehmung ist kein passives Geschehen, sondern ein aktiver Verarbeitungsprozeß. Aus einer Anwendung dieser Gesichtspunkte auf das Geschehen in kleinen Gruppen ergab sich die von K. Lewin entwickelte → Gruppendynamik.

E

Echtheit Übereinstimmung der Aussagen eines Menschen mit seinen Handlungen und seinen inneren Gefühlen. Echtheit wird somit zu einem Begriff, der nicht in naturwissenschaftlicher Weise, unabhängig vom Erleben des Urteilenden, bestimmt werden kann, sondern nur von der Möglichkeit her, zwischenmenschliche Vorgänge zu verstehen. Ein Mangel an Echtheit kann von mir selbst an mir festgestellt werden, wenn ich zum Beispiel bei Menschen eingeladen bin, deren politische Überzeugungen oder deren persönlicher Geschmack mich abstoßen, mit denen ich aber plaudere, als ob diese Konflikte gar nicht vorhanden wären. Oder ich kann die fehlende Echtheit bei anderen empfinden, wie bei einer älteren Frau, die intensive Gefühle für jemanden ausdrückt, während ich darin nur einen Beweis ihrer Herrschsucht sehe. Die psychoanalytische Aufklärung solcher Situationen kann freilich dazu führen, daß meine Vorstellung mangelnder Echtheit bei dieser Frau auf einer → Übertragung meinerseits beruht. Von den meisten Beobachtern wird ein Mangel an Echtheit als charakteristisches Merkmal der → Hysterie angesprochen, doch scheinen hysterische Menschen subjektiv fast immer voll von der Echtheit dessen überzeugt, was sie ausdrücken. Das quälende Empfinden, alles, was man tue und sage, sei nicht echt, ist eher für → Zwangsneurosen bezeichnend. In der → Psychotherapie hat C. Rogers die Echtheit des Therapeuten besonders gefordert. Rogers hält sie für eine der drei Grundvoraussetzungen (neben → Einfühlung und der Widerspiegelung emotionaler Inhalte der Aussagen des Patienten), daß eine psychotherapeutische Veränderung stattfindet. Die Psychotherapieforschung scheint das zu bestätigen; allerdings muß zwischen einer vollständigen Offenheit und der «selektiven Authentizität» (auswählenden Echtheit) des Therapeuten unterschieden werden. Was der Therapeut sagt, sollte echt sein; doch er darf nicht alles sagen, was an Echtem in der therapeutischen Situation in ihm entsteht.

Egoismus Wertender Begriff, der eine Bevorzugung des eigenen Ichs gegenüber den Interessen anderer Menschen umschreibt. Man unterscheidet gelegentlich einen gesunden Egoismus (Durchsetzen der eigenen Interessen im Sinn eines gerechten Ausgleichs von Geben und Nehmen) vom krankhaften oder übertriebenen Egoismus (Durchsetzen der eigenen Interessen auch da, wo andere Menschen dadurch unverhältnismäßig geschädigt oder beeinträchtigt werden, zum Beispiel bei → Kriminalität). → Altruismus, Narzißmus

Eheberatung Die Ehe als längere Zeit (nach den Normen der christlichen Religion ein Leben lang) dauernde sexuelle Lebensgemeinschaft mit den wichtigen Aufgaben der Kindererziehung und der wechselseitig gewährten emotionalen Sicherheit ist heute ein wichtiges Aufgabenfeld psychologischer Beratung und Hilfe. Sehr viele Ehen werden geschieden, in manchen Staaten (darunter Kalifornien) bereits jede dritte. Die Folgen sind vor allem für die Kinder oft ungünstig, denn sie müssen die Trennung der Eltern fast immer als Verlust eines Elternteils (oder schlimmer noch beider) erleben. Auch für die Ehepartner ist die Trennung schmerzlich; jede gescheiterte Ehe entspricht einer menschlichen Investition von oft erheblicher Intensität, die mit ganzem oder teilweisem Konkurs endet. Die Eheberatung wird leider meist nicht vorbeugend, sondern erst dann aufgesucht, wenn es in einer Ehe erhebliche Konflikte gibt. Als besonders fruchtbar hat sich hier die → Kommunikationstherapie erwiesen. Die Partner geraten oft deshalb in Streit, weil sie verschiedene Sprachen sprechen. Eine Frau hat vielleicht als Kind gelernt, Wünsche immer indirekt auszudrücken. Sie sagt: «Möchtest du ins Kino gehen?», wenn tatsächlich sie selbst gehen will; wenn der Mann dann diesen Wunsch einfach als Frage versteht und ablehnt, fühlt sich die Frau zurückgewiesen («Du schlägst mir auch immer alles ab!»). Die Eheberatung kann sich kaum zum Ziel setzen, Ehen um jeden Preis zu kitten. Manchmal ist eine vernünftige (nicht strittige, sondern mit einer Vereinbarung durchgeführte) Scheidung die beste Lösung. Das vorbeugende Verhindern bestimmter Eheschwierigkeiten wäre eine wichtige Aufgabe. Es geht hier vor allem darum, Illusionen über die Auswirkungen von Liebe auf eine Lebensgemeinschaft rechtzeitig abzubauen («Wenn wir uns lieben, darf es ja keine Schwierigkeiten geben», «Wenn wir uns lieben, müssen sich alle Probleme lösen lassen», oder sogar «darf es überhaupt keine Probleme geben»).

Eidetik Ein geringer Prozentsatz von Erwachsenen, aber ein recht hoher Prozentsatz von Kindern im Grundschulalter sind fähig, bestimmte Objekte (zum Beispiel Bildtafeln mit vielen Einzelheiten) nach einer kurzen → Wahrnehmung anschaulich weiter vor sich zu sehen. Man spricht dann von Eidetik oder eidetischer Wahrnehmung.

Eifersucht → Affekt, der auftritt, wenn ein geliebter Mensch sich anderen Menschen mehr zuzuwenden droht als dem Betroffenen. Man kann trotz fließender Übergänge zwischen einer normalen Eifersucht und einer krankhaften Eifersucht unterscheiden. Als Ausdruck von → Abhängigkeit einerseits, → Besitzanspruch andererseits, gehört die Eifersucht zu den Affekten, die dann besonders stark sind, wenn sich in einer Beziehung unter Erwachsenen sehr stark der Charakter einer Elternbeziehung wiederholt. Für das Kind ist Eifersucht insoweit notwendig, als es ein ausreichendes Maß an Aufmerksamkeit seiner Bezugspersonen für sein seelisches Gedeihen (unter primitiven Lebensumständen: für sein Überleben) braucht und auch auf sich zieht. Da alle Liebesbeziehungen ein Stück dieser Beziehung in sich tragen, ist das angeblich völlige Fehlen von Eifersucht wohl eher einer → Verleugnung oder einer mangelnden → Bindung zuzuschreiben als einer besonderen Abgeklärtheit und

Prüfbild mit zahlreichen Einzelheiten, um eidetische Fähigkeiten nachzuweisen.
Quelle: David Katz «Psychologischer Atlas», Benno Schwabe Verlag, Basel 1945

Reife. Die krankhafte Eifersucht, die das Sprichwort treffend als «Leidenschaft, die mit Eifer sucht, was Leiden schafft» kennzeichnet, ist irrational. Der Partner ist treu, manchmal sogar besonders treu, wird aber dennoch ständig verdächtigt, verfolgt, mißtrauisch beobachtet, wobei jedes kleine Zeichen (etwa ein Blick, mit dem ein Kellner begrüßt wird) als Signal einer beabsichtigten Untreue ausgelegt wird. Hier ergibt die analytische Aufklärung manchmal beim Eifersüchtigen selbst ausgeprägte Neigungen zur Untreue, die er sich nicht eingesteht, sondern auf den Partner projiziert (→ Projektion) und nun an ihm besonders scharf verfolgt. Es kann sich dabei neben verdrängten heterosexuellen Wünschen auch um unterdrückte homosexuelle Phantasien handeln («Ich liebe den Kellner» – «Nein, sie liebt ihn, und ich bin auf sie eifersüchtig; dennoch kann ich in meinen Phantasien, wie sie es mit ihm treibt, ein Stück meiner homosexuellen Wünsche ausleben»). In anderen Fällen wird in der krankhaften Eifersucht mit allen Mitteln um die Aufrechterhaltung einer starken Abhängigkeitsbeziehung gekämpft. Der Verlust des Partners gilt als dauernde, bedrohliche Gefahr, weil man ohne ihn nicht leben zu können glaubt und andererseits durch die Angst, ihn zu verlieren, soviel eigene Aggression und Unzufriedenheit mit ihm unterdrückt, daß ein Zusammenbruch der Abhängigkeitsbeziehung auch durch die innere Situation des Eifersüchtigen droht (der seine eigenen Wünsche nach anderen Beziehungen verdrängen muß). Eifersucht kann auch manchmal eine Bedingung für Liebe sein («Prinzip des geschädigten Dritten»): Eine Frau wird für einen Mann erst dadurch anziehend, daß sie ihn eifersüchtig macht. Hier wird im Erwachsenenleben das Dreieck des → Ödipuskomplexes wiederholt.

Eigenschaft Neben den auf die jeweilige Situation bezogenen Seiten von Verhaltensweisen gibt es in ihnen auch einen mehr oder weniger beständigen, zielorientierten Anteil, den man im Begriff der Eigenschaft zu isolieren sucht. G. W. Allport hat etwa 4500 Wörter der englischen Sprache gesammelt, welche solche Eigenschaften angeben; eine ähnliche Materialsammlung wurde schon früher durch L. Klages in Deutschland durchgeführt. Dieser bemühte sich auch, Eigenschaften über die reine Beschreibung (beharrlich, flatterhaft, willensstark, geduldig . . .) hinaus zu analysieren. Einen ersten Ansatz liefert dabei die Bestimmung von Verhältnissen. Klages bestimmt etwa die Willenserregbarkeit als Verhältnis zwischen Triebkraft einerseits, Widerstand andererseits, oder die Gefühlserregbarkeit als Verhältnis zwischen Gefühlslebhaftigkeit und Gefühlstiefe. Dieses schematische, aber die Möglichkeiten der Beschreibung erweiternde Verfahren wurde von Ph. Lersch weiter ausgebaut, der zwischen Leistungseigenschaften (wie Intelligenzgrad), Verhalteneigenschaften (wie Ausdauer) und Weseneigenschaften (wie Güte) unterschied. Auch hier lassen sich wertende Gesichtspunkte ebensowenig verkennen wie die unbefriedigende wissenschaftliche Aufschlüsselung. In der heute vorherrschenden empirischen Eigenschaftsforschung wird vor allem mit den Mitteln der → Faktorenanalyse gearbeitet. Man prüft verschiedene Gruppen von Menschen mit einer Reihe von → Tests und berechnet dann, ob sich → Korrelationen zwischen den Testergebnissen auf gemeinsame Grundlagen (Faktoren) zurückführen lassen. Einen anderen Zugangsweg eröffnet die → Psychoanalyse, welche die Entstehungsgeschichte von Eigenschaften und ihren Zusammenhang mit bestimmten Grundkonflikten der Kindheit aufzudecken sucht. Ein frühes Beispiel dafür ist die Trias (Dreiheit) der Eigenschaften Geiz, Pedanterie und Ordnungssinn für den → analen Charakter.

Eignung Fähigkeiten, → Eigenschaften und → Motive eines Menschen für eine bestimmte Tätigkeit, meist im Sinn der Eignung für eine Berufstätigkeit. Die Eignungsfeststellung ist ein wichtiger Teil der Berufsberatung (→ Angewandte Psychologie, Beratung), in der es heute für eine ganze Reihe von Berufen besondere Eignungstests gibt (für Piloten, Ingenieure, Zahnärzte, Sekretärinnen . . .).

Einbildung In eine Vorlesung bringt der Professor ein kleines Fläschchen mit, öffnet es, und bittet die Hörer, sich zu melden, wenn sie den besonderen Geruch spüren, der aus ihm strömt. Nach etwa zehn Minuten haben sich mehr als die Hälfte der Studenten gemeldet. Jetzt unterbricht der Professor das unfreiwillige → Experiment. Das Fläschchen enthält keinen Geruchsstoff; die Wahrnehmung der Studenten beruhte auf Einbildung. Von ihr sprechen wir dann, wenn eine → Vorstellung (ein inneres Bild) Auswirkungen hat, die sich sonst nur bei wirklichen Wahrnehmungen finden. Ein Mensch, der krebskrank ist und sich deshalb große Sorgen macht, erweckt unser Mitgefühl. Es ist viel schwieriger zu verstehen, wie jemand sich alle Zeichen der Krebskrankheit einbilden kann, und dann auf diese Zeichen mit eben derselben ängstlichen Sorge reagiert. Man sollte zwischen der Einbildung «im Dienst des → Ich» und der krankhaften Einbildung unterscheiden. Die erste befähigt etwa einen Schauspieler, die Rolle eines Menschen überzeugend zu spielen, mit dem er in Wirklichkeit nichts gemein hat. Die zweite wird sehr oft vom → Unbewußten beeinflußt, etwa vom Bedürfnis nach Aufmerksamkeit und Zuwendung, die dem Kind nur dann erfüllt wurden, wenn es krank war. Der Erwachsene gerät so in Gefahr, durch unbewußte Einbildung Krankheiten zu übernehmen, um diese Zuwendung zu erhalten. Dabei kann man davon ausgehen, daß jeder Mensch in Belastungssituationen Einbildungen erliegen kann. So neigen Medizinstudenten zu Beginn ihrer Studienzeit sehr dazu, sich verschiedene Krankheiten, von denen sie lesen, einzubilden. → Suggestion, Hypnose

Eindruck Gesamtbild einer Person, seltener einer Sache (vielleicht einer Landschaft), in dem sich Gefühle und Gedanken zu einem mehr oder weniger geschlossenen Bild verbinden. Beim Zustandekommen solcher Eindrücke spielen Reste eines ererbten Ausdrucksverständnisses eine Rolle, das den angeborenen auslösenden Mechanismus (→ AAM) der Tiere verwandt und wahrscheinlich für das unmittelbare Verständnis von Gesichtsausdruck, Miene, Stimmklang eines Menschen ebenso verantwortlich ist wie dafür, daß zum Beispiel ein Kamel «hochmütig» und ein Adler «stolz» aussehen, das heißt unwillkürlich einen solchen Eindruck auf die meisten Menschen machen. Diese angeborenen Grundlagen unserer Eindrücke sind fast nie in reiner Form nachzuweisen. Sie werden schon von frühester Kindheit an durch Erfahrungen erweitert und ergänzt. Das Kind lernt sehr bald, aus dem Eindruck, den die Eltern machen, Schlüsse darauf zu ziehen, wie weit es etwa gehen kann, wenn es den Forderungen der Mutter zuwiderhandelt. Alle bisherigen Erfahrungen mit anderen Menschen (auf der Grundlage unserer angeborenen Eindrucksfähigkeit) wirken in dem «ersten Eindruck» zusammen, den uns ein Fremder vermittelt. Sein Mund erinnert beispielweise an Onkel Franz, seine Stirn an einen Lehrer, seine Stimme an einen Schauspieler, so daß sich das im «ersten Eindruck» enthaltene Persönlichkeitsbild aus mehreren Personen zusammensetzt, die wir schon kennen. Sie führen dazu, daß der Fremde als «sympathisch, aber geschwätzig und oberflächlich» bewertet wird, auch wenn kein wirklicher Anlaß für ein so weitreichendes Urteil vorliegt. Der erste Eindruck ist daher ein sehr unzuverlässiges Mittel, um Menschen richtig zu beurteilen. Wer behauptet, er könne andere Menschen «auf den ersten Blick» genau einschätzen und habe sich darin selten oder gar nie getäuscht, unterliegt einer Selbsttäuschung.

Einfühlung Der Versuch, fremdes Erleben nachzuvollziehen, um den anderen zu verstehen. Es gibt die unmittelbare, auf einem Mitschwingen der eigenen Gefühle und → Phantasien beruhende Einfühlung, und ein mittelbares Einfühlen, bei dem zahlreiche Einzelheiten des Verhaltens beim Gegenüber bewußt registriert und nachvollzogen werden, bis ein Gesamteindruck entsteht. Einfühlung spielt in der → angewandten Psychologie, vor allem in der → Beratung und in einer erfolgreichen → Psychotherapie eine entscheidende Rolle.

Einsicht Mit dem menschlichen → Bewußtsein untrennbar verbundene Fähigkeit, reale oder logisch-mathematische Zusammenhänge unmittelbar zu verstehen, zu überblicken und in Gedanken zu verändern. Einsicht wird oft dadurch gewonnen, daß die Zusammenhänge in einem Problem-«Feld» neu geordnet und zusammengefaßt werden. Einsicht läßt sich auch ausschließlich aus Verhaltensdaten ablesen; wenn zum Beispiel ein Schimpanse nach vergeblichem Probieren, ob er eine an der Decke hängende Banane durch Springen erreichen kann, einige Augenblicke suchend um sich schaut, bis sein Gesicht beim Anblick einiger Kisten in der Ecke des Raums einen anderen Ausdruck annimmt («Aha-Erlebnis»), und er diese Kisten unter der Banane auftürmt, die er so ohne Schwierigkeiten erreichen kann. Der glatte Lösungsverlauf und die schlagartige Neuordnung des Verhaltens sind hier typische Kennzeichen der Einsicht (→ Denken). In der → Psychotherapie ist der Unterschied von Wissen und Einsicht sehr wichtig. Beim Bescheidwissen über den → Ödipuskomplex etwa wird keine Verbindung zwischen Verstand und Gefühl hergestellt, während es zum Wesen der psychotherapeutischen Einsicht gehört, daß es dem Patienten gelingt, für sich selbst eine neue Verbindung zu bisher abgespaltenen Anteilen seiner Person (→ Es) herzustellen, bei der Verstand und Gefühl zusammenwirken.

Einstellung (englisch attitude) Bereitschaft, einen Gegenstand in einer besonderen Weise wahrzunehmen und/oder in einer besonderen Weise auf ihn zu reagieren. Einstellungen werden in der Kindheit und Jugend, seltener im Erwachsenenleben, erworben und sind relativ dauerhaft, da sie sich meist selbst bestätigen. Im allgemeinen Sprachgebrauch nennt man Einstellungen oft → Vorurteile, weil sie häufig eine vorgefaßte Meinung enthalten. Die Selbst-Bestätigung von Einstellungen sieht etwa so aus: Wer eine antisemitische, also eine gegen Juden feindliche Einstellung hat, wird vorwiegend negative Dinge über Juden wahrnehmen, sich mit Menschen treffen, die seine Meinung teilen und ihn darin bestärken; er wird Kontakte mit Juden meiden, die ihn eventuell eines anderen überzeugen könnten. Wenn er doch mit einem Juden zusammenkommt, wird er sich möglicherweise so feindselig oder abweisend benehmen, daß er ebenfalls eine unfreundliche Reaktion auslöst, und darin wiederum eine Bestätigung seiner Einstellung sehen. Aus diesem Netz von Bestätigungen, das Sich-Einstellungen-Schaffen, wird auch klar, warum es so schwierig ist, sie zu ändern. Wer etwa seine Einstellung «Polizisten sind Schweine», die er in einer entsprechenden Erziehung (etwa in einem Obdachlosenquartier) erworben hat, ändern soll, der verliert alle Freunde, die mit ihm diese Einstellung teilten und ihn nur für einen Spitzel halten. Gut untersuchte Einstellungskomplexe sind Faschismus, Rassismus und Konservatismus (→ Autoritäre Persönlichkeit). Der ausgeprägt Konservative ist durch starren religiösen Glauben, rechtsgerichtete politische Überzeugung (Nationalimus), Unduldsamkeit gegenüber Minderheiten, Beharren auf strengen Grundsätzen und Strafen, Neigung, Vergnügen als schlecht zu betrachten, und Vorliebe für herkömmliche Kunst, Kleidung und Gesellschaftsformen gekennzeichnet. Der Gegenpol dieser Sammlung von Einstellungen, die den Konservatismus ausmachen, kann als liberale Einstellung beschrieben werden.

Einstellungen sind erlernt. Sie können dadurch entstehen, daß ein Mensch übernimmt, was in seiner Umwelt geglaubt wird (wie «Pferdefleisch ist kein

Essen!»). Sie können sich auf Grund der nicht ausgesprochenen Zeichen des → Ausdrucks bilden, wenn etwa in einer Familie immer mit einem besonders verächtlichen Ton von «Negern» gesprochen wird. In einigen Fällen haben sie eine unbewußte Bedeutung; die Feindseligkeit gegen Juden beruht manchmal darauf, daß diese ein Blitzableiter für den unbewußten Haß gegen einen autoritären Vater sind (→ Autoritäre Persönlichkeit).

Die Änderung von Einstellungen hängt zunächst einmal von dem Menschen ab, der sich ändern soll. Starre oder aber auch sehr von sich selbst überzeugte → Persönlichkeiten werden sich nicht so leicht ändern wie Menschen mit geringer Selbstachtung oder großer geistig-seelischer Offenheit. Zur Veränderung von Einstellungen erweist sich die offene Diskussion und anschließende Urteilsfindung in kleinen Gruppen oft als wirksamer als ein Vortrag eines Fachmanns (→ Gruppendynamik). Wer in einer Diskussion Einstellungen verändern will, wird am ehesten Erfolg haben, wenn er das erste Wort und das Schlußwort für sich hat, wobei er in seinen Ausführungen beide Seiten der Streitfrage berücksichtigt und die seiner Ansicht nach änderungsbedürftigen Gesichtspunkte einzeln aufführt und widerlegt. Allerdings ist dabei zu berücksichtigen, daß Einstellungen meist nur schrittweise geändert werden können. Wer sich auf schon vorhandene Einstellungen beruft, wird viel eher eine Veränderung erzielen als ein anderer, der völlig neue Einstellungen begründen will. Dadurch bestärkt er eher die bisher bestehenden Einstellungen.

Einverleibungswünsche Teil der kindlichen Bedürfnisse während der → oralen Phase.

Ekstase Vom griechischen ekstasis = Heraustreten. Zustand überaus heftiger, «verzückter» Gefühle, verminderter Selbstkontrolle und oft vollständiger Beherrschung des Bewußtseins durch → Einbildungen. Eine biologisch vorgegebene, relativ kurzdauernde Form der Ekstase stellt bei manchen Menschen der → Orgasmus dar. In urtümlichen Religionen spielt die Ekstase eine wichtige Rolle. Voraussetzung ist vielfach ein Zustand gesteigerter Aufnahmefähigkeit für → Suggestionen (Suggestibilität), der durch Tänze bis zur Erschöpfung, Übermüdung, rhythmische Reize (Trommeln), aber auch durch Rauschdrogen, meist vom Typus der Halluzinogene (→ Drogenabhängigkeit) erreicht wird. Dadurch treten die kritischen, am Wachbewußtsein orientierten Merkmale der Verhaltenssteuerung in den Hintergrund. Der Betroffene wird mit einer in Mythen oder Sagen überlieferten, häufig religiös verehrten Gestalt eins, verschmilzt mit ihr und ist in diesem Zustand oft erstaunlicher, bis heute in ihrem Wesen nicht durchschauter körperlicher und geistiger Leistungen fähig (zum Beispiel erhöhte Widerstandskraft gegen Hitze beim Tanz über glühende Kohlen).

Elektra-Komplex Bezeichnung für den → Ödipuskomplex der Frau, abgeleitet von Elektra, die nach einem griechischen Mythos ihren Bruder Orest aufforderte, die Mutter (Klytemnestra) zu töten, um den Vater (Agamemnon) zu rächen.

Elektroschock Durch elektrischen Strom wird über zwei an den Schädel (meist die Schläfen) angesetzte Elektroden ein kurzdauernder Krampfanfall mit Bewußtlosigkeit ausgelöst. Heute meist in allgemeiner Betäubung durchgeführtes Mittel in der körperlichen Behandlung von schweren → Depressionen und in seltenen Fällen von Formen der → Schizophrenie, die mit Fieber und starker nervöser Gespanntheit einhergehen (akute Katatonie). Die Art und Weise der Wirkung ist ungeklärt; möglicherweise bietet die heftige Unterbrechung der Nerventätigkeit den Ansatz zu einer Korrektur der gestörten Rückkopplungsprozesse (→ Feedback) im Gehirn. Darüber hinaus wirkt der Elektroschock auch als starker Strafreiz (→ Aversionstherapie), doch muß die nervenärztliche Elektroschock-Behandlung (auch Heilkrampf- oder Elektrokrampf-Behandlung genannt) von den «Elektroschocks» unterschieden werden, die als Strafreize in der Aversionstherapie verwendet werden, und keine Bewußtseinsveränderung, sondern nur einen körperlichen, aber unschädlichen Schmerz bewirken.

Eltern Vater und Mutter eines Kindes, wobei die biologische Elternschaft leichter zu bestimmen ist als die psychologische. Das bisherige Wissen spricht gegen eine «Stimme des Blutes», die ein Kind zu seinen natürlichen Eltern hinzieht. Psychologische Elternschaft ist eine → Bindung, die durch den dauernden → Kontakt mit den Bezugspersonen der frühen Kindheit entsteht. Als Bezugspersonen sind dabei jene Erwachsenen anzusprechen, welche die Verantwortung für das körperliche und seelische Wohl des Kindes übernehmen, wobei die Beständigkeit (Stabilität) mindestens einer dieser Bezugspersonen wesentlich ist. In den meisten Familien sind die leiblichen Eltern diese Bezugspersonen.

Emanzipation Ursprünglich bezeichnete dieser Begriff das Mündigwerden junger Männer und Frauen. Heute ist er auf Selbstbestimmung und Selbstbefreiung schlechthin ausgedehnt, wobei vor allem die Emanzipation der Frau zu einem Schlagwort geworden ist. Die Psychologie kann in allen Fällen eine wichtige Emanzipationshilfe sein, in denen es darum geht, → Einstellungen zu verändern, welche einer Emanzipation feindlich sind. Das gilt etwa für die Bindung einer Frau an die herkömmliche Frauenrolle. Sie kann es oft nur mit → Schuldgefühlen ansehen, wenn ihr Mann sich an der Hausarbeit beteiligt, obwohl auch sie berufstätig ist, oder sie fürchtet, nicht mehr geliebt zu werden, wenn sie ihre berechtigten Forderungen nach gleichen beruflichen Möglichkeiten durchzusetzen sucht. Die sexuelle Emanzipation betrifft die Befreiung der sexuellen Lust aus den moralischen und religiösen Verboten früherer Jahrhunderte (wonach Sexualverkehr nur zum Zweck der Kinderzeugung zulässig ist). Im Grunde kann man eine analytische → Psychotherapie oder → Gruppentherapie ebenfalls als Prozeß der Emanzipation von den unbewußt gewordenen Ge- und Verboten der Kindheit sehen. Durch Einsicht in die eigene Geschichte soll dabei die Möglichkeit gewonnen werden, sich von den erstarrten Folgen dieser Geschichte zu befreien.

Empfindlichkeit Ansprechbarkeit durch Außenreize. Man teilt sie oft in Sensitivität (Empfindlichkeit gegenüber einem Reiz) und Sensibilität (Empfindlichkeit gegenüber Reizunterschieden) ein. Über diese wahrnehmungsbezogene Begriffsbestimmung hinaus wird Sensitivität für Empfindsamkeit und Sensibilität für Feinfühligkeit gebraucht (→ Sensitivitätstraining). In der Umgangssprache erhält Empfindlichkeit oft eine abschätzige Bedeutung im Sinne einer übertrieben leichten Kränkbarkeit. Man könnte Empfindlichkeit in diesem Sinne als ichbezogene, Empfindsamkeit als dubezogene Feinfühligkeit ansprechen, doch stellt sich hier ein ähnliches Wertproblem wie bei → Altruismus und → Egoismus. Die praktische Erfahrung, etwa aus der → Psychotherapie, lehrt auch, daß eine eindeutige Unterscheidung zwischen ich- und dubezogener Feinfühligkeit meist nicht möglich ist.

Empfindung Rohmaterial der → Wahrnehmungen; seelische Erscheinung, die durch äußere, auf die Sinnesorgane einwirkende Reize ausgelöst wird, aber noch nicht durch Erfahrungseinflüsse zu einer Wahrnehmung geordnet ist. Die Unterscheidung zwischen Empfindung und Wahrnehmung wird allerdings vielfach nicht streng durchgeführt, obwohl sie einen wichtigen Schritt in der Erfassung von Reizen kennzeichnet. Wenn ein Kind zum erstenmal einen Apfel sieht, hat es die Empfindung eines roten Fleckes, die sich bei genauerer Betrachtung allmählich um die Empfindungen einer Kugelform, eines relativ schweren, festen, aber nicht ganz harten, duftenden Gegenstandes erweitert, endlich durch die Empfindungen beim Hineinbeißen, Kauen, Schlucken, Schmecken der Apfelstücke ergänzt wird. Aus allen diesen Empfindungen formt sich dann die Wahrnehmung «Apfel».
Empfindungen können nach den Sinnesorganen geordnet werden, welche die Umweltreize aufnehmen. Die bekannten «fünf Sinne» Gesicht, Gehör, Geruch, Geschmack und Getast sind in der psychologischen Forschung weiter unterteilt worden, so das Sehen in Farb- und Formsehen, in Tages- und Dämmerungssehen, der Hautsinn in Druck-, Berührungs-, Wärme- und Schmerzsinn; dazu kamen Lage- und Bewegungssinne (Kinästhetik). Alle Sinnesorgane sind dadurch gekennzeichnet, daß sie nur eine Klasse von Empfindungen liefern. Weiter ist notwendig, daß der Reiz einen bestimmten Schwellenwert überschreitet. Es ist auch möglich, durch starke Reize unangemessene Empfindungen auszulösen (durch einen Schlag aufs Auge «Funkensprühen»), doch ist hier weit höhere Schwellenenergie notwendig. Die Empfindungen selbst kommen erst im Gehirn zustande. Es gibt zum Beispiel Menschen, die trotz vollständig leistungsfähiger Augen und Sehnerven nichts sehen, weil bestimmte Hirngebiete am Hinterkopf zerstört sind (Rindenblindheit). Andererseits kann man durch feine Drähte mit ganz schwachem elektrischem Strom bei Menschen, die durch Augenschäden erblindet sind, im Hinterhauptshirn Lichtempfindungen bewirken.

Encounter-Gruppen Encounter heißt im Englischen Begegnung, intensiver menschlicher Kontakt. In den aus den → Sensitivitätstrainings entwickelten Encounters, die oft als → Marathon-Gruppen durchgeführt werden, sollen durch bestimmte Gruppenübungen, → Gestalttherapie und → Psychodrama neue Gefühlsmöglichkeiten erprobt werden, um den Teilnehmern statt der entfremdeten, auf Abstand bedachten gesellschaftlichen Formen neue Möglichkeiten einer menschlichen Beziehung zu bieten. Die Encounter-Gruppen sind in manchen amerikanischen Staaten (Kalifornien) fast eine neue Religion geworden. Die Gefahr dieser Gruppenarbeit liegt darin, daß neben den im Grunde überflüssigen, hinderlichen Masken gesellschaftlicher Höflichkeit, die in diesen Gruppen abgenommen werden, manchmal auch für das seelische Gleichgewicht notwendige → Abwehrmechanismen allzu jäh zerstört werden. Es scheint von den Eigenschaften des Leiters abzuhängen, ob die günstigen oder ungünstigen Folgen eines Encounter überwiegen. Er sollte eine gründliche psychologische und psychotherapeutische Ausbildung haben und sich nicht auf sein → Charisma verlassen.

Endogen Von innen heraus entstehend; vor allem im Begriff der «endogenen → Psychose» gebraucht. Gegenbegriff zu exogen = durch äußere Einwirkung verursacht.

Energie (psychische) Kraft, welche dem Seelenleben unterliegt, von Freud als → Libido beschrieben. → Bedürfnisse und → Motive sind Äußerungsformen der seelischen Energie, die als Grundlage aller menschlichen → Aktivität aufgefaßt werden kann.

Entspannung Voraussetzung körperlicher oder geistiger Tätigkeit eines Menschen ist ein gewisses Maß an seelischer Spannung (→ Aufmerksamkeit, Aktivitätsniveau). Auf eine Zeit der Anspannung muß eine Zeit der Entspannung folgen, wenn nicht durch eine Dauerspannung körperliche oder seelische Schäden entstehen sollen (→ Stress). Normalerweise wird diese Entspannung durch den → Schlaf gewährleistet. Doch durch besondere Leistungsanforderungen und deren ungeeignete seelische Verarbeitung (→ Anspruchsniveau, Ideal) sind viele Menschen in den Industriegesellschaften nicht mehr zu diesem ausgewogenen Gleichgewicht von Anspannung und Entspannung fähig. Daher entsteht ein Bedürfnis nach Entspannungstraining, für das es viele verschiedene Verfahren gibt, von denen das → Autogene Training besonders bekannt ist. Auch aus dem Osten, vor allem aus Indien (Yoga, Transzendentale Meditation) und aus Japan (Zen-Meditation) eingeführte Techniken, das angespannte und überreizte → Ich in einen Ruhezustand zu bringen, finden in Europa weite Verbreitung. → Hypnose, Suggestion, Meditation, Psychotherapie

Entwicklung Sehr weiter Begriff, der für Veränderungen in Lebewesen, Gesellschaften, kulturellen Bereichen (Kunst-Entwicklung), aber auch materiellen Gegebenheiten (Entwicklung der Gebirge, des Weltalls) gebraucht wird. Die Entwicklungspsychologie beschäftigt sich mit den Vorgängen bei der seelischen Entwicklung des Menschen vom Kind zum Erwachsenen und zum Greisenalter, wobei als große Entwicklungs-Schrittmacher Wachstum und → Lernen gelten können (→ Erbe/Umwelt-Problem). Man kann Entwicklung im Längsschnitt untersuchen (indem man etwa eine Gruppe von Dreijährigen bis zu ihrem zwanzigsten Lebensjahr immer wieder mit bestimmten → Tests prüft), oder im Querschnitt (indem man eine Gruppe Dreijähriger zum Beispiel mit einer Gruppe Sechsjähriger vergleicht). Endlich kann man auch versuchen, die Folgen von Kindheitssituationen aus den Berichten Erwachsener zu rekonstruieren (→ Psychoanalyse). Einige Forschungsberichte:

Intelligenzentwicklung. Aus Querschnittsuntersuchungen ergab sich zunächst das Bild, daß die Intelligenz sich bis zum Ende des zweiten Lebensjahrzehnts rasch entwickelt und dann allmählich wieder abnimmt. Heute haben Längsschnittuntersuchungen dieses Bild berichtigt. Mit zunehmendem Alter verändert sich die Intelligenz. Geschwindigkeitsleistungen lassen nach, in anderen Bereichen wird ein Wachstum bis zum hohen Alter deutlich.

Soziale Entwicklung (→ Sozialisation). Die kulturellen und gesellschaftlichen Wertvorstellungen und Normen werden schon sehr früh übernommen, aber im Jugendalter (zwischen 15 und 25 Jahren) noch einmal überprüft und verändert, wobei sich der Jugendliche stark an der Gruppe seiner Altersgenossen orientiert. Die gesellschaftlichen Vorschriften werden durch nachahmendes Lernen erworben, wobei die kindlichen Bezugspersonen in ihren verbietenden und bestätigenden Seiten einverleibt (introjiziert) werden.

Entwicklung des Kindes, ablesbar an Zeichnungen im Alter von vier, sechs, acht und zehn Jahren.
Quelle: David Katz «Psychologischer Atlas», Benno Schwabe Verlag, Basel 1945

Epilepsie Durch Krampfanfälle sehr verschiedener Art (von kleinen, kurzzeitigen Bewußtseinstrübungen bis zu Krämpfen, die den ganzen Körper erfassen) gekennzeichnete Nervenkrankheit.

Erbe/Umwelt-Problem Die frühere Frage: «Ist dieses Verhalten ererbt oder erworben?» gilt heute als Scheinproblem oder als falsch gestellt. Sinnvoller ist es zu fragen: «Was an diesem Verhalten ist ererbt, was erworben?» Dabei kann man davon ausgehen, daß alle Verhaltensweisen eine angeborene Grundlage haben, denn alle Lernfähigkeiten müssen durch die Erbanlagen vorgegeben werden. Andererseits sind bei höheren Säugetieren, vor allem aber beim Menschen, praktisch alle Verhaltensweisen durch → Lernen zu verändern. Das heißt, daß die Feststellung einer erblichen Neigung (→ Disposition) zu einer Krankheit wie → Depressionen oder → Schizophrenie keineswegs besagt, daß durch Lernvorgänge nichts an diesen Krankheiten geändert werden kann. Das gleiche gilt für den Nachweis einer erblich bedingten geistigen Schädigung, zum Beispiel beim → Mongolismus. Auf der anderen Seite sind die Möglichkeiten, einen Organismus durch Lernen umzugestalten, nicht unbegrenzt. Gerade beim Menschen scheint die Lernfähigkeit oft größer als die Lernsicherheit. Er kann Verhaltensweisen erlernen, die sich mit seinem Überleben nur schlecht vertragen, wie zum Beispiel ein Maß an Sexualunterdrückung, das seiner seelischen Gesundheit höchst abträglich ist, oder einen Leistungszwang (der auf der verinnerlichten elterlichen Botschaft beruht: «Du darfst leben, wenn du immer arbeitest»), der auf die Dauer seine Organe überfordert. Hier werden die durch unsere ererbten Verbindungen zu den höheren Säugetieren gesteckten Grenzen der biologischen Anpassungsfähigkeit mit Hilfe des Lernens offenbar überschritten. → Zwillingsforschung

Erogene Zonen Gebiete des Körpers, die bei Berührung zu sexuellen → Empfindungen führen. Die wichtigsten erogenen Zonen sind Mundschleimhaut, Afterschleimhaut, Geschlechtsorgane (am meisten beim Mann die Eichel, bei der Frau der Kitzler) und Brustwarzen; doch kann unter günstigen Umständen (von denen die seelische → Beziehung der Partner der wichtigste ist) ausnahmslos jeder Punkt der Körperoberfläche zur erogenen Zone werden, während es unter ungünstigen Umständen überhaupt keine erogene Zone gibt.

Erotik Von Eros, dem griechischen Liebesgott, abgeleiteter Sammelbegriff für alle Aspekte der → Sexualität; gelegentlich auch mehr für die vorgeblich höheren, seelisch-geistigen Anteile einer Liebesbeziehung verwendet.

Ersatzbefriedigung Ausdruck der → Psychoanalyse für den Lustgewinn aus der mittelbaren, von ihrem eigentlichen Ziel abgelenkten Befriedigung von Wünschen, die für das → Ich untragbar erscheinen. Während der Normale im Allgemeinen fähig ist, aus solchen Ersatzbefriedigungen ein tragfähiges Gleichgewicht zu gewinnen, ja sie produktiv zu nutzen, indem er etwa lernt, den Lustgewinn aus einer → Sublimierung aggressiver (→ Aggression) oder libidinöser (→ Libido) Wünsche höher einzuschätzen als deren unmittelbare Befriedigung, sind die Ersatzbefriedigungen des neurotisch Kranken (→ Neurose) in der Regel nicht hinreichend. Hier wird nicht selten das → Symptom zur Ersatzbefriedigung. Eine hysterische Lähmung eines Beines macht zum Beispiel zwar die ursprünglich angezielte sexuelle Befriedigung unmöglich, doch gewährt sie der Selbstachtung Schutz und sichert auch die Zuwendung der Umwelt (→ auch Abwehrmechanismus). So gesehen, ist die für → Neurosen typische Form der Ersatzbefriedigung der → sekundäre Krankheitsgewinn.

Erwartung Vorwegnahme eines Ereignisses in der Phantasie, wobei sich die Erwartungen sowohl auf das eigene Verhalten wie auf das Verhalten anderer Menschen und andere Ausschnitte der Wirklichkeit beziehen können. Da Erwartungen stark vom → Über-Ich geprägt werden, ist es ein wichtiges Stück jeder psychotherapeutischen Arbeit (→ Psychotherapie), sie genauer kennenzulernen. Viele Menschen fühlen sich selbst wertlos (→ Depression) oder entwerten ihre Beziehungen und Partner, wenn diese ihren Erwartungen nicht entsprechen. Sie können sich oft nicht umstellen, wenn eine Erwartung nicht eintrifft, und fühlen sich persönlich betroffen, wenn unvorhergesehene Einflüsse eine Umstellung erfordern. Besonders schwierige Situationen können sich aus ungeklärten Erwartungen in Partnerbeziehungen ergeben, wo die Person des anderen manchmal vollkommen hinter den an sie gestellten Erwartungen verschwindet und auf diese Weise → Konflikte fast unlösbar werden, weil die eigenen Erwartungen nicht als Problem erkannt werden, sondern nur die Tatsache gesehen wird, daß der Partner ihnen nicht entspricht.

Erziehung Vorgang, durch den eine Person (meist ein Kind; doch lassen sich → Psychotherapie oder → Sensitivitätstraining auch als Erziehung Erwachsener beschreiben) so verändert werden soll, daß sie einer kulturell oder persönlich bestimmten Zielvorstellung näherkommt. Während sich die Frage nach der Art dieser Zielvorstellungen den Möglichkeiten einer wissenschaftlichen Untersuchung weitgehend entzieht (es geht hier um Wertvorstellungen, die kulturell vorgegeben sind), beschäftigt sich die Erziehungspsychologie (pädagogische Psychologie) vor allem mit den verschiedenen Möglichkeiten, menschliches Verhalten zu verändern. Sie ist also letzten Endes → Lernpsychologie. Eine andere, eher der → Sozialpsychologie zuzurechnende Forschungsrichtung sucht das tatsächliche Erziehungsverhalten einzelner Kulturen herauszuarbeiten und seine Folgen für die Persönlichkeitsentwicklung (→ Entwicklung, Persönlichkeit) zu ermitteln. Einige grundlegende Ergebnisse der Erziehungspsychologie:

1. Das vielfach angewandte Erziehungsmittel der → Strafe ist in den meisten Fällen nicht geeignet, dauerhafte Verhaltensänderungen zu bewirken. Strafe wirkt nur kurzfristig, führt zu unerwünschten Folgen (Haß gegen den Strafenden, → Autoritäre Persönlichkeit) und veranlaßt dazu, einsichtig begründetes Befolgen sozialer Verhaltensregeln durch das «elfte» Gebot zu ersetzen: Du sollst dich nicht erwischen lassen.

2. Wirksamer sind in Situationen, wo → Dressur angewendet werden soll (bei Sauberkeitserziehung oder Eßgewohnheiten), Verstärkung (positive → Bekräftigung) des erwünschten Verhaltens (durch Lob, Aufmerksamkeit, Belohnungen) und Nichtbeachten des unerwünschten Verhaltens (negative → Bekräftigung). Wichtig ist ferner, das Kind nie zu überfordern und sich zu vergewissern, daß die für eine Veränderung ausgewählten Verhaltensschritte ihm auf Grund seines körperlichen und seelischen Entwicklungszustandes auch möglich sind (ein Kleinkind hat beispielsweise keine genügend lange Aufmerksamkeitsspanne, um ein allgemeines Gebot wie «Lege deine Kleider immer über den Stuhl» in jeder Situation richtig anzuwenden).

3. Forderungen, die sich auf die → Einsicht des Kindes beziehen, setzen eine freie → Kommunikation voraus. Wo Einsicht erarbeitet werden soll, muß der Erzieher fähig sein, die Anwendung dieser Einsicht auf das eigene Verhalten zu ertragen. Sicher ist Erziehung durch und zur Einsicht das wichtigste Mittel (und Ziel) der menschlichen Erziehung überhaupt, aber sie kann sich nur dann entwickeln, wenn mit dem Kind auf der gleichen Ebene kommuniziert wird. Formeln wie «Du mußt das einsehen» oder «Sieh das doch endlich ein» zeigen, daß hier ein letztlich der Einsicht feindlicher Erziehungsstil mit dem Wortschatz der Einsicht arbeitet.

4. Die Forschungen über verschiedene Erziehungsstile haben gezeigt, daß ein «sozial-integratives» Verhalten des Erziehers die günstigsten Folgen hat, während ein autoritäres Verhalten (→ Autorität) zu deutlichen Spannungsmerkmalen bei den Kindern führt (in Schulklassen gehäuftes Nägelkauen, Herumrutschen und ähnliche Verhaltensauffälligkeiten). Sozial-integratives Erziehungsverhalten versucht, das Kind als Menschen anzunehmen, seine jeweilige Gefühlssituation zu erkennen, sie zu bestätigen und von dieser Bestätigung aus andere Verhaltensweisen zu erarbeiten. In einer solchen Situation kann Einsicht gedeihen; das Kind wird auf diese Weise sozial-integratives Verhalten zunehmend unabhängig von der Anwesenheit des Erziehers zeigen, was sich beim autoritären Erziehungsstil nicht erreichen läßt.

Erziehungsberatung Wichtiger Bereich der → angewandten Psychologie (→ Child Guidance Clinic); Anwendung von Einsichten der Erziehungspsychologie (→ Erziehung) auf die Lebenssituationen erziehungsschwieriger Kinder. Solchen Schwierigkeiten liegen zwei Gruppen von Ursachen zugrunde:
1. besondere Probleme, die in einer Behinderung des Kindes oder in einer anderweitig, unabhängig vom Einfluß der Eltern, gestörten Entwicklung wurzeln (wie bei Adoptivkindern, die längere Zeit im Heim waren) und 2. Verhaltensweisen der erwachsenen Bezugspersonen des Kindes, welche dessen Entwicklung beeinträchtigen.

Zu 1. Blinde oder sehbehinderte Kinder, schwerhörige, körperlich geschädigte Kinder reagieren anders auf die Umwelt als normale Kinder und stoßen auf andere Reaktionen von seiten der Umwelt. Die Angehörigen nehmen gewöhnlich entweder die eine oder die andere Extremhaltung ein: Sie verwöhnen die Kinder, schonen sie übermäßig und verhindern auf diese Weise eine Entwicklung der verbliebenen Fähigkeiten. Auf der anderen Seite werden Kinder, weil sie den → Erwartungen der Eltern nicht entsprechen, zurückgewiesen und dadurch noch weiter seelisch verletzt, so daß sie sich ganz zurückziehen und verkümmern. Frühzeitige, langfristige Betreuung ist hier sehr nützlich, um solche Situationen möglichst zu vermeiden, die Eltern entweder in einer vernünftigen Umgangsweise mit dem Kind anzuleiten oder, wenn das nicht möglich ist, das Kind frühzeitig aus dem ungünstigen → Milieu der Familie herauszunehmen.

Zu 2. Erziehungsberatung hat mit anderen Formen psychologischer → Beratung gemeinsam, daß häufig keine rationale Ratsuche als Basis gegeben ist, sondern vom Psychologen die Erfüllung im Grunde unmöglicher und unvernünftiger Vorstellungen erwartet wird. Die Grundlage für eine rationale, an der Wirklichkeit und den tatsächlichen Möglichkeiten orientierte Überlegung muß also erst gewonnen werden. In der Regel ist der Ratsuchende fähig, selbst eine Lösung zu finden, wenn er diese Grundlage zusammen mit dem Berater gefunden hat. Die Eltern müssen also in dieser Form beraten werden, um neue Ansätze im Umgang mit dem Kind zu gewinnen. Zugleich wird häufig eine → Kindertherapie durchgeführt, entweder von dem Erziehungsberater selbst, oder von einem in der Erziehungsberatungsstelle oder in privater Praxis arbeitenden Kindertherapeuten (→ Psychagogik).

Erziehungsberatung wird entweder von frei praktizierenden Diplom-Psychologen (→ Psychologe) oder aber in Erziehungsberatungsstellen durchgeführt, die von Wohlfahrtseinrichtungen (Caritas, Innere Mission) oder von Behörden (Landratsämter, Städte) getragen werden. Bei schulischen Problemen gibt es Vertrauenslehrer oder an manchen Schulen Schulpsychologen. Über die Adressen solcher Beratungsstellen wissen meist die zuständigen Jugendämter Bescheid.

Es Von S. Freud (auf Anregung von G. Groddeck) für den triebhaften, gegenüber dem Körper «offenen» und unbewußten Teil des «seelischen Apparats» gebrauchte Bezeichnung. Freud führte sie ein, als er im Fortschreiten seiner Entwicklung der → Psychoanalyse sah, daß wichtige Anteile der → Abwehrmechanismen unbewußt sind und es nicht möglich ist, das Unbewußte und den Bereich der → Triebe und der verdrängten → Phantasien gleichzusetzen. Dadurch wurden zwei verschiedene, einander ergänzende begriffliche Gliederungen notwendig: eine Vorstellung kann bewußt, vorbewußt (bewußtseinsfähig) oder unbewußt sein, und sie kann ein Abkömmling des → Ich, des → Über-Ich oder des Es sein. Das Es wird von den Lebens- und Todestrieben (→ Aggression) beherrscht, während das Ich die Zugänge zu den Körperbewegungen in der Hand hat. Das Es «kann nur wünschen», es wird vom → Primärprozeß bestimmt, bei dem zum Beispiel gegensätzliche Wünsche (→ Ambivalenz) nebeneinander fortbestehen können. Freud beschreibt es mit dem alten (platonischen) Gleichnis von Reiter und Pferd: Wie der Reiter kann sich auch das Ich nicht vom Es trennen, will es nicht an Energie einbüßen; doch dann muß es sich auch manchmal dem Willen des starken Tiers unterwerfen – «... so pflegt auch das Ich den Willen des Es in Handlung umzusetzen, als ob es der eigene wäre».

Ethologie Vergleichende Verhaltensforschung; sie sucht vor allem den stammesgeschichtlich (phylogenetisch) bestimmten Anteil im tierischen Verhalten zu ermitteln (→ AAM, Deszendenztheorie, Instinkt). Der Begriff ist zu unterscheiden von Ethnologie = Völkerkunde, die sich mit den verschiedenen menschlichen Kulturen, vor allem mit den schriftlosen Gesellschaften, den sogenannten Primitiven, befaßt. → Tierpsychologie

Evolution Entwicklung, vor allem Entwicklung der Lebewesen auf der Erde (→ Deszendenztheorie). Man unterscheidet die biologische Evolution (Herausbildung der verschiedenen Arten) und die kulturelle Evolution (Herausbildung verschiedener Kulturen). Es ist unrichtig, Evolution mit Fortschritt gleichzusetzen; die biologische wie die kulturelle Evolution münden nicht selten in Sackgassen oder führen zu Rückschritten. Die wichtigsten Gestalter der Evolution sind Mutation (Veränderung, zum Beispiel von Erbanlagen, aber auch von gesellschaftlichen Strukturen) und Selektion (Auslese).

Exhibitionismus Sexuelle Abweichung, bei der Lust aus dem Herzeigen der Geschlechtsorgane gewonnen wird. In erweitertem Sinn bezeichnet der Begriff einen Teil des kindlichen Sexualverhaltens und des Liebesspiels von Erwachsenen (in der psychoanalytischen Fachsprache wird der Ausdruck oft für die Zeigelust schlechthin, auch für schauspielerische oder andere künstlerische Leistungen verwendet). Beim voll ausgebildeten, als ernstliche Störung des Sexualverhaltens anzusehenden Exhibitionismus kann ein Mann nur dann einen voll befriedigenden Orgasmus haben, wenn er dabei fremden Frauen sein steifes Glied zeigt, wobei Abwehr- und Schreckreaktionen der unfreiwilligen Zuschauerinnen sogar besonders anregend wirken, während sexuelle Gefühle von seiten der Zuschauerinnen vom typischen Exhibitionisten meist abgewehrt werden. Er bekommt dann Angst, was zu der psychoanalytischen Erklärung paßt, daß der Exhibitionist an die → phallische Phase fixiert (→ Fixierung) geblieben ist und seine → Kastrationsangst dadurch abwehrt, daß er Frauen sein Glied zeigt. Die sogenannten «Blitzer», die nackt durch die Straßen laufen, wiederholen eher die kindliche Zeigelust; hier sind auch Frauen vertreten, deren exhibitionistische Neigungen sich sonst fast nie zu einer störenden Extremform steigern, sondern eher durch → Sublimierung (Bademoden, Striptease . . .) verarbeitet werden.

Experiment Wissenschaftlich geplante Form der Beobachtung, welche es erlaubt, die meisten (im Idealfall alle) Einflüsse auf ein Geschehen gezielt zu verändern beziehungsweise gleichmäßig zu halten. Ziel des Experiments ist es, ursächliche, gesetzmäßige Abhängigkeiten eindeutig aufzuzeigen, was durch bloße Empirie (Erfahrungswissenschaft) nicht immer möglich ist, da man hier nur Beobachtungen sammelt, ohne die Einflüsse auf das Beobachtete planmäßig zu verändern und zu prüfen, welche Folgen diese Veränderungen auf das Geschehen haben. Das Experiment ist eine sehr wichtige → Methode der Psychologie und aus allen Bereichen der Forschung, wo problemlos mit Menschen experimentiert werden kann (→ Wahrnehmung, Denken), nicht mehr wegzudenken. Andererseits schmälert es die Aussagekraft, wenn keine unmittelbaren Ergebnisse, sondern nur Vergleichsergebnisse gewonnen werden, zum Beispiel wenn Tierversuche Erklärungen für menschliches Verhalten zugrunde gelegt werden. In den zahlreichen besonders schwerwiegenden Fragen, in denen sich experimentelle Ansätze aus Gründen der → Moral verbieten (man kann nicht experimentell nachprüfen, ob die Prügelstrafe für Kleinkinder schädlich ist), bleibt die Psychologie auf die Beobachtung angewiesen, die durch genaue Kontrolle (objektive Aufzeichungen mit Hilfe von Tonbändern und Bildkonserven; Beurteilung durch mehrere, voneinander unabhängige Auswerter; Erfassung möglichst aller beteiligten Einflüsse) zusätzliche Genauigkeit gewinnen kann.

Experimentelle Neurose → Neurosen können im Tierversuch dadurch ausgelöst werden, daß man ein Tier in eine Situation fehlender Orientierungsmöglichkeit bringt. Trainiert man eine Ratte darauf, hinter einer mit einem Quadrat gekennzeichneten Tür Futter, hinter einer mit einem Rechteck gekennzeichneten aber einen elektrischen Schlag zu bekommen, dann wird sie mit Verhaltensstörungen reagieren, wenn plötzlich auf beiden Türen Quadrate sind. Vielleicht noch eindrucksvoller sind die experimentellen Neurosen, welche man an künstlich in Einzelkäfigen aufgezogenen Rhesusaffen beobachten konnte. Sie gleichen den Störungen von vernachlässigten Kleinkindern in Säuglingsheimen.

Exploration Ausforschung; auf Tiere angewandt, Teil der → Neugieraktivität. Eine psychologische Exploration beginnt meist mit dem Erheben der Lebensgeschichte (→ Anamnese). Daran schließt sich unter Umständen eine Untersuchung mit → Tests; die Testergebnisse werden später zur weiteren Vertiefung der Exploration noch einmal mit dem → Probanden durchgesprochen. Eine → Psychoanalyse ist die wohl umfassendste Methode einer psychologischen Exploration des Individuums; in anderen Formen der → Beratung und → Psychotherapie wird die Exploration bis zu einem Punkt fortgeführt, an dem die wesentlichen Merkmale der inneren und äußeren Lebenssituation des Explorierten so deutlich geworden sind, daß sich weitere Schritte aus ihnen ergeben.

Extraversion Wendung nach außen. Gegenbegriff zu → Intraversion. Der extravertierte Typ ist ein bereitwillig die äußere Realität akzeptierender und sich mit ihr auseinandersetzender Mensch, der sich leicht in neue Situationen findet. Der Ausdruck stammt von C. G. Jung (→ Typenlehre).

F

Faktorenanalyse Mathematisch-psychologisches Verfahren, bei dem mit Hilfe aufwendiger (heute meist von Rechenmaschinen ausgeführter) Berechnungen aus den → Korrelationen von → Tests auf die zugrundeliegenden Wirkkräfte oder Faktoren geschlossen wird. Der Vorzug, daß auf diesem Weg aus dem Beobachtungsmaterial selbst allgemeinere Grundsätze ohne vorgefaßte Lehrmeinung gewonnen werden können, hat diese Technik trotz der durch die Rechnungsprozesse gegebenen Enge der Möglichkeiten beliebt gemacht. Kritiker weisen auf die Scheingenauigkeit hin, die sich durch die letzten Endes beliebige Deutung der komplizierten rechnerischen Auswertung der Testdaten ergibt.

Familie Bei den meisten Menschen (sieht man von Waisenkindern, Heimzöglingen oder Kindern aus geschiedenen Ehen ab) ist die Familie die erste Gruppenerfahrung und zugleich der Träger der → Sozialisation (→ Entwicklung). Die große Bedeutung der Gefühlsbeziehungen zwischen dem Kind und seinen Eltern wurde zuerst von S.

Freud erkannt (→ Ödipuskomplex) und später von A. Adler besonders betont, der auf die wichtige Rolle der Geschwister hinwies. Die heutige Familienforschung untersucht vor allem die → Kommunikation in Familien mit einem oder mehreren seelisch gestörten Mitgliedern (→ Doppelbindung, Erziehungsberatung, Schizophrenie). Die von W. Toman über Familienkonstellationen (das heißt über die Formen von Familien und ihre Folgen für das spätere Lebensschicksal) durchgeführten Untersuchungen haben unter anderem folgende Ergebnisse gebracht:

1. Unter sonst vergleichbaren Gesichtspunkten sind die Personen am wichtigsten, mit denen ein Kind die meiste Zeit verbracht hat.

2. Jene neuen mitmenschlichen Dauerbeziehungen haben vergleichsweise (das heißt nicht regelmäßig, aber in einer über der Durchschnittserwartung liegenden Zahl der Fälle) mehr Aussicht auf Erfolg, die den frühen und frühesten sozialen Dauerbeziehungen ähnlich sind. So bleiben Eheleute, deren Geschwisterrollen sich ergänzen (ältere Schwester eines Bruders heiratet den jüngeren Bruder einer Schwester), mit überdurchschnittlicher Wahrscheinlichkeit länger beisammen und haben mehr (und seelisch gesündere) Kinder als Partner mit nicht sich ergänzenden (= komplementären) Geschwisterrollen. Ähnlich hat auch bei den Eltern jeder Elternteil mit hoher Wahrscheinlichkeit die bessere Beziehung zu jenem Kind, das – bei sonst vergleichbaren Situationen – seiner eigenen Stellung in der Geschwisterreihe am ehesten entspricht.

Feedback Rückkopplung; der Begriff stammt ursprünglich aus der → Kybernetik, wo er für Apparate gebraucht wird, die durch Rückmeldung eines Istwertes einen Vergleich zum Sollwert ermöglichen und so helfen, ein Gleichgewicht aufrechtzuerhalten (zum Beispiel der Thermostat im Kühlschrank). Im menschlichen Körper werden ebenfalls viele Prozesse durch Rückkopplung gesteuert: der Blutdruck, die Körpertemperatur oder die Ausschüttung von Hormonen. In der Psychologie wird der Ausdruck vor allem in der → Gruppendynamik verwendet und betrifft dann die unmittelbare, persönliche Reaktion eines Gruppenmitglieds auf das Verhalten eines anderen. Dabei soll ausgesprochen werden, was sonst verschwiegen oder indirekt (durch Abbrechen einer → Beziehung, aber auch durch Kündigung oder Verweigern einer Beförderung in einem Beschäftigungsverhältnis) ausgedrückt wird.

Fehlleistung Handlungen, die unwillkürlich anders ablaufen, als sie beabsichtigt waren: Versprechen, Vergreifen, Vergessen von Namen und fremdsprachigen Wörtern, Verlegen von Gegenständen ... Beispiele für verbale Fehlleistungen sind: «Ich begrüße die Anwesenden und erkläre die Sitzung für geschlossen» (wollte eigentlich sagen: für eröffnet, doch wäre es dem Vorsitzenden offenbar lieber, sie wäre schon geschlossen). Ein (ängstlicher) Vortragender zu Beginn der Diskussion: «Ich bitte um Mordmeldungen!» Oder ein Abgeordneter im ehemaligen Reichstag: «In dieser Lage müssen wir alle rückgratlos, pardon, rückhaltlos hinter unserem Kaiser stehen!» S. Freud hat die unbewußten → Motive dieser Fehlleistungen aufgedeckt. Durch ihre unwillkürliche Aussage können sie oft lebensentscheidende Bedeutung gewinnen.

Feldtheorie (psychologische) Von K. Lewin entwickelte Lehre, wonach menschliches Handeln durch ein Feld von einwirkenden Kräften aus dem jeweiligen Lebensraum und den persönlichen Voraussetzungen des einzelnen bestimmt wird. → auch Denken

Fellatio Mundkontakt (Lecken, Saugen) mit männlichen Geschlechtsteilen; Vorspiel zum Geschlechtsverkehr und eine der Techniken gegenseitiger Befriedigung bei → Homosexualität. Hinsichtlich der kulturellen Bewertung → Cunnilingus.

Fetischismus In der Völkerkunde Bezeichnung für den religiösen Gebrauch bestimmter Gegenstände, denen magische Kräfte zugeschrieben werden. In der Psychologie Bezeichnung einer sexuellen Abweichung, bei der isolierte, sonst meist nicht der sexuellen Erregung und Befriedigung dienende Körperteile (wie Haare) oder Gegenstände (Höschen, Büstenhalter, Damenschuhe, Strumpfbänder) zur geschlechtlichen Reizung dienen. Von einer → Perversion sollte man nur sprechen, wenn der Fetischismus die einzige Befriedigungsform ist; entsprechende, schwächer ausgeprägte Züge gehören in den Bereich der Vielfältigkeit des normalen Liebeslebens (Faust: «Ein Tuch von ihrer Brust, ein Strumpfband meiner Liebeslust»).

Fettsucht Körpergewicht, das die Norm (etwa Körpergröße über 1 m in Kilogramm) erheblich (um 20 bis 40 Prozent) überschreitet, gilt als Zeichen von Fettsucht (Adipositas). Sie wird fast immer (zu 95 bis 98 Prozent) durch übermäßiges Essen ausgelöst, obwohl viele Fettsüchtige behaupten, normal oder sogar wenig zu essen. Psychologisch beruht die Fettsucht auf → Gewohnheiten, die in der Kindheit erworben werden (oft sind die Eltern ebenfalls dick, oder neigen dazu, dem Kind den Mund zu stopfen, wenn es seelische Aufmerksamkeit fordert) und auf einer → Regression zu Befriedigungsmöglichkeiten der → oralen Phase, wenn man als Heranwachsender abgelehnt wird oder als Erwachsener Enttäuschungen erlebt («Kummerspeck»). Manchmal ist das gesamte Verhalten der Nahrungsaufnahme gestört; Freß- und Hungerperioden wechseln miteinander ab (→ Magersucht).

Figur-Grund-Verhältnis In manchen mehrdeutigen Wahrnehmungssituationen kann sich das Gesamtbild schlagartig verändern (Kipp-Phänomen), wenn sich die → Aufmerksamkeit von der bisherigen «Figur» auf den «Grund» verlagert und damit den «Grund» zur «Figur» macht. Dieser Vorgang wird in der → Gestaltspsychologie als Beweis dafür angeführt, daß die → Wahrnehmung ein aktives Geschehen, keine passive Aufnahme von Reizen ist.

Fingerlutschen Meist als Daumenlutschen auftretendes Verhalten, das bei Säuglingen und Kleinkindern im Alter zwischen sieben Monaten und zwei Jahren recht verbreitet ist, aber wohl nicht als «normal» angesehen werden sollte (→ Normalität). In Primitivkulturen, wo alle Kinder lange und ausreichend gestillt werden, ist Daumenlutschen kaum zu beobachten. Besteht das Fingerlutschen nach dem fünften Lebensjahr fort und treten andere Verhaltensstörungen (Nägelknabbern, Haareauszupfen, Hautkratzen) hinzu, kann man von einem neurotischen Verhalten (→ Neurose) sprechen, das seine Ursache häufig in einem Mißverhältnis zwischen Zärtlichkeitsbedürfnissen und der Zufuhr an seelischem «Streicheln» hat.

Fixierung Festlegung, Starre, mangelnde Flexibilität. In der → Psychoanalyse wird der Begriff zusammen mit dem der → Regression verwendet, um einen Vorgang zu beschreiben, bei dem

Figur-Grund-Verhältnis oder Umkehrtäuschung: Im linken Bild kann man entweder eine alte oder junge Frau sehen, im Bild rechts entweder einen Becher oder eine Vase. Das untere Bild «Konvex-konkav» von M. C. Escher, 1956, führt durch die Licht- und Schattenwirkung zu Umklapp-Phänomenen.
Quelle: Herbert Schober/Ingo Rentscher «Das Bild als Schein der Wirklichkeit» und M. C. Escher «Grafik und Zeichnungen», beide Heinz Moos Verlag, Gräfelfing vor München, 1972 und 1971

die seelische Entwicklung an Punkte zurückkehrt, die besondere Bedeutung für den Betroffenen gewonnen hatten. Ausschlaggebend für eine Fixierung scheint dabei eine mittlere Stärke der → Frustration eines → Bedürfnisses. Sie führt dazu, daß ein Überschuß an Bedürftigkeit entsteht. Unter ungünstigen Umständen (etwa der Abweisung durch die → Familie) wird dieser Überschuß verdrängt, was zu einem Fortbestehen der Bedürftigkeit im Unbewußten führt. Ein Kind, das zu wenig orale Befriedigungsmöglichkeiten fand (schnelles Nähren mit zu weitem Flaschensauger, eventuell verbunden mit großer oraler Bedürftigkeit), wird seine Fixierung an diesen Antriebsbereich später durch Daumenlutschen (→ Fingerlutschen), → Fettsucht oder auch durch starkes Rauchen ausdrücken. Wer die Fixierung an die → orale Phase vollzogen hat, wird später bei → Frustrationen zu diesen Befriedigungsmöglichkeiten zurückkehren (Regression) und zum Beispiel mehr essen, wenn eine Verlobung platzt, oder mehr rauchen, wenn er im Beruf überfordert wird.
Kinder, die extrem schwere Versagungen während der oralen Periode erleiden, lutschen hingegen nicht mehr am Daumen, sie sind zur → Autoerotik unfähig geworden.

Flucht in die Krankheit Unbewußtes Ausweichen vor einem unbewältigten → Konflikt in die Krankenrolle, die sozial durch Entlastung, Schonung und vermehrte Zuwendung bestimmt ist. → Sekundärer Krankheitsgewinn

Forensische Psychologie Gerichtliche Psychologie; Bereich der → angewandten Psychologie, der die Tätigkeit von Psychologen als Gutachter vor Gericht, im Strafvollzug, und im Familien- und Zivilrecht umfaßt. Beispiele für Aufgaben des Gerichtspsychologen sind das Beurteilen der Glaubwürdigkeit von Zeugen, der Zurechnungsfähigkeit von Tätern, der Möglichkeiten einer Wiedereingliederung im Strafvollzug.

Fremdwahrnehmung Gegensatz von → Selbstwahrnehmung oder Eigenwahrnehmung. Ein Mensch, der sich selbst für großzügig und freundlich hält, kann von anderen als sauertöpfischer Geizkragen angesehen werden. Hier widersprechen sich Selbst- und Fremdwahrnehmung; beide besser in Übereinstimmung zu bringen, ist ein Ziel der → Selbsterfahrungsgruppe. → Feedback.

Frigidität Unfähigkeit einer Frau, sexuelle Befriedigung zu finden. Man sollte nur dann von Frigidität sprechen, wenn eine Frau sexuelle Beziehungen teilnahmslos oder unlustvoll erlebt. Die weitverbreiteten → Orgasmusschwierigkeiten sind kein Zeichen von Frigidität. Die Ursachen der Frigidität liegen in einer mangelnden Übereinstimmung der Sexualpartner, in Erziehungseinflüssen oder in einer → Neurose (Fehlverarbeitung der kindlichen Sexualität).

Frustration Von S. Freud als «Versagung» eines Wunsches oder → Bedürfnisses beschrieben, im amerikanischen Sprachraum mit «frustration» übersetzt und in der deutschen Fachsprache wieder eingeführt (das Tätigkeitswort frustrieren für versagen ist ebenfalls in Gebrauch). Mögliche → Reaktionen auf eine Frustration sind → Aggression, → Regression, Verleugnung (→ Verneinung), → Fixierung und gesteigerte oder verringerte Reaktionsstärke. Wenn man zum Beispiel Versuchspersonen die Aufgabe stellt, eine Blume heranzuholen, ohne ein mit Latten ausgelegtes Gebiet zu verlassen, und ihnen nach der erfolgreichen Lösung (mit Hilfe eines Stuhls, der als Verlängerung des

Arms verwendet wird) sagt, es gebe noch eine zweite (tatsächlich nicht mögliche) Lösung, dann fangen einige an, nach der Blume zu werfen (Aggression), andere verleugnen die ungelöste Aufgabe (Verleugnung) oder erzählen Märchengeschichten wie: man müßte die Blume dazu bringen, herbeizuwandern (→ Regression).

Frustrations-Aggressions-Lehre Die gutbewiesene Tatsache, daß → Aggression eine mögliche Reaktion auf Frustration ist, hat J. Dollard und seine Mitarbeiter veranlaßt, eine eigene Erklärung der Aggression zu entwickeln: Diese ist demnach immer die Folge von Frustration. Gegen diese Auffassung ist eingewendet worden, daß Aggression sich auch als Werkzeug einsetzen läßt, daß der Aggressionsbegriff an sich zu umfassend ist (vom Kind, das nach der Mutter schlägt, die ein Verbot ausspricht, bis zum politischen Revolutionär, der gegen einen korrupten Staatschef einen Aufstand plant) und daß aggressives Verhalten eher durch → Bekräftigung eingeübt wird.

Führer Wenn eine Gruppe entsteht (→ Gruppendynamik), bildet sich auch die → Rolle eines oder mehrere Führer heraus. Sie ist dadurch gekennzeichnet, daß vom Führer erwartet wird, die → Aktivitäten der übrigen Gruppenmitglieder anzuleiten, zu verändern und zu überwachen, damit sie die Richtung auf die Gruppenziele hin einhalten. Dabei sind Versuche fehlgeschlagen, → Eigenschaften herauszufinden, die jeden Führer auszeichnen, also eine typische Führerpersönlichkeit (→ Charisma) zu entdecken, die der Volksmeinung etwa durch «stählernen Willen», Überlegenheit, Unbeugsamkeit, Entschlußkraft ausgezeichnet sein soll. Wahrscheinlich trifft die Vermutung Freuds zu, daß in diesem Idealbild eines Führers nur die inneren Idealvorstellungen der Geführten durch → Projektion nach außen verlegt wurden (→ Ich-Ideal). Die bisherige Forschung über die Rolle des Führers in

Unterschiedliche Führungsstile und die davon abhängigen Formen der Kommunikation zwischen Führern und Geführten.
Quelle: Wolfgang Schmidbauer «Ich in der Gruppe», Otto Maier Verlag, Ravensburg, 1975

Gruppen hat gezeigt:
1. Der Rang eines Individuums in der Gruppe ist um so höher, je mehr sich dieses mit den Wertvorstellungen und Zielen der Gruppe eins fühlt.
2. Die wichtigsten Merkmale des Führers sind seine Fähigkeiten, besonders zur Zufriedenheit der Gruppenmitglieder und zum Erreichen des gemeinsamen Ziels der Gruppe beizutragen.
3. Es gibt zwei grundlegende Führertypen, die auch gemeinsam auftreten können: den «Fachmann» und den «Sozialspezialisten». Der erste leitet meist Gruppen, die in erster Linie das Ziel haben, eine besondere Aufgabe zu bewältigen (in Küstengewässern, wo es gilt, durch Riffe zu steuern, übergibt der Kapitän dem Lotsen das Kommando). Herrschen hingegen sozial-emotionale Bedürfnisse der Gruppenmitglieder vor, dann wird der Führer nach seinen Fähigkeiten ausgewählt, diese zu befriedigen. In vielen Gruppenbildungen findet sich eine Zweiheit der Führung: Generalstabschef (Fachmann) und General (Sozial-Spezialist).

Funktion Zweck, Aufgabe, Leistung. Seelische Funktionen (im Gegensatz zu seelischen Kräften = Trieben) sind Leistungen des Organismus (wie → Wahrnehmung oder → Denken), die der Erfüllung von Triebwünschen dienen – im psychoanalytischen Sprachgebrauch Ich-Funktionen.

Funktionalismus Seelische oder gesellschaftliche Besonderheiten werden als Folge eines Anpassungsprozesses erklärt und auf Grund ihrer Leistung im Dienst der Arterhaltung beurteilt.

Funktionelle Störungen Im Gegensatz zu organischen Störungen Hindernisse im Funktionsablauf eines körperlichen Vorgangs. Das Herz kann zum Beispiel durch einen Infarkt so geschädigt sein, daß es nicht mehr regelmäßig schlägt (organische Störung), oder aber wegen einer → Neurose unregelmäßig arbeitet (funktionelle Störung).

Funktionslust Lust, die durch den Einsatz und die Übung seelischer oder körperlicher Funktionen entsteht. Ohne sie sind viele Spiel- und Freizeitaktivitäten (Kreuzworträtsellösungen oder Sport) nicht zu erklären; ihr biologischer Sinn liegt darin, → Funktionen für den «Ernstfall» zu üben.

Furcht Meist gleichbedeutend mit → Angst gebraucht; gelegentlich von ihr dadurch unterschieden, daß Angst «objektlos» sei, das heißt, der Ängstliche weiß nicht, wovor er Angst hat, während sich Furcht immer auf bestimmte Dinge richtet. Diese Unterscheidung gilt wegen der grundlegenden Ähnlichkeit beider → Affekte als fragwürdig.

G

Ganzlernmethode Vorgehen beim → Lernen, in dem nicht aus kleinen Lernschritten größere Einheiten aufgebaut werden (synthetische, das heißt zusammensetzende → Methode), sondern zunächst eine Ganzheit, (wie ein ganzes Wort) aufgefaßt und dann später in seine Einzelteile zerlegt wird (in die Buchstaben).

Geburtstheorien (infantile) Vorstellungen kleiner Kinder über den Geburtsvorgang, nach Auffassung der → Psychoanalyse ein wichtiger Teil der kindlichen Sexualforschung und damit der → Neugieraktivität und der das Sexualleben des Erwachsenen vorgestaltenden kindlichen Sexualität. Die Theorien enthalten Vorstellungen der Empfängnis durch den Mund (Küssen, Essen) und der Geburt durch den Nabel oder durch den After.

Geburtstrauma 1. Schädigung des Gehirns oder anderer Organe bei der Geburt, meist durch Sauerstoffmangel oder mechanische Einflüsse (Zangengeburt); eine Ursache von → Geistesschwäche. 2. Umstrittene Theorie, wonach das Geburtserlebnis auf jedes Kind mehr oder weniger stark seelisch verletzend (traumatisch) wirkt und für die spätere Neigung zu → Angst mitverantwortlich sei.

Gedächtnis Speicher eines Lebewesens, aus dem es Nachrichten über vergangene Ereignisse gewinnt. Schon sehr niedrige Tiere (auch Plattwürmer) haben ein Gedächtnis und können damit lernen. Dabei ist die chemische Grundlage des Gedächtnisses jener der Vererbung ähnlich, also der von Generation zu Generation weitergegebenen Nachrichten (Informationen). Eine Gedächtnisleistung oder eine Erbinformation ist chemisch eine bestimmte Aneinanderlagerung von Eiweißmolekülen (Ribonukleinsäuren). Das Kurzzeitgedächtnis scheint auf elektrischen Vorgängen im Gehirn (in der Art von Schwingkreisen?) zu beruhen. Es kann durch einen → Elektroschock oder eine heftige emotionale Erschütterung ausgelöscht werden. Beim Langzeitgedächtnis (ab 24 Stunden) ist das nicht mehr der Fall. Die Gedächtnisleistung des Menschen ist außerordentlich groß, wobei viele Inhalte freilich nicht mehr wiedergegeben (reproduziert), sondern nur wiedererkannt werden können, oder nur in Träumen wiedererscheinen. Die Speicherkapazität des Gehirns läßt weit höhere Gedächtnisleistungen zu, als sie vom Menschen in der Regel erreicht werden.

Gefühl Zunächst oft schwer bestimmbare, meist allmählich deutlichere → Gestalt annehmende und dann mit einem Handlungsdruck (→ Bedürfnis, Motiv) einhergehende Zustände des → Ichs, die man als Anteilnahme des Bewußtseins am Wirken der Handlungsantriebe ansprechen kann. Daher auch der Ausdruck Emotion für Gefühl (lateinisch e bedeutet aus, movere bewegen). Gefühle können entweder innerlich anwachsende primäre → Bedürfnisse bewußt machen (zum Beispiel das Gefühl von Hunger, Durst) oder durch ihre Art der Begleitung eines äußeren Eindrucks (Anblick einer schönen Frau) bisher noch nicht so deutliche innere Bedürfnissituationen klarer machen. Ferner verbinden sie sich (→ Assoziation, bedingter Reflex) mit zahlreichen Situationen, welche mittelbar oder unmittelbar mit diesen primären, biologisch gegebenen Bedürfnissen zusammenhängen. Oft geraten die Gefühle in einen Gegensatz zum vernünftigen, zweckgerichteten → Denken. Sie sind immer «naiv», spiegeln unseren Bedürfniszustand unmittelbar wider, gleichgültig, ob diese Bedürfnisse in der jeweiligen Situation angebracht und zu verwirklichen sind oder nicht. Viele Menschen in unserer Industriegesellschaft neigen (auch auf Grund ihrer → Erziehung) dazu, diese innere Fülle und Freiheit der Gefühle abzuspalten, und zu verdrängen (→ Verdrängung). Das ist eine Forderung, die in der → Sozialisation von Männern noch weit ausgeprägter auftritt als in der von Frauen. Eine solche Gefühlsverleugnung kann das Bewältigen von → Konflikten unmöglich machen, weil sie ein angemessenes Verstehen der Gefühle des Partners erschwert (→ Einfühlung).

Gegenübertragung Form der → Übertragung, mit der ein Psychotherapeut auf seinen Patienten reagiert. Sie wurde früher von den meisten Psychoanalytikern nur als Störung der Behandlung und unangemessene Einstellung des Therapeuten angesehen, während sie heute, ebenso wie die → Über-

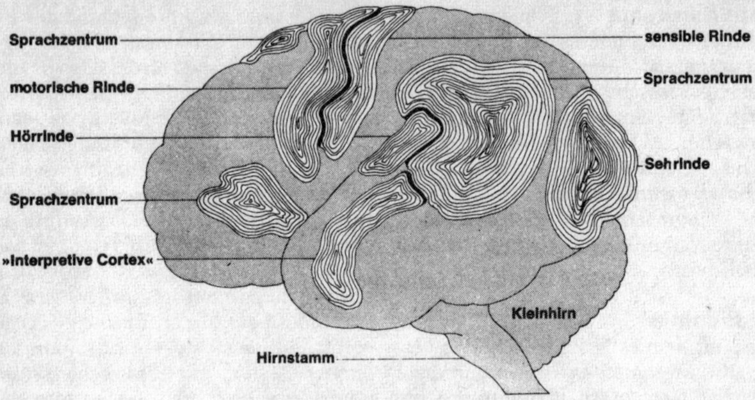

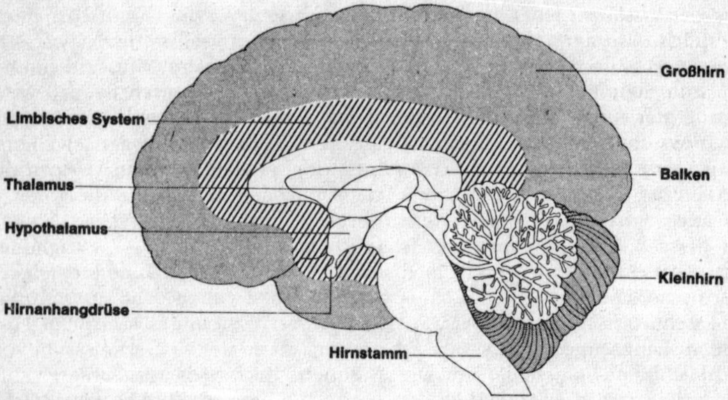

Oben: Außenseite der linken Großhirnhälfte. Unten: Die ältesten Teile des Gehirns liegen tief im Innern des Kopfes. Dort werden lebenswichtige Körperfunktionen automatisch geregelt, und dort entstehen auch Gefühle und Emotionen.
Quelle: Erwin Lausch «Manipulation. Der Griff nach dem Gehirn», Rowohlt Taschenbuch Verlag, Reinbek bei Hamburg, 1974

tragung, als allgemeine Erscheinung gilt, die nicht unterdrückt, sondern bewußt verarbeitet und fruchtbar gemacht werden soll (etwa indem der Therapeut erkennt, daß in ihm ähnliche Gefühle auftreten, wie sie das Verhalten des Patienten bei dessen Eltern auslöste).

Gehirn Jedem menschlichen Erlebnisinhalt entspricht ein elektrochemischer Vorgang im Gehirn. Wird dieses geschädigt, dann macht sich auch ein Verlust an psychischen Möglichkeiten bemerkbar. So kann durch eine Gehirnblutung bei einem Schlaganfall das

Sprachzentrum so geschädigt werden, daß der Betroffene nicht mehr sprechen kann (Aphasie). Manche Menschen mit nicht allzu schweren Schäden können dann das Sprechen wieder erlernen. Das Gehirn ist aus verschiedenen Teilen aufgebaut und mit einem Spazierstock vergleichbar, auf den man einen Hut gelegt hat. Der Stock entspricht dem Rückenmark, der Knauf des Stockes dem Stammhirn, in dem Lebensvorgänge wie Atmung, Kreislauf, Körpertemperatur, Hunger und Durst gesteuert werden, während der Hut dem Großhirn gleicht, in dem Wahrnehmung, Denken und Körperbewegungen ihre Nervengrundlage haben. Viele seelische Vorgänge erfassen dabei das ganze Gehirn (so wird die Wachheit durch ein Zusammenwirken von Stammhirn und Hirnrinde gesteuert). Die Vermutung, daß es für jede Fähigkeit eine genau umgrenzte Hirnstelle gibt, ist nicht richtig. So bestimmt etwa die → Aktivität der Großhirnrinde den besonderen Inhalt eines Bewußtseinsvorgangs, während das Aktivierungssystem festlegt, vor welchem gefühlshaften Erlebnishintergrund er abläuft.

Gehirnwäsche Als während einer Überschwemmung das Wasser auch in die Arbeitsräume von I. P. Pawlow (der den → bedingten Reflex entdeckte) eindrang, mußten die dressierten Hunde fast einen Tag lang um ihr Leben schwimmen. Nach dieser Anstrengung hatten sie fast alle erlernten → Reaktionen vergessen. Von dieser Beobachtung leitet sich die Technik her, durch gezielte Überforderung seiner psychischen Leistungsfähigkeit einen Menschen so weit zu bringen, daß er die meisten bisher gelernten Inhalte seines → Ich aufgibt und sich nicht mehr gegen neue Inhalte (wie eine bisher abgelehnte politische Überzeugung) wehren kann. Ständige Verhöre, Nachtwachen, körperliche Erschöpfung durch Schlaflosigkeit, Hunger und Durst, Todesangst und Einzelhaft sind Mittel der «Gehirnwäsche», die einen Zusammenbruch der bisherigen Überzeugungen bewirken können und schon oft Menschen dazu geführt haben, unsinnige Geständnisse endlich «freiwillig» der Öffentlichkeit gegenüber abzulegen. Allerdings ist ein solcher Überzeugungswandel oft nicht von Dauer. Wenn der Betroffene wieder in Kontakt mit anderen Menschen kommt, die sein früheres Ich kannten, wird er sich häufig von dem, was während und nach dem Ausnahmezustand der Gehirnwäsche mit ihm geschah, wieder entfernen.

Geist In der wissenschaftlichen Fachsprache heute ungebräuchlicher Ausdruck für die Gesamtheit der Denkprozesse und ihre vermutete Grundlage im Menschen (der «menschliche Geist»), in ganzen Völkern («Volksgeist») oder bestimmten geschichtlichen Abschnitten («Zeitgeist»).

Geisteskrankheiten Während bei der → Neurose ein Mensch die Wirklichkeit noch richtig wahrnimmt und die eigenen Schwierigkeiten als etwas Unerwünschtes, Fremdes erlebt, kann der Geisteskranke äußere und innere Erfahrung nicht mehr auseinanderhalten. Er glaubt, daß ihn Menschen verfolgen, denen er in Wirklichkeit gleichgültig ist (während sie ihm nicht gleichgültig sind), hört Stimmen, die es nicht gibt, klagt sich eines Verbrechens an, das er offenbar nicht begangen haben kann. Geisteskrankheiten werden häufig auch → Psychosen genannt, wobei man → endogene und exogene Psychosen unterscheidet. Endogene Psychosen entstehen auf den ersten Blick ohne erkennbare äußere Ursache, oder auf Grund einer mangelhaften Bewältigung von Anlässen, die andere Menschen verarbeiten können, (zum Beispiel einer Liebesenttäuschung). Exogene Geisteskrankheiten werden durch Gifte (→ Alkoholismus), Altersabbau, Verletzungen und Entzündungen des → Gehirns ausgelöst.

Geisteswissenschaftliche Psychologie Natürliche Vorgänge erklärt man, indem man versucht, «letzte Einheiten» (etwa Atome) zu ermitteln und aus den Gesetzen, denen sie unterliegen, den Aufbau der äußeren Gestalt zu ermitteln. Seelische Vorgänge entziehen sich diesem Vorgehen, wenn man sein Augenmerk auf die ganzheitlichen, geistigen Vorgänge richtet. Eine Idee, eine geschichtliche Persönlichkeit, eine Liebesbeziehung lassen sich nicht in «letzte Einheiten» zergliedern. Bei der Beschränkung auf die reine Verhaltensanalyse (→ Behaviorismus) ist das eher möglich. Psychologen, die an geschichtlichen Ereignissen und den durch Selbstbeobachtung eröffneten Möglichkeiten der → Einfühlung interessiert waren, haben die «geisteswissenschaftliche» Psychologie begründet, als deren besondere Verfahren das Verstehen, Nacherleben, die genaue Erlebnisbeschreibung (Phänomenologie) und die → Deutung angesehen werden können. Die frühere Feindschaft und gegenseitige Geringschätzung der «geisteswissenschaftlichen» und «naturwissenschaftlichen» Richtung der Psychologie macht heute gelegentlich der Einsicht Platz, daß es sich bei beiden um Aspekte des Forschungsgegenstandes handelt, die sich sehr wohl auch gegenseitig ergänzen können.

Geistige Behinderung Unvollständige oder ungenügende Entwicklung der geistigen Fähigkeiten, von der ungefähr drei Prozent der Bevölkerung betroffen sind. → Intelligenz

Geltungstrieb Gleichbedeutend mit Geltungsstreben; wichtiges → Motiv, das eine Ausdrucksform der primären, sozialen Bezogenheit des Menschen ist. Fast jeder Mensch legt Wert darauf, von anderen Menschen angenommen und für «gut» gehalten zu werden (was auch immer die besondere, gesellschaftlich bestimmte Form des «Guten» ausmacht). Wenn ein Mensch sich in der → Gemeinschaft nicht angenommen fühlt, kann es zu einer ausgleichenden (kompensatorischen) Übersteigerung des Geltungsstrebens kommen. Der Betroffene wird unfähig, Fehler einzugestehen, neigt zu Angeberei und versucht, andere herabzusetzen, um die eigene Geltung zu steigern.

Gemeinschaft Gruppe, deren Mitglieder eine feste Bindung untereinander eingegangen sind.

Gemeinschaftsgefühl Begriff aus der → Individualpsychologie, in der das Gemeinschaftsgefühl als → Motiv gilt, welches dem → Machtstreben entgegenwirkt und die Gruppenbindungen aufrechterhält. Wenn man A. Adler, dem Begründer der Individualpsychologie, oft unterstellt, er habe das Machtstreben als wichtigsten Trieb angesehen, so beruht das auf einem Irrtum. Tatsächlich sah Adler im Gemeinschaftsgefühl, das heißt (biologisch durchaus richtig) in der Gruppenbezogenheit des Menschen, den Ur-Antrieb. Wenn man bedenkt, daß es für ein gruppenlebendes Tier durchaus sinnvoll ist, vor allem in der Kindheit, alle übrigen Bedürfnisse zurückzustellen, um den Anschluß an die Gruppe wiederzufinden, dann gewinnt diese Auffassung Adlers erneut an Bedeutung.

Gemüt Gesamtheit der Gefühlsvorgänge in einem Menschen; Gefühlsansprechbarkeit.

Gemütloser Psychopath Person, bei der kaum eine Gefühlsansprechbarkeit nachweisbar ist (→ Psychopathie). Manchmal auch als «moralischer Schwachsinn» (englisch moral insanity) beschrieben. Ein typisches Beispiel sind die Killer (bezahlte Mörder), wie sie in amerikanischen Filmen dargestellt werden. Ihre Gefühlsansprechbarkeit ist außerordentlich gering. → Urvertrauen

Geopsychologie Einfluß von Wetter, Boden und Landschaft auf seelische Vorgänge.

Geruch Der Geruchssinn des Menschen ist im Zug der kulturellen → Evolution zunehmend unwichtiger geworden. In den Zivilisationen bemüht man sich sogar, die natürlichen Duftstoffe, die auch der Mensch (zusammen mit dem Schweiß oder im Bereich der Geschlechtsteile) ausscheidet, möglichst auszuschalten. Der Geruchssinn reagiert auf gasförmige, feinverteilte Stoffe in oft erstaunlich geringen Mengen (wobei hier der Mensch gegenüber vielen Tieren sehr unempfindlich ist) und arbeitet offenbar nach einem «stereochemischen» Gesetz, das heißt, die Moleküle der Geruchsstoffe lösen dann bestimmte → Empfindungen aus, wenn sie räumlich in die Aufnahmeorgane (Rezeptoren) in der Nasenschleimhaut passen.

Geschlecht Seelische und körperliche Eigentümlichkeiten von Frauen und Männern; Geschlechtsmerkmale sind immer auch → Geschlechtsunterschiede.

Geschlechtsrolle In jeder Gesellschaft begegnen Männer oder Frauen bestimmten Verhaltenserwartungen und → Normen (→ Doppelmoral), die häufig durch angeblich «natürliche» Unterschiede zwischen den Geschlechtern gerechtfertigt werden (→ Geschlechtsunterschiede). Meist sind die Geschlechtsrollen durch den wirtschaftlich-sozialen Aufbau der Gesellschaft bestimmt, vor allem durch die Arbeitsteilung. Die Notwendigkeit, ein Kind nach der Geburt ausreichend zu stillen, führte etwa in den ursprünglichsten erhaltenen Kulturen (Jäger und Sammler) dazu, daß die Frauen in der Nähe der Lagerplätze pflanzliche Nahrung und Kleintiere sammelten, während die Männer weit umherschweiften und größere Tiere zu erbeuten suchten. Häufig entstehen aus unterschiedlichen Geschlechtsrollen auch Machtunterschiede, die an den Besitzverhältnissen, dem Erbrecht oder dem Wohnort nach der Heirat erkennbar sind. Geschlechtsrollen werden schon sehr früh gelernt (→ Erziehung) und erscheinen dann als «selbstverständlich». Erst der Vergleich verschiedener Kulturen zeigt, wie groß die Veränderungsmöglichkeiten hier sind. Die Ergebnisse großer kulturvergleichender Untersuchungen zeigen aber doch gewisse Schwerpunkte: Männer jagen überall häufiger als Frauen; ihre Hauptaktivitäten, die selten von Frauen ausgeübt werden, sind ferner der Waffen- und Bootsbau, die Metallarbeit und der Bergbau. Frauen kümmern sich fast überall um die Kinder, den Haushalt, das Weben; sie sind häufig allein für die Feldarbeit und die Essenszubereitung zuständig. In manchen Kulturen verrichten die Frauen die meiste körperliche Arbeit; gelegentlich scheinen unsere westlichen Geschlechtsrollen fast umgekehrt: Frauen gelten als tüchtig und leistungsbezogen, Männer als geschwätzig und eitel. Die meisten Unterschiede der Geschlechtsrollen sind über Generationen geschichtlich entstanden und gesellschaftlich festgelegt.

Geschlechtsunterschiede Der Ursprung der Unterschiede zwischen den beiden Geschlechtern ist wegen der starken sozialen Gestaltung des jeweils «geschlechtstypischen» Verhaltens schwierig zu bestimmen (→ Geschlechtsrollen). In → Tests sind Männer meist in der groben Körperbewegung (die Kraft erfordert), räumlichen Orientierung und dem Verständnis für Mechanik überlegen, Frauen in der Wahrnehmungsgeschwindigkeit, Genauigkeit, Wortflüssigkeit. Ob es sich dabei um genetisch bedingte oder durch → Lernen erworbene Einflüsse handelt, ist ungeklärt und wohl eine unzutreffend gestellte Frage (→ Erbe/Umwelt-Problem). Die größere Körperkraft von Männern dürfte stark durch erbliche Einflüsse bestimmt sein; im übrigen kann man davon ausgehen, daß Männer und Frauen gleich intelligent sind.

Geschlechtsverkehr Vollzug einer sexuellen Beziehung durch Einführen des Gliedes in die Scheide und wechselseitige Reizung bis zum → Orgasmus eines oder beider Partner. In homosexuellen Beziehungen (→ Homosexualität), manchmal auch in Beziehungen zwischen Männern und Frauen, wird der normale Geschlechtsverkehr durch andere Formen ersetzt oder ergänzt. → Analverkehr, Cunnilingus, Fellatio.

Gestalt Schon früh wurde von Psychologen auf die «Ganzheit» als besondere Eigenschaft von Erlebnissen hingewiesen, die sich nicht aus dem Zusammenzählen einzelner Teile erklären lassen, sondern nur durch eine besondere innere Ordnung oder Struktur. Heute hat sich der Begriff der Gestalt als Verschärfung des Ganzheitsbegriffs durchgesetzt. Die Eigenart eines Ganzen kann einerseits schon durch relativ kleine Veränderungen vollkommen umgestaltet werden, andererseits bleibt sie in Änderungen, welche alle Teile betreffen (Austausch des Materials, Versetzung in andere Sinnesgebiete), oft in ihrer Eigenart erhalten. Man kann zum Beispiel einen Kreis durch eine kreisförmige Anordnung erhabener Punkte ersetzen, das Licht ausschalten, und die Versuchsperson äußern lassen, was sie ertastet: Es ist wieder ein Kreis, obwohl keine einzelne Empfindung gleich geblieben ist. Diese «übersummative», eine bloße Summe von Empfindungen übersteigende Beschaffenheit nennt man «Gestaltsqualität». Die Gestalt ist etwas anderes als die Summe der Teile, aus denen sie besteht. Ihr Einfluß ist mächtiger als die starre Zuordnung zwischen Reiz und → Empfindung. Die Annahme einer Beständigkeit (Konstanz) in dieser Beziehung muß aufgegeben werden. An ihre Stelle tritt das Streben zur «guten Gestalt», die das seelische Feld (→ Feldtheorie) möglichst prägnant gliedert, auch auf Kosten der «Richtigkeit» der → Wahrnehmung (→ optische Täuschung).

Gestaltpsychologie Von M. Wertheimer, W. Köhler, K. Koffka und K. Lewin begründete Schule der → Psychologie, die sich besonders mit der Erforschung von → Wahrnehmungsvorgängen, → Denken und später → Gruppendynamik befaßte.

Gestalttherapie Aus der → Gestaltpsychologie abgeleitete Form der → Psychotherapie, in der die → Verdrängung als «unerledigte Aufgabe» angesehen und mit Hilfe der intensiven Anleitungen des Therapeuten, sich im Hier und Jetzt der Gefühle und inneren Empfindungen voll bewußt zu sein, überwunden werden soll. Charakteristisch ist die gestalttherapeutische Form der → Traumdeutung, bei der sich der Träumer mit jedem Stück des Traumes eins fühlen und den Traum aus dieser Sicht

«Wasserfall», Lithographie von M. C. Escher, 1961: Trotz unmöglicher Konstruktion des Bauwerks versuchen wir, ein sinnvolles Ganzes, eine Gestalt wahrzunehmen.
Quelle: M. C. Escher «Grafik und Zeichnungen», Heinz Moos Verlag, Gräfelfing vor München, 1971

erzählen soll – als Zimmer, als Tisch, als Schlange . . ., um sich der darin liegenden verborgenen Seiten seiner Person bewußt zu werden. Formen der Gestalttherapie werden in → Encounter-Gruppen viel angewendet.

Gewissen Meist mit → Über-Ich gleichgesetzt. Von manchen Autoren aber als rationale oder religiös unterbaute Grundlage der → Moral von den unbewußten, oft unvernünftigen Eltern-Vorschriften, welche das Über-Ich aufbauen, abgegrenzt. Studien zur → Entwicklung des Gewissens (J. Piaget) haben gezeigt, daß in einer frühen Phase (bis etwa zum siebten oder achten Lebensjahr) Kinder grundsätzlich jede Regelverletzung bestrafen wollen, während die → Motive ohne Bedeutung sind (ein Kind, das eine große Vase versehentlich zerbricht, soll strenger bestraft werden als eines, das ein kleines Glas absichtlich zerbricht). Später gewinnen sie einen Begriff der Billigkeit und berücksichtigen mehr und mehr die gesamte Situation und die Motive des Regelverletzers.

Graphologie Kunde (griechisch logos) vom Schreiben (griechisch graphein). Neben den Aufgaben des Schriftsachverständigen (der besonders die Echtheit von Handschriften prüft) wird der Begriff in der Psychologie vor allem für die Versuche verwendet, aus der Handschrift Schlüsse auf die → Persönlichkeit zu ziehen. In ihrem wissenschaftlichen Wert ist die Graphologie bis heute umstritten; sie wird in der amerikanischen Psychologie, die in vielen anderen Bereichen die internationale Forschung bestimmt hat, als «nutzlose Methode» (J. P. Guilford) abgelehnt. Jedenfalls sollte die Graphologie nicht als einziges Verfahren angewendet werden, wenn es darum geht, Aufschluß über die → Persönlichkeit eines Menschen zu gewinnen (→ Tests). «Ferngutachten» (wenn zum Beispiel einem Graphologen die Handschriften eines Mannes und einer Frau vorgelegt werden und er ihre Persönlichkeit im Hinblick auf eine Ehe prüfen soll) sind vom wissenschaftlichen Standpunkt aus in ihrem Wert unbewiesen. Nachprüfungen haben gezeigt, daß im «Blindversuch» bereits dann große Irrtümer auftreten, wenn der Graphologe nur das Geschlecht des Schreibers bestimmen soll. Andererseits ist die Schrift sicherlich oft (nicht immer) ein wichtiger → Ausdruck der Persönlichkeit des Schreibers, wobei nach den wenigen genauer (statistisch) überprüften Untersuchungen vor allem Eigenschaften wie Steuerung, Selbstkontrolle und Störbarkeit abgelesen werden können.

Gruppe Ansammlung mehrerer unterscheidbarer Teile; in der Psychologie Ansammlung von Menschen, die sich entweder persönlich «von Angesicht zu Angesicht» (face-to-face) kennen oder durch Gemeinsamkeiten in irgendeiner Form miteinander verbunden sind (Vereinsmitglieder, Angehörige einer Partei). Gruppen sind für den Menschen von entscheidender Bedeutung; man unterscheidet dabei die erste Gruppe, die ein Mensch erfährt, als «Primärgruppe» (in unserer Gesellschaft meist die → Familie) von den «Sekundärgruppen» des späteren Lebens: Schulklasse, Verein oder Arbeitsgruppe im Betrieb. Eine weitere Unterscheidung ist die zwischen formellen Gruppen, deren Zusammensetzung und Tätigkeit durch Vorschriften oder soziale Einrichtungen geregelt sind, und informellen Gruppen, die auf Grund persönlicher, gefühlshafter Beziehungen entstehen.

Gruppenarbeit Zusammenwirken mehrerer Personen in der Ausführung von Aufgaben. In der → Erziehung, vor allem in der Schule, ist damit – im Gegensatz zum «Frontalunterricht» (der Lehrer spricht zu allen Schülern) – die Arbeit in kleinen Gruppen gemeint, in denen der Stoff unter Aufsicht und mit Unterstützung des Lehrers erarbeitet wird. Diese Unterrichtsform setzt sich an den Schulen und an der Universität mehr und mehr durch. Sie kennzeichnet auch den Übergang von einem mehr autoritär (→ Autorität) orientierten zu einem auf Zusammenarbeit abgestellten Vorgehen in der Menschenführung. Viele wissenschaftliche und technische Probleme, aber auch Dienstleistungen (Krankenhaus, Theater, Schule) sind ohne das Zusammenwirken verschiedener Spezialisten mit jeweils besonderen Aufgaben gar nicht mehr lösbar (Teamwork).

Gruppendynamik Lehre von den Kräften (griechisch dynamis), die in Gruppen entstehen und von Gruppen auf deren Mitglieder ausgeübt werden. Der Ausdruck wurde 1936 von K. Lewin geprägt, der damals nachweisen konnte, daß die Besprechung eines Themas in Gruppen mit anschließender Beschlußfassung ein wirksameres Mittel ist, → Einstellungen zu verändern, als der Vortrag eines anerkannten Fachmanns. Schon vorher, unabhängig von Lewin, hatten verschiedene Therapeuten Gruppenvorgänge in der → Psychotherapie eingesetzt (→ Gruppentherapie). Einige Gesichtspunkte der Gruppendynamik sind:

1. Wie entstehen Gruppen? Die Passagiere eines Flugzeugs sind noch keine Gruppe, sondern eine reine Menschenansammlung, unter denen einige Untergruppen (wie Ehepaare oder Geschäftspartner) sind. Wenn das Flugzeug notlanden muß, bildet die gemeinsame Aufgabe, zu überleben und einen Ausweg zu finden, sehr rasch eine Gruppe mit einer inneren Ordnung (Struktur), verschiedenen → Rollen und einem oder mehreren Führern. Gruppen entstehen durch gemeinsame Aufgaben und Ziele, durch längere Bekanntschaft, durch gefühlsbetonte Wahlen.

2. Was hält Gruppen zusammen? Im Fall der notgelandeten Flugzeugpassagiere die gemeinsame Aufgabe; wenn ein Rettungsflugzeug kommt, verliert die bisherige Gruppe wieder ihre Ordnung. Allgemein schafft das Zusammensein auch das Gefühl der Zusammengehörigkeit. Eine Gruppengrenze bildet sich, die das «wir» von «denen da» trennt, und «denen da» meist schlechtere Eigenschaften zuschreibt als dem «wir» (die Parallelklasse ist schon nach den ersten Schulwochen «blöd», obwohl sich die «nicht blöden» Mitglieder der A-Klasse erst seit einigen Tagen kennen).

3. Was schafft Zusammenhalt zwischen feindlichen Untergruppen? Eine gemeinsame Aufgabe, eine gemeinsame Gefahr, kurz jedes übergreifende Ziel, das die Wettbewerbssituation unterbricht.

4. Die Übereinstimmung in einer Gruppe ist ein sehr mächtiges seelisches Druckmittel zur Überzeugung des einzelnen Mitglieds, das eine abweichende Ansicht hat. Diesen Einfluß machen sich die → Gruppentherapie, aber auch die politische Belehrung und die religiöse Bekehrung zunutze.

5. Führungsstile in Gruppen. Hier sind vor allem → autoritäre, demokratische und gleichgültige Verhaltensweisen des → Führers untersucht worden. Eine andere Einteilung unterscheidet den autoritären vom sozial-integrativen (einordnenden) Führungsstil (→ Erziehung). Bei diesem machen sich gegenüber dem autoritären Führungsstil, bei dem der Führer alle Handlungen festlegt und nach Maßstäben beurteilt, die den Gruppenmitgliedern nicht bekannt

sind, folgende Veränderungen bemerkbar: Die Leistung wird bei gleicher Menge in der Beschaffenheit besser, schöpferischer und vielfältiger. Durch die zurückhaltende, freundliche und teilnehmende Art des Führers wird selbständiger gearbeitet und treten mehr eigene Beiträge an die Stelle vorsichtigen Abwartens. Die Beziehungen zwischen den Gruppenmitgliedern sind eher durch Zusammenarbeit als durch Wettbewerb und Aggressionen gekennzeichnet.

Gruppensex Sexuelle Beziehungen (→ Geschlechtsverkehr) zwischen mehr als zwei Beteiligten. Die Partner können dabei getauscht werden oder auch nicht; bedeutsam ist das Heraustreten aus der → Intimsphäre, in der sich Sexualität sonst abspielt. In vielen Primitivkulturen nur in Verbindung mit religiös begründeten Festen (Orgien) erlaubt.

Gruppentherapie → Psychotherapie in einer Gruppensituation. Es gibt viele verschiedene Verfahren; die wichtigsten sind:
1. Lehrende und übende Heilverfahren in Gruppen. Hier werden die Gruppenmitglieder zusammen angeleitet, bestimmte Übungen zu vollziehen, etwa das → autogene Training.
2. Therapie in der Gruppe. Hier wird vor der Gruppe in einer mehr oder weniger einem einzeltherapeutischen Verfahren ähnlichen Form mit dem Patienten gearbeitet, der sich «gemeldet hat». Die Gruppenmitglieder können sich spontan beteiligen oder gelegentlich auch die Rolle von Co-Therapeuten (Helfern des Therapeuten) übernehmen. In der → Gestalttherapie arbeitet der Therapeut auf diese Weise, ähnlich in der → Transaktionsanalyse.
3. Die von selbst ablaufenden (spontanen) gruppendynamischen Vorgänge in einer Therapiegruppe werden vor allem in der analytischen Gruppenpsychotherapie eingesetzt. Hier versteht sich der Leiter als teilnehmender Beobachter an dem Gruppengeschehen, der versucht, therapeutisch für eine Erweiterung des → Ich durch → Einsicht nutzbar zu machen, was in der Gruppe geschieht. Er fordert die Teilnehmer zu Beginn meist nur auf, ihre Gefühle und Eindrücke möglichst offen auszusprechen, und wartet dann ab, was in der Gruppe geschieht. Er greift nur ein, wenn sich Gelegenheit zu einer → Deutung ergibt oder besondere Verhaltensweisen von Gruppenmitgliedern (starke Erregung, Angst, heftige, zerstörerische Aggression, deutliches Ausweichen vor einem wichtigen Thema) sein Eingreifen erfordern, damit der Gruppenprozeß als Ganzer weiterlaufen kann.
4. Aktionsgruppen. Hier werden → Konflikte und belastende Situationen aus Vergangenheit (Kindheit) und Gegenwart nicht durch Sprechen geklärt, sondern durch Ausspielen in der Art eines Seelentheaters (→ Psychodrama). Der Leiter wirkt wie ein Spielführer, er kann die Szenen beschreiben, die Rollen besetzen (besser, die Gruppenmitglieder bitten, sich zur Verfügung zu stellen), den Ablauf bestimmen (etwa: das «Kind» soll mit dem «Vater» die Rolle tauschen, um auf diese Weise dessen verborgene Gefühle zu erkennen und zu verstehen).

Gruppentraining Unter verschiedenen Bezeichnungen (→ Sensitivitätstraining, → Encounter, → Marathon, → Gestalttherapie, → Psychodrama, → Transaktionsanalyse, → Gruppendynamik, T-Gruppe) seit dem zweiten Weltkrieg entwickelte Verfahren, in der Erwachsenenbildung nicht nur Wissen zu vermitteln, sondern Persönlichkeitseigenschaften zu überprüfen und zu verändern.

Guru Aus Indien stammender Ausdruck für Lehrer, Meister. Viele wesentliche Inhalte asiatischer Lehren (Yoga, buddhistische → Meditation) lassen sich nur durch persönlichen Unterricht bei einem Guru erwerben. Da weltliche Geltung und Gelderwerb in der Regel nicht Inhalte der östlichen Guru-Tradition sind, ist Mißtrauen gegenüber den in westlichen Zivilisationen auftretenden indischen Gurus angebracht.

H

Hackordnung Ausdruck für Rangordnungen bei Tieren, zuerst an Hühnern entdeckt. Solche tierischen Hackordnungen (Dominanzordnungen) sind dadurch gekennzeichnet, daß in der Tiergruppe genau festgelegt ist, welches Huhn welches andere hacken darf. Am oberen Ende steht das «Despothuhn», das alle übrigen hacken kann, am unteren ein Prügelknabe, der sich meist mit zerzausten Federn irgendwo am Rand herumdrückt. Hackordnungen sind manchmal nicht folgerichtig: Huhn A hackt Huhn B, dieses Huhn C, aber C hackt A. Das erklärt sich daraus, daß sie aus den Ergebnissen von Einzelkämpfen aufgebaut sind. Ihre Aufgabe ist es, dauerndes Kämpfen mit den daraus folgenden schädlichen Wirkungen auf die Gruppe zu vermeiden: Jedes Tier weiß, welchen anderen es aus dem Weg gehen muß.
Es ist nicht sinnvoll, von menschlichen Hackordnungen zu sprechen, weil alle menschlichen Gruppen (und übrigens auch schon Affengruppen) mit dem groben Werkzeug einer Dominanzordnung nicht verstanden werden können. → Rolle, Gruppendynamik, Rangordnung.

Halluzination Wahnwahrnehmung; es gibt optische (Sehen von Bildern) oder akustische (Hören von Stimmen) Halluzinationen, die von den Betroffenen als wirklich angesehen werden, aber keine objektive Wirklichkeit besitzen.

Haß Feindseliger → Affekt. Von Haß bestimmte → Aggression ist eine allein dem Menschen eigene Verhaltensweise, die im Zusammenhang mit Kränkungen im Werterleben (→ Narzißmus) auftritt und zu besonders heftigen Zerstörungen führt. Beispiele dafür sind Religionskriege oder ideologisch begründete Auseinandersetzungen.

Hedonismus (griechisch hedone = Freude, Lust) Weltanschauung, welche die → Motive der Menschen und den Sinn ihres Lebens auf das Streben nach Lust zurückführt.

Heißer Stuhl Ausdruck der → Gestalttherapie. Wer auf dem «heißen Stuhl» sitzt, den der Therapeut neben sich stellt, erklärt sich bereit, daß dieser (und die Gruppe) sich mit ihm beschäftigen. Im → Sensitivitätstraining gelegentlich als → Feedback-Übung verwendet. Jedes Gruppenmitglied sagt dem, der sich auf den «heißen Stuhl» setzt, die ihm gegenüber empfundenen Gefühle oder nennt eine positive und eine negative Eigenschaft.

Hemmung Einschränkung der an sich einem Menschen möglichen Verhaltensweisen. Jemand ist zum Beispiel zu gehemmt, um eine Beziehung zu einem Partner des anderen Geschlechts anzuknüpfen (sexuelle Hemmung, die sich auch als → Impotenz äußern kann). Es gibt soziale Hemmungen, Lernhemmungen, Arbeitshemmungen, aber auch Hemmungen, sich zu entspannen und zu freuen. In jeder Gesellschaft gelten dabei bestimmte Hemmungen als «normal», andere als «anormal»; (die Hemmung, bei Tisch zu rülpsen, gilt in Europa als normal, in China vor Einfüh-

rung der europäischen Sitten als nicht normal). Hemmungen werden meist in der Kindheit als unmittelbare Folge einer einschränkenden → Erziehung oder als → Abwehr angsteinflößender Situationen ausgebildet.
In einer engeren, von der Nervenforschung (Neurologie) hergeleiteten Bedeutung bezieht sich Hemmung auf die Unterdrückung nervöser Abläufe im Gegensatz zur Erregung.

Herzneurose Krankheit mit oft anfallartig auftretenden Herzschmerzen, Herzstechen, Druckgefühl, heftigem Herzklopfen und → Angst, die meist darauf bezogen wird, das Herz könnte stehenbleiben. Objektiv nachweisbare Zeichen eines Herzleidens fehlen oder sind nicht eindeutig (etwa ein Elektrokardiogramm, das unterschiedlich gedeutet werden kann). Die Patienten bemühen sich oft heftig, die seelische Entstehung ihres Leidens zu verleugnen, und bewerten kleine Anzeichen (wie die Verschreibung eines «Herzmittels» durch den Arzt) als Hinweis, daß man ihnen über die «wahre» Natur ihrer Erkrankung nichts sage. Die Ursache der Herzneurosen sind meist unbewußte seelische → Konflikte. → Neurose

Homosexualität Im Verhalten erkennbare, bis zu gegenseitiger sexueller Reizung und Befriedigung gesteigerte gleichgeschlechtliche Beziehung. Bei den meisten Menschen sind in irgendeiner Form (Phantasien, Träume, Verhalten in der Kindheit) Neigungen zur → Bisexualität nachzuweisen. Wegen der in den westlichen Industriegesellschaften lange Zeit bestehenden Situation ist die Homosexualität zwischen Männern psychologisch weit mehr erforscht worden als die zwischen Frauen; → Verdrängung von homosexuellen Neigungen spielt in der Entstehung von → Neurosen eine sehr wichtige Rolle. Die Ursachen der Homosexualität sind noch nicht voll geklärt. Wie überall, ist auch hier keine eindeutige Entscheidung einer Frage nach dem → Erbe/Umwelt-Problem sinnvoll. Wahrscheinlich wirken eine vorgegebene Veranlagung zur → Bisexualität, die stärker als im Regelfall ausgeprägt ist, Einflüsse der frühkindlichen Umwelt, Vorbilder im Jugendalter, Verführung und kulturelle Bewertung homosexuellen Verhaltens zusammen. In der Vorgeschichte von homosexuellen Männern (umgangssprachlich «Schwule») läßt sich häufig eine → Familie nachweisen, in der ein schwacher, zurückgezogener Vater und eine starke Mutter, welche das Geschehen in der Erziehung und im Familienalltag beherrscht, dem Kind keine sinnvollen männlichen → Identifizierungen anboten. → Fellatio, Analverkehr, Perversion

Hormon Körpereigener Stoff, der von bestimmten Drüsen (Hoden, Nebennieren, Schilddrüse, Hirnanhangdrüse) hergestellt und unmittelbar in die Blutbahn abgegeben wird, wo er die Körpergebiete und Organe erreicht, auf die er seine Wirkung ausübt. Die gesteigerte Absonderung (Exkretion) von männlichem Geschlechtshormon (Testosteron) während der Pubertät führt zur Ausbildung sekundärer Geschlechtsmerkmale wie vermehrtem Haarwachstum im Gesicht (Bart) und der Schamgegend (Schamhaare) oder der tieferen Stimme.

Hospitalismus (psychischer) Unter Hospitalismus versteht man Zustände, die durch den Aufenthalt in Krankenhäusern ausgelöst werden, etwa die Ansteckung mit Keimen, die gegen Antibiotika widerstandsfähig geworden sind. Seelischer Hospitalismus ist vor allem an Säuglingen und Kleinkindern beschrieben worden, die längere Zeit in Heimen verbrachten. Da dort keine persönliche, dem einzelnen Kind geltende Zuwendung möglich und die Umgebung höchst eintönig ist, verkümmern viele dieser Kinder in ihrer Fähigkeit, Gefühlsbindungen zu anderen Menschen zu entwickeln, aber auch in ihren geistigen Fortschritten (sie können manchmal mit vier Jahren noch nicht gehen und sprechen). Eine andere Form des seelischen Hospitalismus ist die «Verödung» oder «geistige Versandung» von → Schizophrenie-Kranken in schlechtgeführten Anstalten, wo sie in einem eintönigen, auf Verwahrung abgestellten Betrieb seelisch verkümmern.

Humanistische Psychologie Richtung der amerikanischen Psychologie, die sich gegen den dort herrschenden → Behaviorismus wendet und damit Überlieferungen der europäischen → geisteswissenschaftlichen Psychologie aufgreift: Selbstbeobachtung (→ Phänomenologie), Betonung der besonderen menschlichen Fähigkeiten zu seelischer → Einsicht (→ Denken) und zur Entwicklung schöpferischer Persönlichkeitseigenschaften. Führende Vertreter sind E. Fromm, Ch. Bühler, C. Rogers, A. Maslow, R. May.

Hypnose Zustand geänderter Aufmerksamkeit bei einem Menschen, der entweder selbständig (Autohypnose) oder in der Mehrzahl der Fälle durch die Einwirkung einer anderen Person herbeigeführt wird. Um eine Hypnose einzuleiten, werden meist fortlaufend wiederholte → Suggestionen verwendet, die darauf abzielen, Entspannung, Aufmerksamkeit auf die Stimme des Hypnotiseurs («Sie hören nur noch meine Stimme»), Müdigkeit, Schließen der Augen zu bewirken. Diesen Vorgang nennt man Induktion (= Herbeiführen) der Hypnose. Er gelingt bei etwa 10 Prozent der europäischen Erwachsenen überhaupt nicht, während die «tiefen» Stadien der Hypnose bei 20 bis 30 Prozent erreicht werden. Patienten, bei denen diese Hypnose gelingt, sind besonders empfänglich für Suggestionen. Ist eine Hypnose einmal eingeleitet, kann man für spätere Induktionen der Hypnose ein Zeichen vereinbaren, das den Prozeß der Einleitung verkürzt. Im Gegensatz zu manchen Filmszenen und Romanberichten ist es fast nie möglich, einen Menschen gegen seinen Willen zu hypnotisieren. Andererseits ist leichte Hypnotisierbarkeit nicht das Zeichen von Willensschwäche, sondern hängt mit lebhafter → Phantasie, Art der → Intelligenz, und einer positiven Einstellung zu dem Gedanken, hypnotisiert zu werden, zusammen.

Die Zeitspanne der Einleitung einer Hypnose ist abgeschlossen, wenn die Versuchsperson bereitwillig alle Aufforderungen des Leiters zu verwirklichen sucht. Die menschlichen Fähigkeiten übersteigen dann häufig das, was bei wachbewußtem Zustand möglich ist. Die Körperkraft ist gesteigert; Muskeln können länger gespannt gehalten werden, so daß sich Lähmungen darstellen lassen. Die Reaktionen auf Suggestionen greifen tief in körperliche Vorgänge ein. Sagt man einem Hypnotisierten, er würde essen, dann deuten nicht nur die persönlichen Aussagen auf Sättigung, sondern auch die Hungerkontraktionen des Magens hören auf, Magensäure wird vermehrt abgesondert. Nach der suggerierten Zufuhr von bestimmten Speisen verändert sich die Produktion von Verdauungsstoffen (Enzymen wie Pepsin, Trypsin, Lipase und Maltose) entsprechend. Suggeriert man Schmerzlosigkeit, dann empfindet der Proband nicht nur keinen Schmerz, wenn man ihn mit einer Nadel sticht oder eine chirurgische Operation durchführt, sondern auch die körperlichen Schmerzreaktionen werden aufgehoben

(zum Beispiel verringerter Hautwiderstand gegen elektrischen Strom).
In Hypnose können verschiedene Persönlichkeitsänderungen erzeugt werden; Regressionen zu früheren Altersstufen, wobei manchmal → Reflexe auftreten, die für Neugeborene typisch sind, oder die Versuchspersonen wie als Babies wieder einkoten. Manchmal gelingt es auf diese Weise, verschüttete Kindheitserinnerungen ans Licht zu bringen. Stimmungsänderungen lassen sich ebenfalls relativ leicht erzeugen, doch halten sie – ebenso wie Verhaltensänderungen (Aufgeben des Rauchens) – nicht lange an; man muß dann unter Umständen die Hypnose täglich wiederholen. Eine Verbindung von Hypnose und → Psychoanalyse, wobei die Hypnose den Zugang zum Unbewußten erleichtern soll, nennt man Hypnoanalyse. In der Zahnmedizin und der Chirurgie bedient man sich vielfach der Hypnose, um Schmerzfreiheit bei Eingriffen und Operationen in Fällen zu erreichen, wo eine Betäubung mit chemischen Mitteln gefährlich wäre. Die Entstehung der Hypnose ist noch nicht geklärt. Sie ist kein Schlafzustand (griechisch hypnos = Schlaf), wie frühere Untersucher annahmen, sondern eher ein Zustand ausschnitthafter Wachheit, gesteigerter Empfänglichkeit für Suggestionen, den man auch mit anderen Formen der Hingabe, zum Beispiel in der Verliebtheit, vergleichen kann.

Hysterie Form der → Neurose vom griechischen hysteron = Gebärmutter abgeleitet (eine im Altertum geläufige Erklärung der Hysterie besagte, daß bei diesen Kranken – immer Frauen – die Gebärmutter im Körper herumkrieche und bald dieses, bald jenes Organ befalle). Vor allem der → Psychoanalyse ist die Einsicht zu danken, daß die Hysterie eine in unbewußten, seelischen → Konflikten wurzelnde Krankheit ist. Die früheren körperlichen Erklärungen erwiesen sich ebenso als unbegründet wie die Vermutung einer angeborenen Nervenschwäche. Die Krankheitszeichen (Symptome) der Hysterie sind sehr vielgestaltig; Dämmerzustände, Wahnvorstellungen, → Epilepsie-ähnliche Anfälle, Wein- und Schreikrämpfe (die sich stets nur in Gegenwart anderer Personen ereignen), Störungen verschiedener Sinne (Blindheit, Taubheit), Lähmungen, Zittern, Nicht-stehen- und Nicht-gehen-Können gehören zu ihnen, ebenso auch Beschwerden, die bekannten körperlichen Krankheiten ähneln (Herzanfälle, Magenleiden, Gallenkoliken).
Hysterie und «eingebildete» Krankheit. Im allgemeinen Sprachgebrauch nennt man «hysterisch» abschätzig ein Verhalten, in dem Schmerzen, Erlebnisse, Gefühle unserem Gefühl nach übertrieben ausgedrückt und «vorgezeigt» werden (demonstratives Verhalten, Sich-zur-Schau-Stellen). Man spricht auch von «eingebildeten Kranken» und meint damit Menschen, denen trotz ihrer eindrucksvollen Leidensschilderungen «in Wirklichkeit nichts fehlt». Hier ist es nötig, zwischen Hysterie und → Simulation zu unterscheiden. In der Hysterie empfindet der Kranke wirklich die Schmerzen seines Leidens und er drückt sie so deutlich aus, um die Zuwendung seiner Umwelt zu erhalten, die ihm häufig in der Kindheit fehlte, oder die er damals nur mit ähnlichen Mitteln erreichte. In der → Simulation wird eine Krankheit bewußt vorgetäuscht. Zum Beispiel um sich der Wehrpflicht zu entziehen. Gelegentlich kann zur hysterischen → Neurose noch eine Simulation hinzutreten, wenn der Kranke nach dem Motto «Mir glaubt ja sonst doch keiner» bewußt zusätzliche Einzelheiten erfindet, um eine an sich in unbewußten → Motiven wurzelnde Situation glaubhaft zu machen.
Ursachen. Nach der → Psychoanalyse

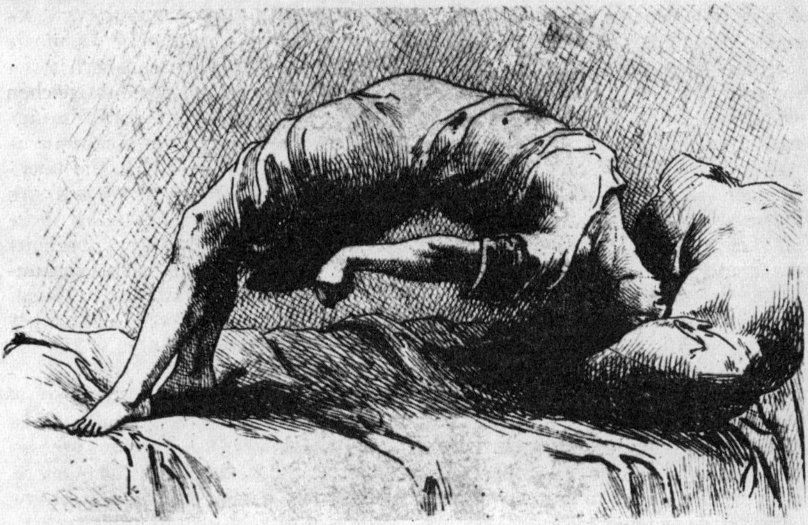

Hysterischer Anfall.

wurzelt die Hysterie in Verdrängungen aus der Zeit des → Ödipuskomplexes (Alter von drei bis sechs Jahren). Wenn diese Urverdrängungen durch seelische → Konflikte des späteren Lebens (vom Beginn der Pubertät an) erneut belastet werden, treten die → Symptome als «fauler Kompromiß», als die Lebenstüchtigkeit beeinträchtigender Mittelweg auf.

Gruppen-Aspekte. Hysterische Menschen tragen oft kindliche Entschlüsse (→ Transaktionsanalyse) in sich, die etwa so lauten: «Niemand hört auf mich, wenn ich nicht übertreibe», «Es ist sinnlos, sich anzustrengen, man muß Glück haben und den Augenblick genießen!» Diese inneren Formeln entsprechen einer Reaktion auf eine → Familie, in der die Eltern launenhaft sind und von ihren Kindern verlangen, nach außen bestimmte → Rollen zu spielen. Die Rolle des «Kranken» bietet sich an, wenn andere Möglichkeiten, genügend Geltung zu erlangen, verschlossen scheinen (häufig durch überhöhte Ansprüche an die eigene Person). Sie verbindet vermehrte Zuwendung von außen mit einem Schutz des Selbstgefühls («Ich wäre ja ein großer Künstler, aber weil ich krank bin . . .») und einer Selbstbestrafung, die das → Über-Ich zufriedenstellt.

I

Ich Der Begriff entsteht zu einem Zeitpunkt der seelischen → Entwicklung, an dem das Kind fähig wird, sich selbst als etwas zu erleben, das von anderen verschieden ist und eigene → Bedürfnisse zu befriedigen sucht, die es sprachlich äußern lernt. In der → Psychoanalyse wird der Ich-Begriff verwendet, um eine innere Instanz zu kennzeichnen, die im Dienste der → Anpassung an die Außenwelt versucht, die triebhaften Wünsche des → Es und die durch → Identifizierung mit den → Eltern aufgenommenen Ge- und Verbote des → Über-Ich mit den tatsächlich bestehenden Lebensmöglichkeiten in Einklang zu bringen. Gegen die Triebansprüche und gegen manche Über-Ich-Verbote schützt sich das Ich durch die → Abwehrmechanismen. Der wichtige Abwehrteil des Ich liegt somit im → Unbewußten; Ich und Bewußtsein sind nach der Lehre der Psychoanalyse nicht dasselbe. Während Freud noch annahm, daß das Ich aus dem Es in der Art einer Rindenschicht hervorgeht, sprechen manche Psychoanalytiker heute von angeborenen, selbstbestimmenden (autonomen) Ich-Fähigkeiten, manche sogar von einer ursprünglich dem Ich dienenden Energie (→ Neugieraktivität), während Freud annahm, daß alle Ich-Energie den Trieben im Es abgerungen werden müsse.

Ich-Funktion Leistung oder Fähigkeit des → Ich, wie → Intelligenz, → Wahrnehmung, → Denken, aber auch → Abwehr. Man unterscheidet zwischen vorgegebenen (primär autonomen) Ich-Funktionen, die zur ererbten Ausrüstung des Organismus gehören, und sekundär autonomen Ich-Funktionen, die sich erst im Lauf der → Entwicklung herausbilden (dazu gehören Leistungen, die auf → Sublimierung beruhen).

Ich-Ideal Im Laufe der → Entwicklung ausgebildetes, persönliches Bild des richtigen Verhaltens und Erlebens, oft einer wirklichen Person nachgezeichnet; angestrebte Seite des → Über-Ich. Ein Mißverhältnis (Diskrepanz) zwischen dem tatsächlichen → Ich und dem Ich-Ideal ist eine häufige Ursache neurotischer Spannungen und → Depressionen. Das Ich-Ideal kann die Entwicklung fördern oder lähmen, je nachdem, ob es realistisch oder unrealistisch ist. Es kann einen Künstler dazu führen, sich allmählich bis zu den Grenzen seiner Möglichkeiten zu vervollkommnen. Wenn es aber unrealistisch und überhöht ist, wird er eine Arbeitshemmung entwickeln, so daß er sich selbst nicht erreicht. Wer auf Grund eines überhöhten Ich-Ideals zuviel von sich fordert, bringt nicht annähernd das zustande, was er leisten könnte, wenn er weniger von sich fordern würde.

Ich-Stärke Leistungsfähigkeit des → Ich in der → Anpassung an die Wirklichkeit und in der Verarbeitung innerer und äußerer Belastungen. Mangelnde Ich-Stärke ist eine Entstehungsbedingung von → Neurosen und → Psychosen.

Ich-Triebe Auf die Selbsterhaltung und verwandte → Motive gerichtete → Triebe. Von Freud den Sexualtrieben (→ Libido) gegenübergestellt.

Idealisierung Vorgang, durch den ein anderer Mensch oder ein gesellschaftlicher Wert zum → Ich-Ideal erhoben wird. → Narzißmus.

Identifikation, Identifizierung Verinnerlichung eines anderen Menschen. Das menschliche Gehirn ist ein so empfindlicher und umfassender Steuerungsapparat, daß es wahrscheinlich die Reizfülle von innen und außen nicht bewältigen könnte, wenn es nicht fähig wäre, von anderen Menschen bereits vorgeformte → Gestalten der Bewältigung von Situationen zu übernehmen. Den Vorgang dieser Übernahme nennen wir Identifizierung. In ihr wird ein Mensch so wie ein anderer, zu dem er augenblicklich eine Beziehung hat. Eine Identifizierung ist selten vollständig (→

Introjektion); sie kann bewunderte wie abgelehnte Züge der Person, die nachgeahmt wird, enthalten (→ Identifizierung mit dem Angreifer). Das menschliche → Ich und → Über-Ich werden weitgehend durch Identifizierung aufgebaut; die Lösung des → Ödipuskomplexes durch Identifizierung läßt sich in folgende Formel fassen: «Wenn ich schon nicht den Vater besiegen und die Mutter ganz für mich haben kann, dann will ich wenigstens werden wie er!» Identifizierung ist mehr als → Nachahmung; neben den Kopien des Verhaltens der betroffenen Person enthält sie auch den Ansatz: «Was würde X in dieser Situation tun?» und «Wie würde X diese Situation erleben?»

Identifizierung mit dem Angreifer Sonderform der → Identifizierung, in der nicht ein bewunderter Mensch zum Vorbild genommen wird, sondern ein gehaßter oder gefürchteter (→ Autoritäre Persönlichkeit). Ein Kind zum Beispiel ahmt den Gesichtsausdruck des Lehrers nach, vor dem es besondere Angst hat, oder ein Lehrer kopiert die Ausdrucksweise eines Vorgesetzten, den er zutiefst haßt. Diese Form der Identifizierung ist ein → Abwehrmechanismus. Durch die Verschmelzung mit dem angsteinflößenden Angreifer wird Angst vermindert. Als Kinder fürchten wir unsere Eltern, und als Erwachsene entdecken wir, daß wir geworden sind wie sie.

Identität Gleichheit, Entsprechung; als Abkürzung von Ich-Identität (E. H. Erikson) das Gefühl einer Einheit zwischen Selbstbild, sozialer Aufgabe und Anerkennung durch bedeutsame Bezugspersonen, das dem Empfinden hinreichender Selbstverwirklichung entspricht.

Identitätskrise Krisenhafte Verunsicherung der → Identität. Sie kann auftreten vor einem Berufswechsel, einer Änderung der religiösen oder politischen Orientierung, einer Ehescheidung.

Ideologie Weltanschauung und Handlungsanleitung, die im Gegensatz zur Religion sich nicht auf übernatürliche Offenbarung, sondern auf vernünftige Verarbeitung der Wirklichkeit beruft, zum Beispiel die marxistische Ideologie. Die Ideologiekritik kann sich nur als Aufdecken unbewußter Ideologie verstehen; wer sich selbst eine «ideologiefreie» oder «rein wissenschaftliche» Grundlage zubilligt, ist sich seiner Ideologie in der Regel nicht bewußt. In der → Psychoanalyse wird Ideologie manchmal als Sonderform der → Rationalisierung angesprochen.

Idiotie Schwerster Grad von → Geistesschwäche; Idioten sind kaum bildungsfähig, können keine berufliche Tätigkeit auch einfachster Art ausführen, werden oft nicht sauber und lernen nicht sprechen.

Illusion Im Unterschied zur → Halluzination, bei der Nicht-Vorhandenes wahrgenommen wird, die Verkennung eines an sich vorhandenen Gegenstandes oder die Erklärung eines in der Phantasie vorhandenen Gegenstandes für wirklich (in diesem Sinn hielt S. Freud die Religion für eine Illusion).

Image Englisch für Bild, Vorstellungsbild. Gesamtheit von Gedanken, Gefühlen und Vorurteilen, die mit einem Gegenstand der sozialen Wahrnehmung verknüpft sind.

Imago Lateinisch für Bild; in der → Psychoanalyse die Vorstellungsbilder wichtiger Bezugspersonen der Kindheit (Vater-Imago, Mutter-Imago).

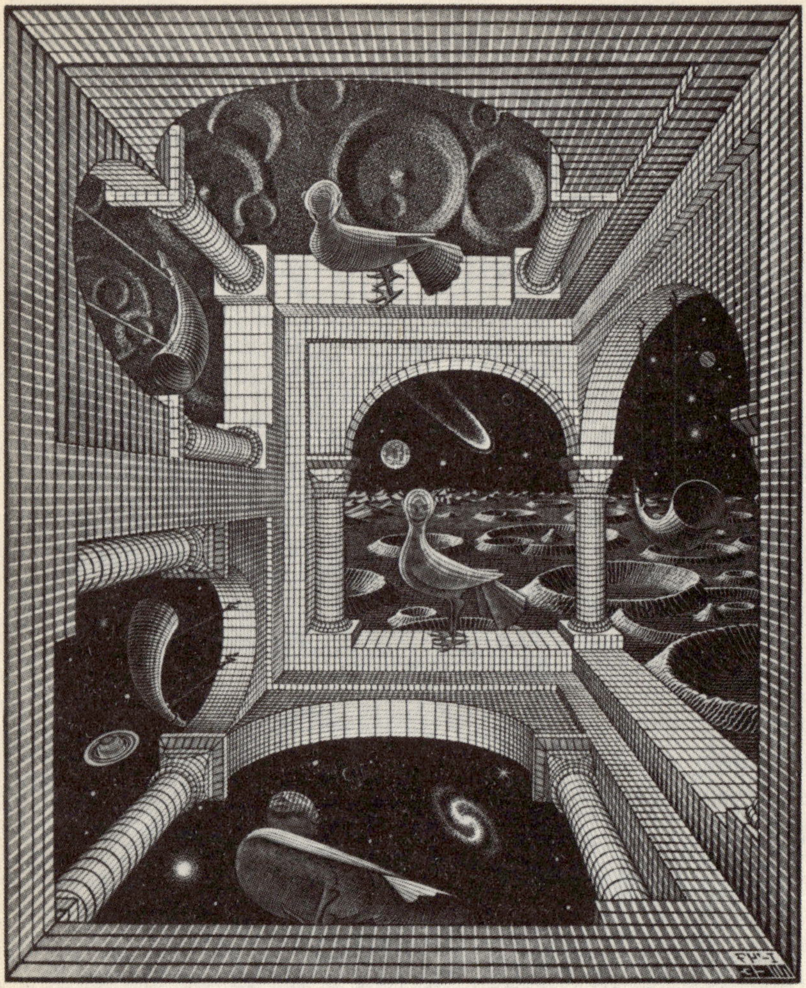

«Andere Welt», Holzstich von M. C. Escher, 1947: Mit den perspektivischen Mitteln der Tiefenillusion wird der Widerspruch von Raum und Zeit dargestellt.
Quelle: M. C. Escher «Grafik und Zeichnungen», Heinz Moos Verlag, Gräfelfing vor München, 1971

Imbezillität Mittlerer Grad von → Geistesschwäche: der Imbezille ist in Grenzen bildbar, also kein Idiot (→ Idiotie), aber nicht fähig, selbständig zu leben.

Impotenz Unfähigkeit, Ohnmacht. Meist für die Unfähigkeit gebraucht, den Geschlechtsakt zu vollziehen (weibliche Impotenz → Frigidität). Man unterscheidet dabei die vollständige Impotenz (dem Betroffenen ist noch nie ein → Geschlechtsverkehr gelungen) von der teilweisen (in bestimmten Situationen und bei bestimmten Partnern versagt die Potenz), ferner die erektive Impotenz (es kommt zu keiner ausreichenden Steifung des Glieds) von der orgasmischen Impotenz (es tritt keine Befriedigung ein, → Orgasmus). Impotenz ist meistens seelisch bedingt (etwa 95 Prozent der Fälle); gelegentliches Versagen oder Versagen beim ersten Versuch eines → Geschlechtsverkehrs sind sehr häufig und beruhen meist auf einer starken Erwartungsangst. Die ängstliche Beobachtung, ob die Erektion nun kommt und ausreichend bleibt, stört den natürlichen Ablauf. Diese Angst kann sich in einem zweiten Schritt einschleifen, weil der Geschlechtsverkehr das letzte Mal mißlang. Die Abhilfe ist ein völliger Verzicht auf erneute Versuche, bis genügend Sicherheit und Gelassenheit im körperlichen → Kontakt mit dem Sexualpartner gewonnen sind.

Individualität Unteilbarkeit, Einzigartigkeit der Persönlichkeit.

Individualpsychologie Sammelbegriff für die Lehre von A. Adler, einem Schüler von S. Freud. Adler betonte das → Ich und die sozialen → Antriebe, wo Freud die Sexualität und die Triebgrundlagen des → Es hervorhob. Menschliche Grundtriebfeder ist für Adler das Gemeinschaftsgefühl, grundlegendes Geschehen in der → Neurose der Ausgleich von → Minderwertigkeitsgefühlen, die zu einem Streben nach Macht und anderen «Arrangements», künstlichen Einrichtungen und Verhaltensweisen führen, etwa auch neurotischen → Symptomen. Wer sich minderwertig fühlt und keine andere Möglichkeit mehr finden kann, Macht und Geltung zu gewinnen, greift auf eindrucksvolle Krankheiten zurück (→ Hysterie), um sich durchzusetzen. Freud sprach hier vom → sekundären Krankheitsgewinn. Die Individualpsychologie hat nicht nur die → Psychotherapie weit über den Rahmen der unmittelbaren Anhänger Adlers hinaus beeinflußt, sondern auch die → Erziehung und die Sozialarbeit.

Individuation Reifung und Verwirklichung der menschlichen Persönlichkeit. Der von C. G. Jung geprägte Ausdruck bezeichnet die Umwandlung der im → kollektiven Unbewußten angelegten → Archetypen und → Triebe in das einzigartige, nur der betreffenden Person eigene → Selbst.

Innere Instanz Gruppe seelischer Vorgänge, die so viele Gemeinsamkeiten aufweisen, daß man sie als innere Funktionseinheit ansprechen kann. Der Ausdruck wird vor allem für → Es, → Ich und → Über-Ich in der → Psychoanalyse gebraucht.

Inspiration Begeisterung; Zustand erhöhter seelischer oder körperlicher Leistungsfähigkeit, etwa bei einem Künstler, der über seiner Arbeit Essen und Trinken vergißt. Inspiration kann als «→ Regression im Dienst des → Ich» aufgefaßt werden: Ein innerer Zustand wird hergestellt, in dem die unbefangen-schöpferische Haltung des Kindes im Rahmen der Fähigkeiten eines Erwachsenen auftritt, und die kritischen, zweifelnden oder verbietenden Einflüsse aus dem → Über-Ich verstummen.

Instinkt Wir sprechen vom «untrüglichen Instinkt», der zum Beispiel Zugvögel dazu führt, ihr Ziel zu erreichen, oder Bienen anleitet, ihre Waben zu bauen. Wir sprechen von instinktiver Abneigung oder instinktiver → Furcht, wenn wir selbst ein Erleben oder Verhalten zeigen, das uns unwillkürlich erscheint und ohne unser Zutun sofort auftritt, ehe wir die bewußte Überlegung einschalten können. «Instinkt» als Hauptwort wird für ein Verhalten von Tieren verwendet, das zweckmäßig ist, relativ starr und unveränderlich abläuft (man wird Bienen durch keine → Dressur dazu bringen, viereckige Waben zu bauen) und offenbar nicht eigens erlernt werden muß. «Instinktiv» nennt man menschliche Handlungen, die als spontane Reaktionen rasch und unüberlegt ablaufen.

Der Instinkt bei Tieren. Nicht nur körperliche Eigentümlichkeiten, sondern auch geordnete Abläufe von Verhaltensweisen, die durch eine vom Gehirn aufgebaute Erregung herbeigeführt werden, dienen der Anpassung eines Tieres an die Umwelt. Sie werden deshalb von den «Baumeistern» der Artentwicklung (→ Evolution), der Mutation (Veränderung von Erbanlagen) und Selektion (Auslese von Tieren) gestaltet. Im typischen Fall eines Instinkts kann man beobachten, daß ein Tier von innen heraus in Unruhe gerät, dazu neigt, bestimmte Situationen zu suchen («Appetenzverhalten») und, wenn es sie gefunden hat (zum Beispiel eine Nistgelegenheit), ganz typische Verhaltensabläufe zu zeigen, die man «Instinktreaktionen» nennt. Solche vorgegebenen Abläufe im tierischen Nervensystem steuern einen sehr großen Anteil des Verhaltens von Insekten, aber auch von niederen Wirbeltieren (Lurche, Fische, Vögel). Bei den Säugetieren spielen bereits Lernvorgänge eine sehr viel wichtigere Rolle. Doch ist der Einfluß der Instinkte nach wie vor sehr mächtig (so bei jahreszeitlichen Abläufen des sexuellen Verhaltens). Lernen ist möglich und bei manchen Arten auch sehr wichtig, doch wird das Gelernte in ein bestehendes, festes Gerüst von Instinktvorgängen eingebettet.

Menschliche «Instinkte»? Auch beim Menschen gibt es → Bedürfnisse, die nicht durch → Lernen erworben werden. Sie sind, in den Zusammenhängen der Entwicklung betrachtet, die Nachfolger der tierischen Instinkte. Doch führen sie, abgesehen von Ausnahmen im Säuglingsalter, in der Regel nicht zu Instinkthandlungen, also starren Bewegungsabläufen, sondern zu einem inneren Zustand der Bedürftigkeit, der nun mit weitgehend von Lernen gestalteten Mitteln behoben wird. An die Stelle der von Instinkten vorgegebenen Ordnung der Lernvorgänge tritt eine gesellschaftliche Ordnung; damit hängt zusammen, daß der Mensch sich nicht an eine vorgegebene Natur anpassen, sondern lernen muß, sich in eine kulturell gestaltete Umwelt zu fügen und diese weiterzuentwickeln. Man kann somit die → Triebe als Entsprechung der Instinkte auffassen und als Unterscheidung festhalten, daß ein Trieb eine Forderung des Körpers an ein aus ererbten und erworbenen Teilen bestehendes Steuerungssystem (das → Ich) darstellt. → Einsicht, Intelligenz.

Zusammenfassung. Zwischen Instinkt- und Trieb-Begriff wird oft, vor allem im amerikanischen Schrifttum, nicht genau unterschieden; das deutsche Wort Trieb wird abwechselnd mit instinct oder mit drive übersetzt, und in Rückübersetzungen kommt es zu weiterer Verwirrung. Beide Begriffe sind nur Vorstufen einer wirklichen Klärung, da sie keine Vorstellung über die zugrunde liegenden Gesetzmäßigkeiten vermitteln. Es ist wenig gewonnen, die Orientierung der Zugvögel oder das Zusammenleben in einem Ameisenstaat durch «Instinkte» zu erklären, solange nicht die beteiligten Kräfte genauer erforscht werden: zum Beispiel die Steuerung durch → Hormone oder die Fähigkeit, Magnetfelder wahrzunehmen bei den Vögeln, die Steuerung durch Geruchstoffe (Pheromone) bei den Ameisen.

Institution Einrichtung sozialer Art, die Werte einer gesellschaftlichen Gruppe verwirklicht (Ehe, Erziehung, Demokratie) oder dieser Verwirklichung dient (Standesamt, Schule, Parlament, Krankenhaus).

Intelligenz Fähigkeit, sich an neue Situationen anzupassen und in ihrer Bewältigung die → Ich-Funktionen einzusetzen (→ Wahrnehmung, → Gedächtnis, → Denken, Raumauffassung, Zahlenverständnis). Der Inhalt des Intelligenz-Begriffes ist nicht genau festgelegt; manche Autoren verbinden ihn ausschließlich mit einsichtigem Verhalten (→ Einsicht), was der Wortgeschichte nach berechtigt ist (lateinisch intellegere = einsetzen, verstehen). Die Ausdrücke Intelligenz und Intellekt werden meist gleichbedeutend verwendet; Intelligenz ist eher der Mengen-Aspekt – man kann mehr oder weniger Intelligenz haben –, Intellekt die besondere Denkfähigkeit des Menschen. Einige wichtige Ergebnisse der Intelligenzforschung sind:

Es gibt nicht eine Intelligenz schlechthin, sondern viele unterschiedliche Formen von Intelligenzbegabung. Diese lassen sich unter anderem durch → Faktorenanalyse der Ergebnisse von Intelligenztests ermitteln, was zu einer Reihe von (widersprüchlichen) Formeln geführt hat. Sie laufen darauf hinaus, daß es eine mehr verbal-theoretisch und eine mehr praktisch ausgerichtete Intelligenz gibt (englische Schule), daß neben einem allgemeinen Intelligenz-Faktor viele besondere Einzelbegabungen nachweisbar sind (Spearman) oder in jeder Intelligenz-Leistung verschiedene Faktoren zusammenwirken, jeweils in unterschiedlicher Stärke: Wortverständnis, Zahlenverständnis, räumliche Orientierung, logisches Verständnis, Geschwindigkeit der Wahrnehmung, Wortflüssigkeit, Gedächtnis (Thurstone). Diese Faktorenanalysen sind immer in einer bestimmten Weise willkürlich; sie werden es wohl auch bleiben, da die Zusammenhänge zwischen Intelligenzleistung und → Gehirn bisher nur in ganz groben Umrissen bekannt sind.

Intelligenz und Persönlichkeit. Bisher haben sich keine sicheren Zusammenhänge zwischen bestimmten Formen der Intelligenz und anderen → Persönlichkeitszügen ergeben, wie Anlagen des → Gefühls oder → Motive. Doch gibt es auf der Ebene der Intelligenz verschiedene «Stile», während andererseits die Fähigkeiten, mit der Intelligenz etwas im Leben auszurichten, sehr stark mit der → Motivation zusammenhängen, das heißt mit den Grundlagen der Intelligenzleistung im → Antrieb. Hochintelligente Personen sind häufiger als der Bevölkerungsdurchschnitt beruflich erfolgreich, körperlich gesund und frei von Zeichen seelischer Erkrankungen. Die Anekdoten vom «Streber, der im Leben versagt», oder vom «verrückten Genie» sind offenbar Ausnahmen, die keine Regel bestätigen.

Intelligenz und Schule. Schulnoten sind, grob geschätzt, zur Hälfte durch die Intelligenz bedingt, während die andere Hälfte von anderen Einflüssen (günstigere oder ungünstigere Vorbereitung in der → Familie, Stärke des Lernwillens, → Motivation oder Vorhandensein neurotischer Hemmungen bestimmt wird). Daher können auch

hochintelligente Schüler schlechte Noten bekommen, während andererseits weniger begabte gute Leistungen bringen. In der Regel aber wird ein intelligenterer Schüler auch bessere Noten haben.
Messung der Intelligenz. Die gebräuchlichen Intelligenztests (→ Test) verwenden eine «Batterie», das ist eine Zusammenstellung einzelner Testreihen, um durch Vergleich der Einzelleistungen ein Bild über die besonderen Formen der Intelligenzbegabung zu bekommen. Als Maßstab wird meist der Intelligenzquotient, abgekürzt IQ verwendet, der auf einer «Normalverteilung» (sie entspricht in ihrem Kurvenbild einer Glokke) die Stelle angibt, welche der Getestete innerhalb der gesamten Bevölkerung seines Alters einnimmt. Ein Intelligenzquotient von 100 ist dabei die → Norm, also der mittlere und der in der Bevölkerung häufigste Wert. Da die Ergebnisse der meisten Tests nicht ganz genau sind, bewertet man den gesamten Bereich zwischen 90 und 110 Punkten im Intelligenzquotienten als «normale» oder «durchschnittliche Intelligenz». Die meisten Intelligenztests messen verschiedene Einzelfähigkeiten (Sprachverständnis, Schlußfolgern, Raumauffassung, mathematisches Verständnis, praktische Fähigkeiten . . .), damit man beispielsweise für die → Beratung (Berufsberatung, Schulberatung) ein genügend verfeinertes Bild erhält. Die unterschiedlichen Werte der Einzeltests werden dabei in einer Profil-Linie aufgezeichnet. Intelligenztests dienen als Hilfsmittel der Forschung (→ Erbe/Umwelt-Problem) und der psychologischen Beratung, sind aber noch weit davon entfernt, ein richtiges Bild von den gesamten → Begabungen eines Menschen zu vermitteln. Sie vernachlässigen meist die für den Lebenserfolg sehr wichtige Ebene der → Kreativität, des schöpferischen Erfindens und der künstlerischen Fähigkeiten. Zudem hängen sie in ihren Ergebnissen stark von der jeweiligen Testsituation, den → Motiven des Getesteten und des Testers (der den Prüfling ermutigen und entmutigen kann) ab. Nur innerhalb eines Gesamtbildes der → Persönlichkeit, ihrer Vergangenheit, sozialen Situation und möglicherweise vorliegenden neurotischen → Hemmungen können sie richtig verstanden werden.

Intelligenztraining Kann Intelligenz geübt werden? Früher glaubte man, daß → Begabung etwas Angeborenes ist. Heute ist deutlich geworden, daß der bei Erwachsenen gemessene Intelligenzquotient (→ Intelligenz) zur Hälfte bis zu zwei Dritteln auf Umwelteinflüsse zurückgeht (R. Meili). Intelligenz müßte sich also, ähnlich wie die Muskeln des Körpers, durch Training verbessern lassen. Allerdings liegen bisher keine gesicherten Ergebnisse über den Erfolg käuflicher Trainingsbücher vor; ein solcher Erfolg ist nicht einmal besonders wahrscheinlich, da bisher nur eine unterschiedliche Umwelt in der Kindheit (wie Akademikerfamilie/Arbeiterfamilie) als über lange Zeit formender Einfluß auf die Intelligenzentwicklung (zum Beispiel bei → Zwillingen) ermittelt worden ist.

Interesse Neigung zur Beschäftigung mit bestimmten Gegenständen, Tätigkeiten oder Aufgaben. Sie hängt von den besonderen → Begabungen des → Individuums (was man gut kann, tut man gerne), von Umwelteinflüssen (vielleicht der → Identifizierung mit bestimmten Personen) und von den gesellschaftlich vorgegebenen Möglichkeiten ab. Die Feststellung von Interessen ist vor allem in der → Beratung (Berufswahl) bedeutungsvoll. Es gibt für sie spezielle → Tests (Berufs-Interessen-Test, Differentieller Interessen-Test), in

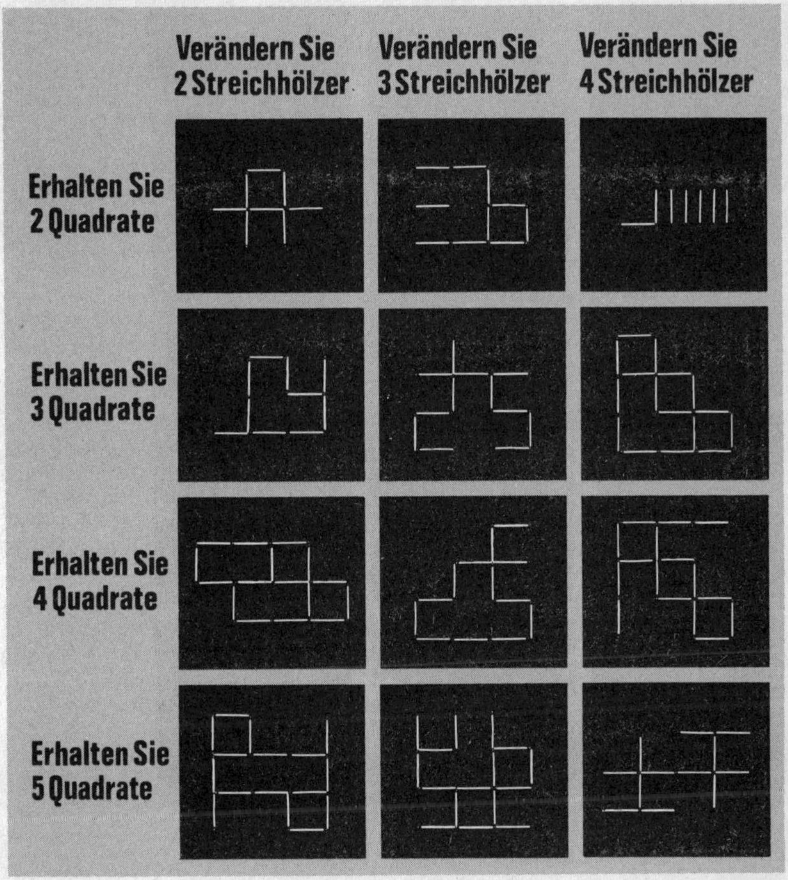

Denkaufgabe aus Werner Kirst/Ulrich Diekmeyer «Intelligenztraining», Rowohlt Taschenbuch Verlag, Reinbek bei Hamburg, 1972 (Lösung siehe nächste Seite)

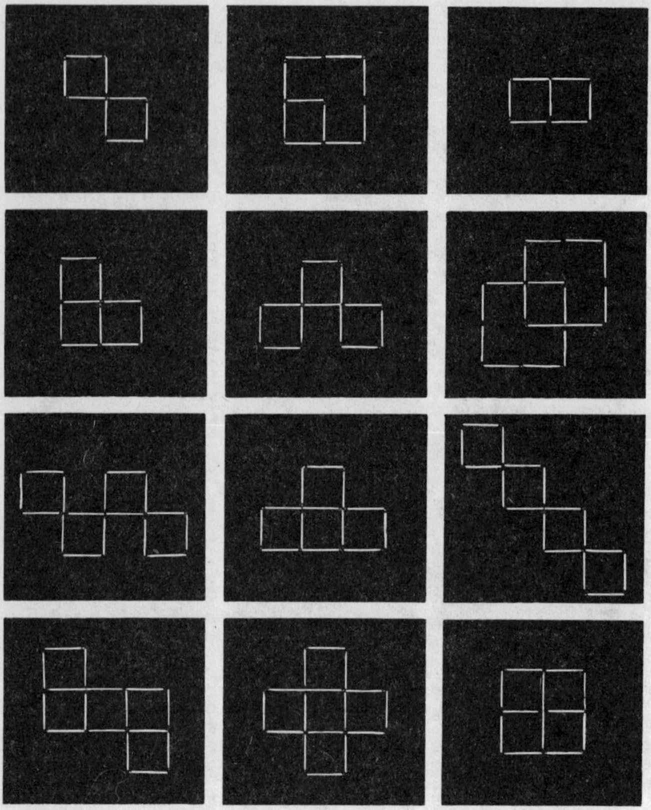

Auflösung der Denkaufgabe von Seite 101.

denen etwa 15 unterschiedliche Interessenrichtungen ermittelt werden (für Musik, Politik und Wirtschaft, Technik und Naturwissenschaften, soziale Berufe, bildende Kunst . . .).

Interview Befragung; in der Psychologie wichtiges Mittel der sozialpsychologischen Forschung (→ Sozialpsychologie) und der zum Beispiel vor einer → Psychotherapie notwendigen → Exploration. Es gibt viele verschiedene Formen von Befragungen, wobei man in der Regel an Vielfalt der Antwortmöglichkeiten einbüßt, je genauer und zuverlässiger die Auswertung möglich sein soll. Neutrale Interviews beruhen auf einer strikten Anweisung, die genau eingehalten werden muß; sie enthalten oft vorformulierte Fragen (geschlossene Fragen), auf die nur ein «Ja» oder «Nein», die Auswahl aus vorgegebenen Antworten oder die Angabe der «Stärke» von Zustimmung beziehungsweise

Ablehnung auf einer → Skala möglich ist.
«Harte» Interviews fordern vom Befrager eine aktive Haltung, Nachfassen oder in Widersprüche verwickeln, ähnlich dem Verhör. «Weiche» Interviews werden aus der Haltung des «teilnehmenden Beobachters» vorgenommen und sind die häufigste Form in der → klinischen Psychologie und in der → Psychotherapie, wo nur auf Grund eines Vertrauensverhältnisses tiefere Einsicht gewonnen werden kann.

Intimität Seelische Nähe; die Fähigkeit zu mitmenschlichen Beziehungen, welche den Beteiligten das Gefühl der Intimität vermitteln, ist ein wichtiges Teilstück der gesunden seelischen Entwicklung. Kontaktschwierigkeiten wurzeln oft in der Unfähigkeit, Intimität zu ertragen. Die Betroffenen fürchten etwa, in einem engen Kontakt eine verletzende → Beziehung zu Eltern wiederzuerleben, die ihnen keine Freiheit ließen, sie einengten, oder sie in ihren kindlichen Liebesgefühlen enttäuschten. Diese Angst kann unbewußt sein, aber dazu führen, daß alle Beziehungen oberflächlich bleiben, die Partner schnell wechseln, oder in länger dauernden Beziehungen immer wieder Gefühlsnähe abgewehrt wird.

Intimsphäre Gesellschaftlich bestimmter Verhaltensbereich, über den der einzelne nur mit wenigen anderen spricht, zu denen er eine enge Beziehung hat (intim stammt von lateinisch intimus = innen, zum Beispiel der innerste Bereich eines Hauses). In den meisten Gesellschaften gehört das sexuelle Verhalten in den Intimbereich; es gilt als unschicklich, wenn Dritte sexuelle Handlungen beobachten. → Intimität.

Introjektion Aufnahme von bestimmten Teilen des Verhaltens oder Merkmalen einer anderen Person, während bei der → Identifizierung eine ganze Person als Vorbild nachgeahmt wird. Häufig wird nicht genau zwischen Introjektion und Identifizierung unterschieden, obwohl diese Unterscheidung durchaus sinnvoll sein kann.

Introversion Wendung nach innen; neben der Wendung der seelischen Energie nach außen (→ Extraversion) eine seelische Grundeinstellung, bei der innere Vorstellungsbilder bedeutsamer werden als äußere Wahrnehmungen. In neueren, mit → Tests durchgeführten Untersuchungen hängen «Introversion» und «Neurotizismus» (→ Neurose) zusammen, was sicher der Auffassung von C. G. Jung nicht entspricht. Dieser begründete seine → Typenlehre von Intro- und Extraversion vorwiegend geistesgeschichtlich. Danach ist für die introvertierte Haltung der Idealismus in der Philosophie bezeichnend (die Begriffe und Ideen sind vor den Erscheinungen da, wie auch Platon behauptet hat), für die extravertierte Haltung der Realismus (die Begriffe sind aus den Erscheinungen abgeleitet).

Intuition Innere Schau. Jemand erfaßt Zusammenhänge durch Intuition oder intuitiv, wenn er Teile seiner inneren oder äußeren Wahrnehmung neu zu einem Ganzen verbindet, ohne sich der einzelnen Schritte seiner Überlegung voll bewußt zu sein. Beispiel: Ich bin nach kurzer Betrachtung überzeugt, daß mein Gegenüber in der Bahn ein Arzt ist; eine Frage bestätigt diese Auffassung. Eine solche Intuition entsteht durch die unbewußte Verarbeitung zahlreicher einzelner Eindrücke. → Einsicht

Inzesttabu Verbot sexueller Beziehungen zwischen Blutsverwandten, das in verschiedenen Formen bei fast allen Kulturen zu finden ist.

Irrational Aussagen, die sich nicht durch Gesetze der → Vernunft (lateinisch ratio) einsichtig machen lassen.

Isolation Vereinzelung, meist als soziale Vereinzelung verstanden. Ein gewisses Maß an Isolation ist für lebensgeschichtliche Umbruchszeiten kennzeichnend, also auch für das Jugendalter: Die bisherigen Formen sozialer Beziehungen erweisen sich als unbefriedigend, während noch keine neuen Formen gefunden wurden. Dauert die Isolation längere Zeit, dann spielen wahrscheinlich Schwierigkeiten herein, → Intimität zu anderen Menschen herzustellen, sich anderen anzuvertrauen und sich bei ihnen wohl zu fühlen. Sie hängen oft mit einem Mangel an → Urvertrauen zusammen und werden scheinvernünftig begründet (rationalisiert): «Niemand interessiert sich für mich, weil ich so häßlich (oder so intelligent, so dick, so fremdartig, aus einer solchen Familie . . .) bin, und deshalb kümmere ich mich um keinen!»

Isolierung → Abwehrmechanismus, bei dem ein unerfüllbarer Wunsch nur dadurch bewältigt werden kann, daß er in entstellter Form befriedigt wird, wobei er als fremd, nicht der eigenen Person zugehörig, erlebt wird. Isolierung tritt häufig bei → Zwangsneurosen auf, wo zum Beispiel die Zwangsvorstellung, andere Leute könnten auf der Straße tot umfallen, an die Stelle eines vom → Ich nicht annehmbaren Todeswunsches gegen den Vater tritt.

J

Jugend Das Jugendalter umfaßt die Zeitspanne vom Beginn der Pubertät (zwischen 11 und 14 Jahren) bis zur Mitte der Zwanzigerjahre. Manchmal trennt man noch die → Adoleszenz als besondere Periode ab (vom 18. bis 25. Lebensjahr). In dieser Zeit hat der Heranwachsende eine Reihe von Aufgaben zu bewältigen, die für seine spätere Entwicklung von entscheidender Bedeutung sind. Seine → Intelligenz erreicht bei vielen Leistungen einen Höhepunkt (im Alter zwischen 14 und 18 Jahren); die körperlichen Veränderungen setzen ein Jahr nach dem «Fettschub» der Vorpubertät mit einem Wachstumsschub und der Ausbildung der sekundären Geschlechtsmerkmale (Busen, Bart, Schambehaarung, Stimmbruch) ein und führen zu einem Höhepunkt der Körperkraft und -schnelligkeit gegen Ende des Jugendalters (oft auch schon früher, wie das sinkende Alter der sportlichen Rekordhalter erweist). Die in unserer Gesellschaft vorherrschende → Norm der geschlechtlichen Enthaltsamkeit im frühen Jugendalter führt dazu, daß fast alle männlichen und etwa die Hälfte der weiblichen Jugendlichen zur sexuellen → Selbstbefriedigung finden. Die ersten geschlechtlichen Beziehungen sind häufig sehr krisenhaft, weil sie mit → Konflikten einhergehen, die in Widersprüchen zwischen den elterlichen Vorschriften und den → Bedürfnissen der Jugendlichen wurzeln. Sie werden häufig noch dadurch verschärft, daß der Jugendliche in zwei «Wertwelten» lebt: der seiner Familie und der seiner Altersgenossen, die zunehmenden Einfluß auf seine Entwicklung gewinnen und in ihm neue → Einstellungen aufbauen. Dabei bemüht sich der Jugendliche, einen neuen, eigenen Standpunkt zu finden, der oft radikal und weltfern anmutet, aber auch Anstrengungen einschließt, die überlieferten Werte der Erwachsenen zu übernehmen, meist in einer gemilderten, «lässigen» Haltung. → Erziehung, Identität, Sozialisation

Jugendsexualität Abschnitt der sexuellen Entwicklung, der durch ein großes sexuelles Bedürfnis und eine je nach Gesellschaft verschiedene Steuerung dieses Bedürfnisses ausgezeichnet ist. In manchen Primitivkulturen (Samoa, Melanesien) geht die → kindliche Sexualität fast ohne Übergang in die Formen des → Geschlechtsverkehrs Erwachsener über, in anderen (bei den amerikanischen Indianerstämmen der Arapao, Cheyenne) werden die Geschlechter bis zur Heirat streng getrennt. In den Industrieländern herrscht immer noch eine Sexualmoral vor, welche die sexuellen Beziehungen durch soziale, religiöse und auch juristische Vorschriften auf Ehe und Fortpflanzung zu beschränken sucht. Die Jugendsexualität wird formell (bis zum 16. Lebensjahr) und informell auch noch darüber hinaus verboten oder doch eingeschränkt (zum Beispiel auf → Petting). Doch läßt sich in den letzten Jahrzehnten eine Entwicklung feststellen, in der diese → Tabus gelockert werden: schrittweise Bejahung der kindlichen Sexualität, deutlichere sexuelle Aufklärung, geringere Ablehnung der → Selbstbefriedigung, früherer Beginn von heterosexuellen Beziehungen mit Geschlechtsverkehr, Abbau der → Doppelmoral mit «Freizügigkeit bei Liebe» als häufigstem sexuellem Standard.

K

Kastrationsangst Angst, das Geschlechtsorgan oder einen anderen Körperteil zu verlieren. Von S. Freud als häufigste Angst der Kindheit aufgefaßt, wobei neben der Drohung der Eltern, das (etwa zur → Selbstbefriedigung betastete) Glied abzuschneiden, auch die Beobachtung des vom Knaben als kastriert erlebten Mädchens genügt, um die Kastrationsangst auszulösen. In ihrer unmittelbaren Bedeutung ist die Kastrationsangst meist unbewußt; bewußtseinsnahe ist eine allgemeine Beschädigungsangst, die Furcht vor Verletzungen bis zur Hypochondrie (Neigung zur Krankheitseinbildung). Das Kind fürchtet die Trennung (von den Sicherheit gewährenden Bezugspersonen) mehr als den (nicht vorstellbaren) Tod. Die Kastrationsangst ist ein urtümliches Bild der Trennung von einem wichtigen Körperteil und damit auch von den frühen Bezugspersonen.

Katalepsie Beibehalten einer einmal eingenommenen Haltung über ungewöhnlich lange Zeit. Sie tritt als «wächserne Biegsamkeit» spontan bei bestimmten Formen der Geisteskrankheit (→ Schizophrenie) auf, kann aber auch durch → Hypnose herbeigeführt werden.

Kataplexie Vorübergehende Schwächeanfälle mit Verlust der aktiven Muskelspannung, die durch emotionale Erlebnisse (Angst, Ärger, Wut) ausgelöst werden.

Kathartische Methode Form der → Psychotherapie, bei der durch → Hypnose oder andere Formen der → Suggestion verdrängte, gefühlsbelastete Erlebnisse noch einmal durchgemacht und auf diese Weise abreagiert, das heißt ihrer schädigenden Macht beraubt werden sollen. → Primärtherapie

Keuschheit Sexuelle Enthaltsamkeit. Die früher verbreitete Vermutung, Keuschheit diene der körperlichen und seelischen Leistungssteigerung, gilt heute als widerlegt. Wie andere körperlich-seelische Leistungen sinkt auch die sexuelle Erregbarkeit und Leistungsstärke durch sehr lange Keuschheitsperioden ab, während kürzere Enthaltsamkeit zu einem Stau der → Libido führt. → Askese

Kindertherapie Wenn → Neurosen in der Kindheit entstehen, liegt es nahe, sie schon an Kindern zu behandeln, um einer späteren Fehlentwicklung vorzubeugen (→ Child Guidance Clinic, Erziehungsberatung). Die Kindertherapie verfügt über verschiedene Zugangswege, von denen der wichtigste wohl das kindliche → Spiel ist. Angesichts der geringen Möglichkeiten von Kindern, über ihre inneren Erlebnisse zu sprechen, tritt es an die Stelle solcher Mitteilungen. Während bei der Behandlung von Erwachsenen der Therapeut mit dem → Patienten unmittelbar den Behandlungsvertrag eingeht, muß er in der Kindertherapie fast immer mit den Eltern oder anderen Bezugspersonen des Kindes zusammenarbeiten. Das erfordert von ihm Kenntnisse, die über die Kindertherapie hinausgehen. In der Regel hat ein Kindertherapeut deshalb eine Ausbildung, die der eines Psychotherapeuten von Erwachsenen ähnlich ist, und erlernt erst dann die besonderen Notwendigkeiten der Kinderbehandlung (ähnlich einem Kinderarzt). Während es weiterhin sonst in der → Psychotherapie nicht üblich ist, daß der Therapeut in körperlichen Kontakt mit seinen Patienten kommt, sie erzieht und mit bestimmten Werten vertraut macht, gehören alle diese Verhaltensweisen in die Behandlung von Kindern, die ebenso Nach-Erziehung wie Psychotherapie ist.

Kindliche Sexualität Nach S. Freud unterscheidet man eine → orale Phase oder Periode, eine → anale Phase und eine → phallische Phase. Das Vorhandensein dieser kindlichen Sexualität wird heute fast allgemein anerkannt; ihre Bedeutung für die Entstehung von → Neurosen aber unterschiedlich eingeschätzt. Möglicherweise spielen hier Vorgänge des Wandels in der Gesellschaft eine Rolle. Um die Jahrhundertwende, als die → Psychoanalyse entstand, war die Sexualität sicherlich der am meisten mit Verboten belastete Teil des kindlichen Verhaltens. Sie gab daher den häufigsten Anlaß zu → Konflikten zwischen Eltern und Kindern, später zu Konflikten zwischen → Über-Ich (den verinnerlichten Eltern), → Ich und → Es

Klient Rat- und Hilfesuchender. Der Begriff wird bei der Behandlung neurotischer Störungen (→ Neurose) zunehmend an Stelle von → Patient verwendet.

Klinische Psychologie Zweig der → Psychologie, der sich mit der Anwendung psychologischer Ergebnisse und Forschungswege im «klinischen Bereich», das heißt im Bereich seelischer Störungen befaßt. Die Aufgaben des klinischen Psychologen sind dabei teils diagnostisch, teils therapeutisch: er untersucht die Patienten mit Hilfe verschiedener → Tests und → Interviews (→ Exploration), übernimmt aber auch mehr und mehr Aufgaben der → Psychotherapie, wobei sich die Übernahme von bisher vorwiegend den Ärzten vorbehaltenen Aufgaben heute mehr und mehr durchsetzt. Klinische Psychologie ist dabei nicht nur in Krankenhäusern wichtig, sondern auch in Beratungsstellen (Erziehungsberatung, Drogenberatung, Ehe- und Familienberatung, Selbstmordverhütung). Der klinische Psychologe kann unmittelbar mit → Patienten arbeiten, oder auch versuchen, Krankenschwestern, Sozialarbeiter und ähnliche Berufsgruppen weiterzubilden oder die innere Ordnung von Krankenhäusern so umzugestalten, daß die Aufgaben besser erfüllt werden können und schädliche Auswirkungen dieser Einrichtungen auf die Patienten (→ Hospitalismus) seltener werden.

Koitus interruptus Lateinischer Ausdruck für «unterbrochener → Geschlechtsverkehr». Der männliche Partner zieht das Glied vor dem Samenerguß aus der Scheide. Wohl die häufigste und verbreitetste Verhütungstechnik, aber aus mehreren Gründen unbefriedigend: 1. Sie ist nicht sicher, da schon vorher (sehr selten) kleine Samenmengen austreten können. 2. Sie bedeutet für beide Partner eine Einbuße an Befriedigung mit der Gefahr schädlicher Folgen der vergeblichen Erregung und der Angst vor einer ungewünschten Schwangerschaft.

Kollektives Unbewußtes Allen Menschen gemeinsame, unbewußte Erlebnisformen, von C. G. Jung als «geistige Erbmasse der Menschheitsentwicklung, wiedergeboren in jeder individuellen . . . Struktur» angesprochen und vom persönlichen → Unbewußten abgegrenzt. Die Inhalte des kollektiven Unbewußten sind die → Archetypen.

Kommunikation Übermittlung von Nachrichten zwischen einem Sender und einem Empfänger von Informationen. Menschen können auf verschiedene Weisen Kommunikationen austauschen oder kommunizieren. Die zwei Worte «Komm mit!» gewinnen ganz unterschiedliche Bedeutung, wenn sie von einem Polizisten in drohendem Ton, von einem Fremdenführer mit neutraler Stimme oder von einem befreundeten Mädchen liebevoll gesagt werden. In allen Fällen ist der in den Worten enthaltene (verbale) Inhalt der Kommunikation derselbe, während durch nicht-verbale Mitteilungen (Stimmklang, Stimmlage, Gesichtsausdruck) über diese Kommunikation kommuniziert wird (Metakommunikation). Widersprüche zwischen verbalen und nicht-verbalen Inhalten in Kommunikationen sind verwirrend (→ Doppelbindung). Während verbale oder in anderen, lexikalischen Einheiten (Worte, Zahlen, Symbole mit umgrenzter Bedeutung) abgefaßte Kommunikationen in der Regel eindeutig sind (digitale Kommunikation, die im Prinzip auch durch einen Computer gehandhabt werden kann), spielen sich Kommunikationen über Gefühle, Stimmungen und mitmenschliche Bezüge oft im Bereich einer nur durch Einfühlung und mit Hilfe von → Intuition aufzunehmenden Bedeutung ab (analoge Kommunikation).

Kompensation Ausgleich einer bewußten oder unbewußten Minderwertigkeit. Sie wurde zuerst von A. Adler als Antwort auf «Organminderwertigkeit» gesehen (der Stotterer übt so intensiv seine Stimme, daß er endlich ein großer Redner wird). Oft werden bestimmte Defekte überkompensiert.

Komplex Gebilde stark mit Gefühlen und Triebwünschen besetzter, verdrängter Vorstellungen, das im Unterbewußten weiterwirkt und den Verlauf freier Einfälle, Träume und Phantasien gestaltet. Der Ausdruck stammt von C. G. Jung und wird in der → Tiefenpsychologie viel verwendet. → Minderwertigkeitskomplex, Ödipuskomplex.

Konditionierung → Lernen von einfachen und zusammengesetzten Verbindungen zwischen einem Reiz und einer Reaktion (Antwort) auf diesen Reiz. Man unterscheidet in der Regel das «Klassische Konditionieren» nach dem Prinzip des → bedingten Reflexes vom «operanten Konditionieren» (→ Behaviorismus), bei dem nicht vorgegebene, sondern neue, aktive Verhaltensweisen (operants) erworben werden. Weitgehend bedeutungsgleich mit dem operanten Konditionieren ist das instrumentelle Konditionieren. In beiden Fällen tritt die → Bekräftigung, auf der die erworbene Reiz-Reaktionsverbindung beruht, erst nach erfolgter Reaktion ein: das Verhalten wird durch seine Folgen gesteuert (das instrumentelle Konditionieren wird mit Bechterews Berichten aus dem Jahr 1913 verbunden; das operante mit B. F. Skinner, der die entsprechenden Forschungen angeregt hat).

Konflikt Bestehen von zwei einander widersprechenden seelischen → Motiven zur gleichen Zeit. Ein Kind, das von der Mutter bestraft wird, gerät in folgenden Konflikt: Wegen der Schmerzen, welche die Strafe auslöst, haßt es die Mutter und will gegen sie aggressiv sein; weil es gleichzeitig von der Mutter abhängig ist und sich ihre Liebe unbedingt erhalten muß, kann dieser Haß nicht ausgedrückt werden. Dieser Konflikt wird in der Kindheit meist durch → Verdrängung gelöst. Der Haß verschwindet aus dem Bewußtsein, wird aber nicht unwirksam, sondern kann zum Beispiel dazu führen, daß das Kind die Mutter heimlich bestiehlt (→ Ersatzbefriedigung), einer alten Dame in der Nachbarschaft ein Fenster einwirft (→ Verschiebung) oder als Erwachsener gerne frauenfeindliche Schriftsteller zitiert.

K. Lewin (→ Gruppendynamik, Gestaltpsychologie) hat verschiedene Formen von Konflikten unterschieden: 1. Zwei an sich wünschenswerte Ziele widersprechen sich insofern, als man nur eines davon erreichen kann (Annäherungs-Annäherungs-Konflikt, etwa: «Sollen wir morgen auf einen Berg steigen oder ins Schwimmbad gehen?» – «Soll ich Ilse oder Ulrike heiraten?»). 2. Um ein Motiv zu befriedigen, muß etwas Unlustvolles in Kauf genommen werden (Annäherungs-Vermeidungs-Konflikt, etwa: «Soll ich mir jetzt das teure Auto kaufen?» – «Soll ich in die Spielbank gehen?»). Das Auto wird gewünscht, der teure Preis verabscheut; in der Spielbank wird der Gewinn gewünscht, ein Verlust befürchtet. 3. Es besteht eine Wahl zwischen zwei unlustvollen Situationen (Vermeidungs-Vermeidungs-Konflikt, etwa: «Soll ich heute in die Schule gehen oder mich krank stellen und im Bett bleiben?» – «Soll ich jetzt den Zug verpassen oder eine Polizeistrafe wegen überhöhter Geschwindigkeit in Kauf nehmen?»).

Diese Einteilung berücksichtigt nicht, daß Konflikte auch zwischen bewußten und unbewußten Anteilen der → Persönlichkeit möglich sind (→ Psychoanalyse). Die Aufklärung früherer und gegenwärtiger Konflikte ist eine wichtige Aufgabe jeder Form von → Psychotherapie, wobei es darum geht, die schädlichen Folgen einer Konfliktbewältigung durch → Verdrängung rückgängig zu machen und reifere Formen des Umgangs mit Konflikten zu entwickeln. Wenn das eingangs geschilderte Kind, das an einem unbewußten Haß gegen die eigene Mutter leidet und diesen auf andere Frauen überträgt (→ Übertragung) als Erwachsener, nach zwei gescheiterten Ehen in einer → Psychoanalyse den ursprünglichen Konflikt in der Beziehung zu seiner strafenden Mutter wiedererlebt, dann hat es auch eine Möglichkeit, künftige Wiederholungen dieses Konfliktes und seiner Folgeerscheinungen zu vermeiden.

Konfliktfähigkeit Die Fähigkeit, → Konflikte bewußt zu erkennen und sich mit ihnen auseinanderzusetzen, ist für die Lösung zwischenmenschlicher Schwierigkeiten sehr wichtig. Die Konfliktvermeidung, das Ausweichen vor einem Konflikt, seine Verleugnung oder → Verdrängung, führen dazu, daß keine Einigung erzielt werden kann, sondern die Wahrnehmung des Konflikts abgespalten wird, bis er zu zerstörerischen Folgen führt. So enden Ehen, in denen alle Konflikte vermieden werden, nach Jahren scheinbarer Übereinstimmung in einer plötzlichen, radikalen Trennung. In der → Erziehung kann Konfliktfähigkeit dadurch aufgebaut werden, daß auch die Erzieher ihre Konflikte zugeben und den Kindern nicht als vollkommene Personen gegenübertreten. Parallel dazu ist es wichtig, keine lebensfremden Idealvorstellungen von konfliktfreien Beziehungen zu vermitteln (als ob etwa «wahre Liebe» dadurch ausgezeichnet wäre, daß nie Konflikte auftreten).

Konformität Verhalten oder innere Einstellung, sich unbedingt an die → Normen und Werte einer umgebenden Gruppe zu halten. → Autoritäre Persönlichkeiten zeigen oft eine erhöhte Neigung zur Konformität mit Gruppen, die Macht haben. Es gibt auch Konformität innerhalb von an sich nicht-konformistischen Gruppen, zum Beispiel auch bei einem Jugendlichen, der um keinen Preis der Welt seine langen Haare opfern will.

Konstitution Beschaffenheit der ererbten oder in der frühen Kindheit erworbenen, typischen (→ Typenlehre) Reaktionen auf Umweltreize. Als Unterschied in der Konstitution sprechen wir zum Beispiel an, wenn ein Mensch fast durch nichts aus der Ruhe gebracht werden kann, ein anderer aber schon nach kleinen Belastungen «hochgeht» (→ Temperament).

Konstitutionstypen Verbindung von körperlichen und seelischen Merkmalen zu «typischen», das heißt immer jeweils gleichen Formen. Der Zweck ist eine erste Einordnung von → Persönlichkeitszügen. Wer sich dabei an der Konstitutionstypologie von W. Kretschmer orientiert, wird bei einem schmalen, aufgeschossenen (= leptosomen) Menschen ein eher kühl zurückhaltendes, wenig kontaktfreudiges Verhalten erwarten, während er einen kurzen, rundlichen (= pyknischen) Menschen für einen aufgeschlossenen, aktiven und extravertierten Typen hält. Zur Kritik → Typenlehre.

Kontakt Berührung, Nähe. Unter Kontaktfähigkeit versteht man die Herstellung positiver sozialer Beziehungen zu anderen Menschen. Sie hängt von Kindheitserlebnissen ab (→ Urvertrauen), aber auch von der gegenwärtigen sozialen Lage eines Menschen.

Konversion Umwandlung eines seelischen → Konflikts in ein körperliches → Symptom, wobei vor allem der → Affekt des Konflikts (wie ein nicht zulässiger Sexualwunsch) körperlich gebunden wird. Eine Frau wird blind, sobald sie von einer Untreue ihres Mannes erfährt. Eine organische, also körperliche Ursache der Blindheit läßt sich nicht nachweisen. Zugleich mit der Blindheit hat die Frau ihre Fassung wiedergewonnen, sie spricht mit eindrucksvoller Gleichgültigkeit von ihrem Leiden, das den Mann nun weit mehr an sie bindet, und von den lächerlichen Gerüchten über seinen Seitensprung. Die durch Konversion entstandenen Krankheitszeichen haben oft symbolische Bedeutung; im vorliegenden Fall die eines Nicht-sehen-Wollens. Das gilt aber keineswegs für alle seelisch bedingten Körperkrankheiten (→ Psychosomatik). Die Konversion tritt bei → Hysterie besonders häufig auf und setzt wahrscheinlich eine spezielle → Disposition voraus.

Konzentration Sammlung der seelischen → Funktionen (→ Wahrnehmung, Denken) auf einen bestimmten Gegenstand (→ Aufmerksamkeit, Interesse).
Störungen der Konzentration (→ Ler-

nen) treten vor allem dann auf, wenn (1) der vorliegende Stoff nicht wirklich interessiert, (2) andere Inhalte sich in den Vordergrund des Bewußtseins drängen (zum Beispiel Ängste, eine Prüfung nicht zu bestehen, Haßgefühle gegen Eltern, welche einen ungeliebten Beruf aufnötigen, Konflikte in anderen Bereichen des Seelenlebens, die → Aufmerksamkeit auf sich ziehen und (3) lähmende Perfektionsvorstellungen, die in der → Erziehung vermittelt wurden. Es ist bei Konzentrationsstörungen hilfreich, den Stoff in kleine, überschaubare Einheiten einzuteilen und immer wieder Erholungspausen einzuschalten.

Korrelation Gemeinsames Auftreten von Merkmalen, zum Beispiel von Körpergröße und Körpergewicht, nennt man eine «positive Korrelation». In der Regel ist ein größerer Mensch auch schwerer. Doch ist dieser Zusammenhang nicht so eng, wie der zwischen Größe und Gewicht von Stahlkugeln; diese entsprechen einander vollständig und würden mit einem «Korrelationskoeffizienten» (abgekürzt r) von +1 angegeben, während Körpergröße und Körpergewicht von Menschen vielleicht mit etwa $r = +0{,}7$ zusammenhängen. Solche Berechnungen werden in vielen Gebieten der Psychologie durchgeführt, etwa die Korrelation zwischen der → Intelligenz von Vätern und Söhnen oder von → Zwillingen. Korrelieren beispielsweise die Intelligenzquotienten von eineiigen Zwillingen mit 0,90, wenn beide Geschwister zusammen aufgewachsen sind, aber nur mit 0,75, wenn sie getrennt in verschiedener Umgebung aufwuchsen, dann kann man daraus schließen, daß die Umwelt einen bestimmten Einfluß auf die Intelligenzentwicklung hat. Die Unterschiede zwischen den in derselben Umwelt aufgewachsenen Zwillingen könnten dabei allein durch Ungenauigkeiten der → Tests bedingt sein.

Die Intelligenzquotienten von Geschwistern in derselben Familienumwelt zeigen normalerweise eine Korrelation von 0,54 bis 0,62 (in verschiedenen Untersuchungen).

Die Auswertung von Korrelationen ist unter anderem ein wichtiges Teilgebiet der psychologischen Statistik, die vor allem mit den Verfahren der → Faktorenanalyse durchgeführt wird. Es ist dabei notwendig, klar zu sehen, daß eine Korrelation keinen Ursache-Wirkungs-Zusammenhang beweist, sondern auf sehr verschiedene Weise zustande kommen kann. Sie kann zufällig entstehen (wie die in vielen Anekdoten erwähnte positive Korrelation zwischen der Zahl der Geburten und der Zahl der Storchennester), oder häufiger einen Zusammenhang an der Oberfläche erfassen, dessen Ursache erst geklärt werden muß (wenn in West-Berlin die Selbstmordhäufigkeit doppelt so groß ist wie in München, dann kann das nicht nur an dem besonderen politischen Zustand West-Berlins liegen, sondern auch an der Überalterung der dortigen Bevölkerung – alte Menschen töten sich häufiger).

Kreativität Fähigkeit zu schöpferischen Leistungen, zum Entdecken neuer Beziehungen, zu ungewöhnlichen Einfällen und zur künstlerischen Gestaltung. In der herkömmlichen Intelligenzforschung vernachlässigte Seite der menschlichen Leistungsfähigkeit, die für den sozialen und persönlichen Erfolg im Leben nicht weniger wichtig ist als die → Intelligenz. Da die meisten → Tests der Intelligenz nur vorgegebene Antworten erlauben, welche der Kreativität keinen Spielraum lassen, wird sie von ihnen auch nicht erfaßt. Inzwischen ist viel am Aufbau von Verfahren gearbeitet worden, auch Kreativität zu messen. Man fordert Versuchspersonen zum Beispiel auf, möglichst viele originelle Überschriften für eine Geschichte zu erfinden. Dabei ergaben sich Unterschiede zwischen «hochkreativen» und «hochintelligenten» Personen. Hochintelligente sind angepaßter, folgsamer, hochkreative bei Lehrern oft trotz guter Schulleistungen weniger beliebt, kritischer gegenüber herkömmlichen Wertvorstellungen. Ein typisches Merkmal der hochkreativen Persönlichkeit ist ihr ausgeprägter Sinn für Humor. Kreativität setzt ein gewisses Maß an Intelligenz voraus, (durchschnittlich bis überdurchschnittlich), aber sie läßt sich dann nicht mehr durch den Intelligenzquotienten herkömmlicher Tests feststellen.

Kreativitätsspiel: Aus Linien und Kurven werden thematisch vorgegebene Bilder entwickelt. Quelle: Werner Kirst/Ulrich Diekmeyer «Creativitätstraining», Rowohlt Taschenbuch Verlag, Reinbek bei Hamburg, 1973

Kriminalität Die Kriminalpsychologie hat eine Reihe von Ursachen herausgefunden, die einen Menschen dazu bringen, gegen Gesetze zu verstoßen. Sie hängen vor allem mit der → Sozialisation zusammen (→ Erziehung) und betreffen den Aufbau des → Gewissens (→ Über-Ich), der Verinnerlichung sozialer Normen. Eine weitere Voraussetzung ist der Aufbau beständiger mitmenschlicher Beziehung (→ Urvertrauen, Hospitalismus). Es hat sich gezeigt, daß die wichtigste einzelne Ursache der Kriminalität gestörte Familienverhältnisse in der Kindheit sind, die zu gehäuften Heimaufenthalten und einem mangelhaften Aufbau der Fähigkeit zu menschlichen Beziehungen auf der Grundlage gegenseitigen Wohlwollens führen. Neben diesen Ausfällen in der Entwicklung des → Ich und → Über-Ich gibt es noch den «Verbrecher aus Schuldgefühl», der wegen seiner übermächtigen Schuldgefühle ein Strafbedürfnis ausbildet und es dadurch befriedigt, daß er sich bei einem Gesetzesbruch so ungeschickt anstellt, daß er ertappt und bestraft werden muß. Ein ähnliches Verhalten findet man oft bei Kindern, die sich so «ungezogen» benehmen, daß sie endlich bestraft werden – nicht weil sie ein besonders schwaches, nachlässiges Über-Ich haben, sondern weil sie ihren inneren Normen (→ Ich-Ideal) nicht genügen können und durch die Strafe ihr inneres Gleichgewicht wiederherstellen.

Kunst und Psychologie Die Psychologie kann der Kunstwissenschaft eine ganze Reihe von Ansätzen zur Verfügung stellen: 1. Aufhellung der Zusammenhänge zwischen dem Lebensschicksal von Künstlern und ihrem Werk (vor allem in der → Psychoanalyse durchgeführt). 2. Klärung der Wahrnehmungs- und Denkvorgänge, welche das Entstehen von Kunstwerken begleiten, wobei vor allem die → Gestaltpsychologie Beiträge leistet. 3. Die grundlegenden Vorgänge während des Prozesses der Rezeption (Aufnahme) von Kunst durch andere Künstler, Sachverständige und Laien. 4. Untersuchung der Bedeutung des künstlerischen Schaffens in Zuständen seelischer Krankheit. 5. Aufhellung der → Entwicklung künstlerischer Leistungen.

Kybernetik Abgeleitet von griechisch kybernetes = Steuermann, wird dieser Ausdruck heute für eine «Querschnittswissenschaft» verwendet, die viele herkömmliche Wissenschaften von der Physik und Mathematik bis zur Psychologie und Biologie verbindet. Sie befaßt sich mit den Steuerungsvorgängen in Systemen, in denen mehrere unterschiedliche Teilbereiche aufeinander einwirken und so das Ganze gestalten. Ein grundlegendes Bild von Vorgängen, welche die Kybernetik untersucht, ist der Regelkreis (→ Feedback): Das Systemverhalten wird durch die Rückmeldung der augenblicklichen Fehlergrößen so verändert, daß der Fehler verkleinert wird (wenn zuviel Geschlechtshormon im Blut kreist, sondert die Hirnanhangdrüse ein Steuerungshormon ab, welches die Ausschüttung des Geschlechtshormons vermindert). Die kybernetische Forschungsrichtung in der Psychologie versucht heute vor allem, mit Hilfe von datenverarbeitenden Maschinen (Elektronengehirn, Computer) seelische Vorgänge nachzuahmen, nach dem Grundsatz: «Erst was ich nachbauen kann, habe ich wirklich verstanden.»

L

Latente Traumgedanken Der unbewußte, verborgene (latente) Gehalt eines Traums an verdrängten Vorstellungen, die sich auf aktuelle und kindliche → Motive beziehen (→ Traum).

Latenzphase Zeitspanne der kindlichen Entwicklung, die der → phallischen Phase und dem «Untergang des → Ödipuskomplexes» folgt. Sie entspricht dem Grundschulalter und ist durch Zurücktreten der → kindlichen Sexualität und den Erwerb von Kulturtechniken (Lesen, Schreiben, Rechnen, soziale Fertigkeiten) gekennzeichnet. Die Annahme einer Latenzphase beruht auf Beobachtungen an Kindern der europäischen Mittel- und Oberschicht.

Lebenskrise Durch Erschütterung bisheriger Werte, innere Unsicherheit und häufig auch äußerlich bemerkbare Verhaltensänderungen gekennzeichnete Zeit im Leben eines Menschen, in der er auf Grund innerer und/oder äußerer Ursachen versuchen muß, seinem Leben einen neuen Inhalt und eine neue Zielrichtung zu geben. Anlässe können ein nicht bestandenes Examen, eine zunächst nicht weiter erklärbare → Depression, das Scheitern einer Ehe oder der Verlust einer beruflichen Position sein. → Psychotherapie, Identität.

Lebenslaufpsychologie Psychologische Untersuchung der Entwicklung eines Menschen, die möglichst sein gesamtes Leben, seine innere und äußere Geschichte zu erfassen sucht. Sie arbeitet ebenso mit → Tests und → Experimenten wie mit der Bearbeitung von Tagebüchern, Briefen, freien Aussagen oder Behandlungsberichten aus einer → Psychotherapie. Die gewonnenen Daten werden für den Aufbau möglichst genauer Aussagen über allgemeine Gesetzmäßigkeiten des menschlichen Lebenslaufs verwendet.

Lebensraum Viele Lebewesen kennzeichnen (Hunde durch Duftmarken) einen umschriebenen Raum (ihr Territorium), aus dem sie ihren Lebensunterhalt gewinnen und den sie notfalls auch gegen Eindringlinge verteidigen. Die Vermutung, daß auch der Mensch derartige «territoriale Instinkte» habe, ist unbewiesen und auf Grund der völkerkundlichen Forschung auch nicht besonders sinnvoll. Es scheint weitgehend von gesellschaftlichen Wertvorstellungen abzuhängen, ob zum Beispiel ein einzelner Mensch Grundbesitz haben kann oder nicht, oder ob eine Gruppe von Menschen ihr Land gegen alle Eindringlinge verteidigt oder nicht. Die gleiche kulturelle Gestaltung gilt wohl auch für den «persönlichen Raum», zum Beispiel für die Entfernung, in der wir einen Nachbarn im Eisenbahnabteil noch als angenehm oder neutral oder als unangenehm empfinden.

Lebenstrieb Von S. Freud angenommene → Motiv-Grundlage der Selbsterhaltung und der → Sexualität (→ Libido), die er als Gegenspieler des → Todestriebes ansah.

Lehranalyse → Psychoanalyse von Personen, die selbst als Psychotherapeuten oder Psychoanalytiker arbeiten wollen. Wichtiges Stück der Ausbildung nicht nur in diesem, sondern auch in vielen anderen sozialen Berufen (Lehrer, Ärzte, Sozialarbeiter, Heimerzieher), wobei sie auch als → Gruppentherapie erfolgen kann. Wegen des Zeitaufwandes und der fortbestehenden gesellschaftlichen Vorurteile gegen die Psychoanalyse wird die Lehranalyse viel seltener angewandt, als nützlich wäre. Sie unterscheidet sich in ihrer Durchführung kaum von einer «Heilanalyse», also einer → Psychotherapie eines neurotisch Kranken, und soll ermöglichen, daß «blinde Flecken» und ungelöste eigene Probleme den Angehörigen eines sozialen Berufs weniger in der klaren Wahrnehmung anderer Menschen beeinträchtigen und ihn im Umgang mit ihnen nicht behindern.

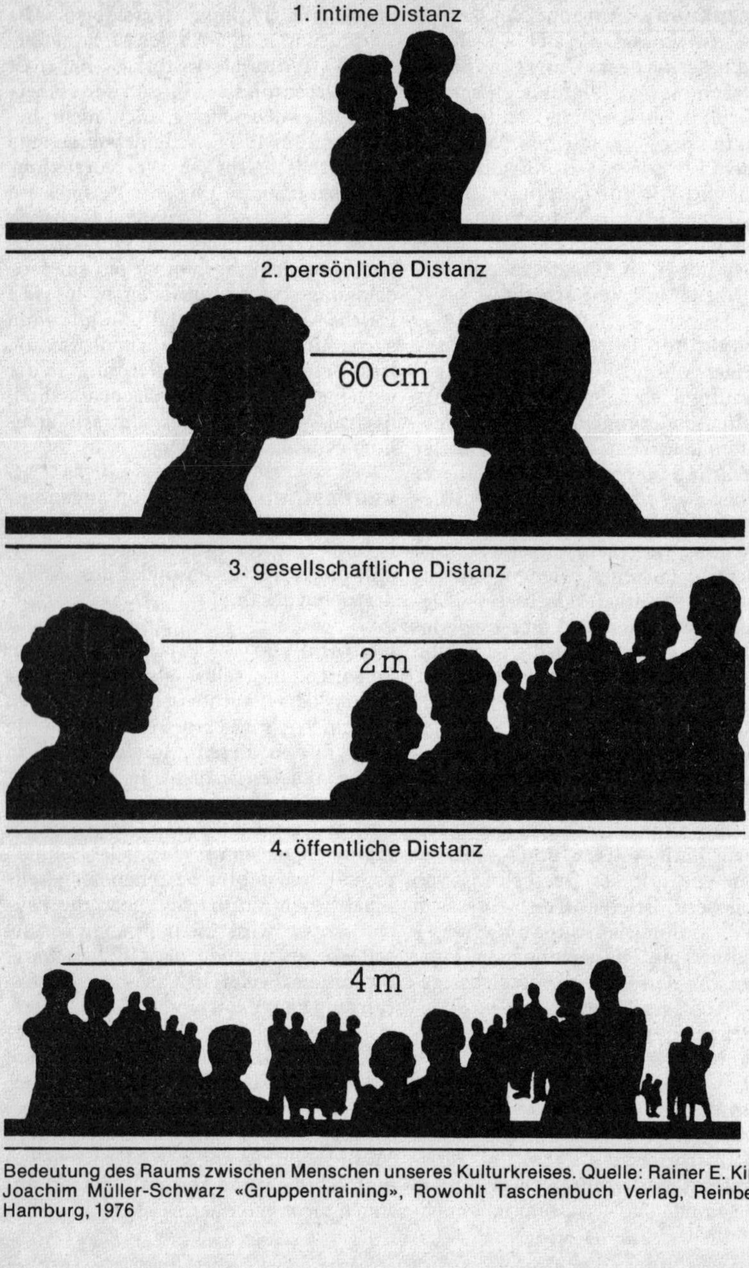

Bedeutung des Raums zwischen Menschen unseres Kulturkreises. Quelle: Rainer E. Kirsten/ Joachim Müller-Schwarz «Gruppentraining», Rowohlt Taschenbuch Verlag, Reinbek bei Hamburg, 1976

Leib/Seele-Problem Die Frage nach dem Zusammenhang zwischen körperlichen und seelischen Vorgängen, zwischen Materie und Geist, wird von verschiedenen wissenschaftlichen Positionen her unterschiedlich beantwortet, wobei eine Entscheidung über die Wahl einer bestimmten Haltung immer ihre ideologische (→ Ideologie) Seite hat. Im Marxismus befürwortet man einen «materialistischen Monismus»: die materiellen, körperlichen Vorgänge sind die Grundlage des Erlebens, das die Welt der Materie widerspiegelt. Daß es eine von körperlichen Vorgängen unabhängige Seele gibt, gehört zu den Überlieferungen der christlichen Religion und vieler anderer Glaubenshaltungen. Letzten Endes ist keine der Grundaussagen: «Alles ist Materie» oder «Alles ist Geist» oder «Seele» zu widerlegen oder zu beweisen; es handelt sich eher um einen (gefühlsbetonten) Streit um Worte und Bedeutungen. Wissenschaftlich nachgewiesen sind bisher nur seelische Vorgänge in Abhängigkeit von gleichzeitig ablaufenden Veränderungen elektrischer und chemischer Art im Nervensystem (→ Gehirn), wobei Eingriffe in den Stoffwechsel der Gehirnzellen (etwa durch → Drogen oder durch mangelhafte Blutversorgung) auch zu einschneidenden Einbußen an seelischer Leistungsfähigkeit führen. Körperliche und seelische Vorgänge werden je für sich untersucht und beschrieben, doch können sich diese Beschreibungen auf dieselben Erscheinungen bezogen, durchaus ergänzen.

Leitbilder Vorbildhafte Menschen oder Berichte über bedeutsame Ereignisse, die in einer bestimmten Gruppe als → Norm angesehen werden. → Identifizierung.

Lernen Verhaltensänderungen, die relativ dauerhaft sind und auf Erfahrung beruhen, bezeichnet man als Lernen. Die Lernfähigkeit ist ein wesentliches Merkmal der lebenden Organismen. Bei den höheren Wirbeltieren ist sie am stärksten ausgeprägt und unter diesen wiederum besonders beim Menschen. Es gibt wahrscheinlich kein Teilstück menschlichen Verhaltens, das nicht durch Lernen verändert werden kann. Andererseits ist Lernen kein beliebiges Geschehen: nicht alles kann gelernt werden, und was gelernt wird, bestimmen sehr häufig innere Mechanismen (→ Trieb, Instinkt, Motiv), die ererbt sind.

Als einfache Lernvorgänge kann man den → bedingten Reflex und das → Konditionieren auffassen; mit ihnen verwandt ist das Lernen durch Versuch und Irrtum. Sperrt man eine Ratte in einen «Problemkäfig», der sich nur durch den Druck auf einen schwer zu findenden Hebel öffnet, dann kann das Tier ihn in der Regel nach einer langen Reihe vergeblicher Zufallsbewegungen öffnen. Der erfolgreiche Versuch wird immer rascher gelingen, weil die Irrtümer nicht verstärkt (→ Bekräftigung) werden; so ist problemlösendes Verhalten auch ohne → Einsicht möglich.

Für die menschliche Sozialisation wichtig ist das beiläufige Lernen. Im Gegensatz zum zielgerichteten, als solches beabsichtigtes Lernen werden hier Inhalte aufgenommen, ohne daß es bewußt gewollt wird. Im Alltag ist diese Form des Lernens weiter verbreitet als das zielgerichtete Lernen; es baut einen großen Teil der jeder Kultur eigenen «Selbstverständlichkeiten» auf.

Lernpsychologie Die Klärung von Lernvorgängen ist wahrscheinlich die wichtigste praktische Aufgabe der Psychologie. Sie kann dazu führen, daß Verbrecher erfolgreich eingegliedert, → Neurose- und → Psychosekranke geheilt oder Kinder sinnvoll und wirksam erzogen und unterrichtet werden. Sie ist ein unerläßliches Werkzeug in einer Gesellschaft, in der auch der berufliche Erfolg meist von der Lernfähigkeit abhängt. Man kann mehrere grundlegende Auffassungen der Lernpsychologie unterscheiden:

1. Die Reiz-Reaktions-Lehren (→ Behaviorismus). Sie gehen davon aus, daß der Organismus von den ihm möglichen Reaktionen auf Umweltreize jene beibehält, die bekräftigt werden, weil sie Erfolg haben. Diese sehr einfache Gesetzmäßigkeit könnte schon zu beträchtlichen sozialen Veränderungen führen, wenn man sie zum Beispiel in der Behandlung von Gesetzesübertretungen berücksichtigen würde (der Gewinn durch das Verbrechen erscheint in einer an → Bekräftigung armen sozialen Umwelt anziehender als in einer daran reicheren Umwelt; die herkömmlichen Strafprozeduren führen zu einer weiteren Verarmung der Umwelt und damit zu weiteren Verbrechen).
2. Lernen durch → Einsicht (→ Gestaltpsychologie).
3. Die psychoanalytische Lerntheorie. Sie verbindet eine Auffassung des Lernens durch → Nachahmung (→ Identifizierung) mit einer Untersuchung der Abwehrleistungen von Lernvorgängen und der oft selbstschädigenden Natur von Lernen in einer ungünstigen Umwelt (→ Neurose).

Wahrscheinlich genügt keine der bisherigen Lerntheorien, um das Lernen wirklich umfassend zu erklären. Alle sind noch zu sehr vom Ausgangsmaterial der Forscher geprägt, und es ist klar, daß eine Lerntheorie nicht allgemein zutrifft, wenn sie aus Tierexperimenten mit Ratten (Reiz-Reaktions-Lehren) oder aus der Behandlung seelisch gestörter Menschen (→ Psychoanalyse) abgeleitet ist.

Lernstörungen Behinderungen des Lernens, die nicht auf Intelligenzmangel oder einem ungenügenden Entwicklungsstand beruhen. Die Ursachen können sehr vielfältig sein. Es gibt Behinderungen, die auf körperlich nicht nachweisbare, geringfügige Gehirnstörungen zurückzuführen sind und durch besondere Übungen ausgeglichen werden können. Sehr viel häufiger sind Lernstörungen, durch → Neurosen die sich in gefühlsbedingten Blockierungen oder Schwierigkeiten bei der → Konzentration äußern. Sie beruhen möglicherweise auf zu hohen Anforderungen an die eigene Leistung (→ Ich-Ideal), auf einem unbewußt begründeten Mangel an → Motivation (es wird auf ein Examen gelernt, das nicht als eigenes Ziel, sondern als Wunsch der Eltern erlebt wird; die Lernstörung verbindet dann die Rache an den Eltern mit der Selbstbestrafung für die unbewußte Feindseligkeit diesen Eltern gegenüber). Lernstörungen verschiedener Art (wie → Leseschwäche) sind heute die häufigste Schwierigkeit, mit der Erziehungsberater aufgesucht werden. Neben den individuellen sind hier also auch gesamtgesellschaftliche Ursachen zu sehen (Wettbewerb in der Leistungsgesellschaft).

Leseschwäche (Legasthenie) Minderleistung in Lesen und Rechtschreibung bei sonst normal, ja sogar überdurchschnittlich begabten Schülern. Der Begriff ist in den letzten Jahren zunehmend in Frage gestellt worden, weil in der Mehrzahl der Fälle von Leseschwächen sicher keine organische Schädigung des Gehirns vorliegt, von der die Kinderärzte, welche den Begriff zuerst verwendeten, noch ausgingen. Die wichtigsten Ursachen der Leseschwäche scheinen ungeeignete, überfordernde Unterrichtsverfahren im ersten und zweiten Schuljahr zu sein, mangelnde Förderung des Kindes zu Hause (die sonst die Mängel eines schlechten Unterrichts ausgleichen kann), → Identifizierung des Kindes mit einem ebenfalls leseschwachen Elternteil oder gestörte Beziehungen in der → Familie.

Leukotomie (Lobotomie) Chirurgischer Eingriff, bei dem bestimmte Nervenbahnen im Gehirn zerstört werden. Sie wird gelegentlich bei sonst nicht behandelbaren Kranken mit → Schizophrenie und → Zwangsneurose verwendet. Die Kranken werden ruhiger, leichter zu pflegen, büßen aber möglicherweise an geistiger Leistungsfähigkeit ein, wobei diese Schäden nicht mehr behoben werden können. Daher wird diese Behandlung nur noch sehr selten angewendet.

Libido Sexuelle Triebkraft, durch die der Mensch angeregt wird, Lustgewinn aus → erogenen Zonen des Körpers zu suchen. Die Äußerungen der Libido entwickeln sich in der Kindheit in drei unterscheidbaren Phasen (→ Orale, → Anale, → Phallische Phase), wobei besondere Befriedigungsmöglichkeiten durch → Fixierung festgehalten und anläßlich späterer Belastungen in einer → Regression wieder aufgesucht werden können. S. Freud faßte seelische Krankheiten als Störungen der Libidoentwicklung auf. Er hat aber die Libido stets als eine (wenn auch besonders wichtige, da besonders starken Verboten unterliegende) Triebkraft unter mehreren angesprochen. Durch → Sublimierung kann Libido in kulturell wertvolle und anerkannte → Motive umgewandelt werden: die Sexualforschung des Kindes zum Beispiel in den Forschungsdrang des Erwachsenen. Die große Bedeutung der Libido ist heute weitgehend anerkannt, während eine Erklärung seelischer Störungen aus der Libidoentwicklung allein weitgehend in Frage gestellt wird und wohl nicht aufrechtzuerhalten ist.

Liebe Umgangssprachlicher Ausdruck für eine von freundschaftlichen, zärtlichen oder erotischen Gefühlen getragene Beziehung zwischen zwei Menschen.

Liebesentzug Entzug von Zuwendung und Aufmerksamkeit, meist als «Mutterberaubung» (englisch maternal deprivation) untersucht, welche bei Heimkindern (→ Hospitalismus) zu verschiedenen Schäden führt.

Liebesfähigkeit Die Fähigkeit, Liebesbeziehungen herzustellen, hängt von verschiedenen Einflüssen ab. Subjektiv wird sie meist als mehr oder weniger große Schwierigkeit erlebt, den «richtigen» Partner zu finden oder, wenn er gefunden ist, ihn zu «halten». In Verhaltensbegriffen gesprochen, schließt Liebesfähigkeit ein, daß ein Mensch für einen anderen genügend → Bekräftigungen aussendet und fähig ist, die Bekräftigungen eines anderen anzunehmen. Die Bekräftigungen können dabei in Worten ausgesprochen werden (Ich liebe dich, du bist schön, du bist der beste . . .) oder nichtverbal mitgeteilt werden, durch Blicke, Zärtlichkeiten.
Die häufigste Störung der Liebesfähigkeit beruht darauf, daß eine einfache Tatsache nicht erkannt oder vergessen wird: nur der erhält positive Bekräftigungen («Streicheleinheiten» nach dem Ausdruck der → Transaktionsanalyse) der sie auch gibt. In → Konflikt-Beziehungen erwartet häufig ein Partner, gestreichelt zu werden, wenn er den anderen kritisiert, herabsetzt, in der Art eines Elternteils angeklagt und Bestätigungen fordert. Solche Störungen der Liebesfähigkeit wurzeln meist in gestörten Kindheitssituationen, in denen das

Kind sich entweder mit einem kritisierenden Elternteil identifizierte (→ Identifizierung) oder ein Mißtrauen (→ Urvertrauen) gegen jede Form von Zuwendung, Bestätigung und Nähe (Intimität) entwickelte, weil es sich vor schmerzlichen Enttäuschungen schützen wollte.

Literatur und Psychologie Zwei Fragestellungen bieten sich hier an: Einmal die Stellungnahme von Schriftstellern und Dichtern zur Psychologie, zum anderen die psychologische Betrachtung literarischer Werke. Ein Satz wie «He was jung and she was freudened» bei James Joyce zeigt ebenso wie das «magische Theater» in Hermann Hesses «Steppenwolf» sehr deutlich, daß vor allem die → Psychoanalyse und die anderen Schulen der → Tiefenpsychologie die Aufmerksamkeit der Schriftsteller auf sich gezogen haben. Thomas Mann war mit Freuds Familie befreundet und hat in seinen späteren Werken (seit dem «Zauberberg») die Psychoanalyse ebenso aufgenommen, wie er sich in seiner Anfangszeit an dem Begriff der → Degeneration orientierte («Buddenbrooks»). Die Beziehung zwischen Literatur und Psychoanalyse ist gegenseitig. Seit S. Freuds Hinweis auf den Tagtraum-Charakter vieler Werke der Literatur haben sich vor allem Psychoanalytiker mit dem Zusammenhang zwischen der Lebensgeschichte eines Autors und den Gestalten seiner Werke befaßt. Während Freud noch die literarische Arbeit als → Sublimierung auffaßte, haben andere Tiefenpsychologen (wie C. G. Jung) darauf hingewiesen, daß → Kreativität eine ursprüngliche Leistung des → Unbewußten sei.

Lügendetektor Gerät, mit dem verschiedene Körperreaktionen (vor allem der elektrische Hautwiderstand und die Atem- sowie Herzschlag-Häufigkeit) fortlaufend aufgezeichnet werden. Die Anwendung zur Aufdeckung von Lügen beruht teilweise auf → Suggestion, teils auf der Ermittlung besonderer seelischer Spannungen, die sich zum Beispiel in einem Absinken des Hautwiderstandes ausdrücken können. Man bittet die geprüfte Person etwa zuerst, an eine einstellige Zahl zu denken, sagt die Zahlenreihe und kann dann (was höchst eindrucksvoll ist) dem Betreffenden meist genau sagen, an welche Zahl er gedacht hat, weil bei ihrer Nennung eine Veränderung der Meßwerte erfolgt. Damit wird eine suggestive Wirkung erzielt, welche die Wahrhaftigkeit von Aussagen wohl ebenso fördert, wie die weitere Kontrolle des körperlich-seelischen Spannungszustandes während eines Verhörs. Der Lügendetektor ist somit kein Mittel, um «Lügen» zu entdecken, sondern um erhöhte seelische Spannung zu ermitteln. Diese kann durch Lügen entstehen, aber auch durch viele andere Einflüsse. Deshalb ist viel Erfahrung notwendig, um mit diesem Gerät erfolgreich zu arbeiten, und die Ergebnisse sind nicht immer zuverlässig. In den meisten Ländern wird der Lügendetektor deshalb nicht als Beweismittel vor Gericht anerkannt.

Lustprinzip Richtlinie des Verhaltens (→ Bekräftigung); jeder Organismus strebt danach, lustvolle Zustände herzustellen und unlustvolle zu vermeiden. Nach der Vorstellung der → Psychoanalyse wird das Lustprinzip im Lauf der → Entwicklung durch das → Realitätsprinzip ersetzt.

M

Macht, Machtstreben Verhalten oder der Wunsch dazu, andere Menschen zu beherrschen oder ihnen überlegen zu sein. Machtstreben ist ein kulturell geprägter Wert, der in vielen Primitivkulturen weitgehend unbekannt ist, während er in den Leistungsgesellschaften eine recht große Bedeutung gewinnt. → Autoritäre Persönlichkeiten erleben mitmenschliche Beziehungen grundsätzlich als einen Kampf um Macht über Unterlegene oder als notwendige Unterordnung unter Überlegene. Eine ähnliche Haltung drückt sich zum Beispiel in der Forschungsrichtung der → Ethologie aus, vorwiegend oder ausschließlich die → Hackordnung in Tiergesellschaften zu untersuchen. In der → Psychotherapie findet man als Ursache eines ausgeprägten Machtstrebens häufig ein tiefes Mißtrauen (→ Urvertrauen) und eine mangelhafte Fähigkeit, sich geborgen und geliebt zu fühlen. → Individualpsychologie, Gemeinschaftsgefühl, Minderwertigkeitsgefühl

Magersucht Gestörtes Eßverhalten; vor allem bei Mädchen nach Eintritt der → Pubertät (Pubertätsmagersucht), ein nervös bedingtes Hungern. Anlaß sind oft kleine Bemerkungen («Ein bißchen pummelig bist du schon») oder die Entdeckung, daß der Körper weibliche Formen annimmt. Der Wunsch abzumagern, wird zu einer → Sucht; er wird auch dann noch zwanghaft befriedigt, wenn schwere körperliche Schäden durch das Untergewicht drohen. Meist ist die Nahrungsaufnahme allgemein gestört: zu den Mahlzeiten wird nicht gegessen, oder nach den Mahlzeiten erbrochen; in nächtlichen Raubzügen der Kühlschrank geplündert, nach Nahrungszufuhr oft versucht, durch Erbrechen oder Abführmittel den Körper wieder zu «reinigen». Die Ursachen liegen in unbewußten, durch eine → Psychotherapie aufzudeckenden und zu bearbeitenden Schwierigkeiten, die weibliche → Rolle zu übernehmen (dabei auch sich mit der Mutter genügend zu identifizieren).

Magie Auffassung natürlicher Vorgänge, bei der unerwiesene Ursache-Wirkungszusammenhänge als erwiesen angenommen werden (etwa: der Tod eines Mannes nach einem Schlangenbiß beruht darauf, daß ein Zauberer die Schlange geschickt hat). Die Magie geht von einer «Allmacht der Gedanken» (S. Freud) aus, die sich auch in manchen → Neurosen (→ Zwangsneurose) findet. Man hat versucht, in ihr eine urtümliche Form des → Denkens zu sehen, die auf Fehlanwendungen von → Assoziations-Gesetzen und mangelnder Unterscheidungsfähigkeit (zum Beispiel zwischen dem ausgefallenen Haar eines Menschen, das ein Zauberer verbrennt, und dem Körper dieses Menschen selbst) beruht. Doch sind die Menschen in den Primitivkulturen, die an Magie glauben, in anderen Lebensbereichen sehr wohl zu kritischem, realistischem Denken fähig. Es ist wohl richtiger, das magische Denken als durchaus sinnvolle, allerdings – verglichen mit dem kritischen Denken – weniger erfolgreiche Form der geistigen Anpassung anzusehen. Die Magie erfüllt in ihrer Form als «weiße», wohlwollende Magie sehr wichtige seelische Stützfunktionen, um die zahlreichen Gefahren zu mildern, welche die Fortdauer des erwachenden menschlichen Bewußtseins gefährden mußten. Sie ist somit die älteste → Psychotherapie.

Manie Die ursprüngliche Bedeutung des aus dem Griechischen stammenden Wortes ist Raserei. In der → Psychiatrie wird sie als Gegenpol der → Depression (→ Melancholie) angesehen: Kranke, die an Manie leiden, sind unruhig, scheinen gehobener Stimmung, singen oder tanzen gern, verlieren jede Kritik an sich selbst. Unbehandelt dauern Manien selten länger als ein halbes Jahr; sie sprechen meist gut auf → Psychopharmaka an.

Männlicher Protest Bei Männern und Frauen im Zuge einer Bewältigung von → Minderwertigkeitsgefühlen auftretende Neigung, weiblich, abhängig und passiv scheinende Regungen abzuwehren, um jeden Preis eine herrschende und aktive Rolle zu spielen. Der männliche Protest kann nur in patriarchalisch aufgebauten (also von Männern und einem → Ideal «harter Männlichkeit» beherrschten) Gesellschaften auftreten. Laut A. Adler, der den Begriff prägte, kennzeichnen ihn vor allem → Trotz, Überempfindlichkeit, → Machtstreben und Ehrgeiz.

Marathon-Gruppe Form der → Encounter-Gruppe, die sich ohne Unterbrechung für 16, 24, ja sogar 48 Stunden trifft, wobei die Gruppenmitglieder zusammen essen und häufig auch in einem Raum schlafen (auf einem Matratzenlager). Die gegenüber anderen Formen der → Selbsterfahrungsgruppen stark verlängerte Dauer der Sitzung dient dazu, den Gruppenprozeß nicht durch mehr oder weniger künstliche Einteilungen abreißen zu lassen und auf dem Weg über die körperliche und seelisch-geistige Dauerbeanspruchung → Abwehrmechanismen zu schwächen, so daß neue Erfahrungen eher möglich werden.

Masochismus Im engeren Sinn sexuelle Anomalie, bei der Erregung und Orgasmus vorwiegend oder ausschließlich in Situationen zustande kommen, in denen der Masochist erniedrigt, getreten, geschlagen wird, wobei die oder der Partner noch besondere Kennzeichen aufweisen sollen (Lederbekleidung, Peitsche, hohe Stiefel, Lehrerinnen- oder Offiziers-Habitus). Im weiteren Sinn selbstschädigende und selbstzerstörerische Neigungen allgemein, die oft in der Kindheit entstehen, zum Beispiel dadurch, daß die Eltern dem Kind, das sich weh getan hat, Zuwendung geben und das fröhliche Kind ablehnen («Die Vögel, die in der Frühe am lautesten singen . . .»). Ein solches Verbot, sich zu freuen und glücklich zu sein, kann dazu führen, daß der Betroffene immer wieder Situationen, in denen er glücklich sein könnte, abbricht oder von vornherein vermeidet. Ursachen des Masochismus im weiten Sinn ist ein sehr strenges → Über-Ich, das zu einem → Strafbedürfnis führt («Nichts ist schwerer zu ertragen als eine Reihe von guten Tagen»). → Depression

Massenpsychologie Gegenüber der kleinen → Gruppe, die sich von Angesicht zu Angesicht (face to face) kennt, betrifft der Ausdruck Masse eine nicht organisierte, meist vorübergehende Menschenansammlung «Ellbogen an Ellbogen». Massen neigen zu einer → Illusion der Macht, zu gegenseitiger Ansteckung mit Gefühlen und Gedanken und zur kritiklosen Übernahme von Anschauungen oder Verhaltensweisen, die manche Individuen darin einzeln nicht vertreten würden. Diese Vorgänge sind wissenschaftlich nur sehr ungenügend geklärt, weil sich die Forschung auf die → Gruppendynamik konzentrierte. Eine wichtige Rolle scheint die → Identifizierung mit einem bestimmten Ziel der Masse («Nieder mit dem . . . ismus») oder mit einem bewunderten → Führer zu spielen, der von den Mitgliedern an die Stelle ihres eigenen, prüfenden und abwägenden → Über-Ich gesetzt wird.

Meditation Das Wort ist von dem lateinischen «meditari» abgeleitet, das «üben» und «nachsinnen» bedeutet. Gemeint sind verschiedene, zunächst in religiösen Bereichen wurzelnde Techniken, innere Ruhe und Konzentration zu finden, den Grund des eigenen Lebens, des eigenen Selbst zu erfassen, wobei eine Einheit von vernünftigen Überlegungen und Gefühlen des Einswerdens mit der Wirklichkeit angestrebt wird.

Meditation läßt sich psychologisch als eine Form der → Hypnose verstehen, wobei der Meditierende beide Rollen übernimmt: die des Hypnotiseurs und die des Hypnotisierten (Selbsthypnose). Die in dieser Form vermittelten Inhalte sind sehr unterschiedlich. Sie betreffen Elemente des christlichen Glaubens, wie in der Meditation während der Exerzitien nach Ignatius von Loyola, aber auch geistige Ziele östlicher Religionen (Yoga, Zen-Buddhismus). Durch bestimmte Körperhaltungen und begleitende Atemübungen werden in der Meditation unter Umständen seelische Ausnahmezustände erzielt, in denen neuartige Einsichten ermöglicht oder die Bewältigung innerer Schwierigkeiten erleichtert wird. Auf der anderen Seite ist die Gefahr einer → Regression in eine passive Haltung als Flucht vor einer unbefriedigenden und scheinbar unveränderlichen Wirklichkeit nicht zu verkennen. Meditation läßt sich auch kaum in Schnellkursen und mit Hilfe einfacher Kniffe (wie Aufsagen eines «geheimen» Wortes) erlernen, sondern bedarf individueller Anleitung und längerer Übung, wenn wirkliche Veränderungen im Sinn von mehr Gelassenheit, innerer Ruhe und körperlicher wie seelischer → Entspannung auftreten sollen.

Meinungsforschung Gewinn von Einsichten in die «öffentliche Meinung», wobei neben Meinungen auch → Einstellungen, → Stimmungen oder → Wünsche erforscht werden. Ihre Grundlage ist die Befragung von «Stichproben», das heißt ausgewählten Vertretern der Bevölkerung, die für die Gesamtbevölkerung «repräsentativ» sind, also ihre Zusammensetzung nach Alter, Geschlecht, Weltanschauung, Einkommen widerspiegeln. Eine Telefonumfrage etwa kann kaum eine solche repräsentative Stichprobe ergeben, weil sie nur die Menschen erfaßt, die ein Telefon besitzen. Die Bedeutung solcher genau ausgewählter Stichproben ist allgemein deutlich geworden, seit 1936 eine amerikanische Zeitschrift mit über 10 Millionen Stimmzettel-Voranfragen eine falsche, G. Gallup mit einigen tausend → Interviews aber eine richtige Wahlvorhersage stellte. Seither ist die Meinungsforschung zu einem sehr wichtigen Barometer besonders im Hintergrund politischer Entscheidungen geworden.

Melancholie Griechisch für «schwarze Galle»; nach der antiken Lehre von den Körpersäften sollte ein Übermaß dieser Galle zu gedrückter Stimmung führen. Heute meist gleichbedeutend mit schweren Formen der → Depression.

Metaphysik Lehre vom Übernatürlichen, von dem, was jenseits des Bereichs der Naturforschung (der Physik) liegt.

Metapsychologie Psychologische Erklärungen, die mit Begriffen arbeiten, deren Inhalt nicht mehr durch unmittelbare Beobachtung nachgeprüft werden kann, sondern solche Beobachtungen zusammenfaßt. Der Ausdruck wird vor allem in der → Psychoanalyse gebraucht und bezieht sich auf seelisch nicht unmittelbar erlebte Instanzen (→ Es, Ich, Über-Ich) oder → Triebe (→ Lebenstrieb, Todestrieb).

Methode Weg, auf dem in einer Wissenschaft Erkenntnis gewonnen wird. Die Methoden der Psychologie sind Beobachtung und → Experiment, sowie die Bearbeitung der so gewonnenen Daten mit Hilfsmitteln der → Statistik.

Milieu Umwelt eines Menschen, wobei vor allem die kulturellen, wirtschaftlichen und mitmenschlichen Einflüsse gemeint sind.

Minderwertigkeitsgefühl, Minderwertigkeitskomplex Das → Gefühl der Minderwertigkeit ist bewußt, der entsprechende → Komplex unbewußt und nur durch besondere Methoden (→ Psychoanalyse) zu erschließen. Laut A. Adler, der diese Ausdrücke prägte, leidet schon das Kind darunter, daß es den Erwachsenen unterlegen ist, und entwickelt daraus ein kompensatorisches (ausgleichendes) → Machtstreben, vor allem dann, wenn in der → Erziehung diese Gefühle nicht berücksichtigt werden. In einer von Wettbewerb geprägten Gesellschaft ist es in der Erziehung aber fast allgemein verbreitet, den «schlechteren» in einer Leistung geringer einzuschätzen als den «besseren», und auf diese Weise dem Kind, das in allem «schlechter» ist, ein tiefes Gefühl der Minderwertigkeit einzuflößen. Als Minderwertigkeitskomplex sind die damit verbundenen Vorstellungen und → Reaktionsbildungen anzusprechen, darunter die Neigung, andere durch Kritik zu demütigen (→ Identifizierung mit dem Angreifer) und die eigene Geltung besonders zu unterstreichen.

Moral Jede Gesellschaft kennt Verhaltensvorschriften, die für ihre Mitglieder gelten. Die Vorschriften, welche das soziale Verhalten betreffen, nennt man Moral; das in Europa wichtigste Beispiel für solche moralischen Gebote und Verbote sind die Zehn Gebote des alten Testaments. Manche moralischen Vorschriften sind in allen Kulturen gültig; so ist es nirgends erlaubt, seine Mutter zu heiraten oder seinen Bruder zu erschlagen. → Inzesttabu, Über-Ich, Gewissen

Motiv Beweggrund menschlichen Handelns, der als → Gefühl, → Wunsch oder → Affekt erlebt wird. Man kann primäre (naturgegebene) und sekundäre (kulturgegebene, erlernte) Motive unterscheiden. → Bedürfnis

Motivation Lehre von den → Motiven menschlichen Handelns oder die Antriebsseite des Verhaltens schlechthin. Versuche, Motive zu ordnen, sind seit längerer Zeit unternommen worden, wobei die starken Einflüsse von Lernvorgängen auf die menschliche Motivation aber eine genaue Aufstellung sehr erschweren. Viele Forscher haben den Unterschied zwischen angeborenen (primären) und erworbenen (sekundären) → Bedürfnissen zugrunde gelegt, der eine erste Einteilung ermöglicht, aber die Wechselwirkung zwischen beiden Bereichen vernachlässigt. Die auf ein oder zwei große Themen bezogenen Motivationstheorien, wie die → Libido-Theorie der → Psychoanalyse, sind zwar für die praktische Orientierung gut geeignet, aber sicher nicht umfassend genug. Wenige, grundlegende Bedürfnisse, aus denen sich zahllose kulturell, familiär und kreativ geprägte Einzelmotive entwickeln, sind das zur Zeit wohl zutreffendste Bild. Dabei rücken neben den schon immer beachteten Grundbedürfnissen wie Hunger, Durst, Atmung, geeignete klimatische Umwelt, Ausscheidung in letzter Zeit die speziell auf die menschliche Natur als Gruppenwesen und «Kulturtier» bezogenen Bedürfnisse in den Mittelpunkt der Aufmerksamkeit: die → Neugieraktivität, das heißt das Bedürfnis nach Reizung der Sinnesorgane im Zug einer forschenden Erweiterung des Bildes der Umwelt (ein sehr wichtiges Bedürfnis von Kindern und unter günstigen Umständen auch von Erwachsenen), das Bedürfnis nach → Kontakt und bestätigenden mitmenschlichen Beziehungen (Sicherheitsbedürfnis). Hier scheinen auch die Bedürfnisse des → Ich im Gegensatz zu denen des → Es im Modell der → Psychoanalyse angesprochen.

Mutterbindung Für das Kind ist eine starke Bindung an die frühen Bezugspersonen selbstverständlich und lebenswichtig. Im Erwachsenenalter sollten diese Bindungen (wobei Mutterbindung nur ein patriarchalisch gefärbter Oberbegriff für Bindungen an solche Bezugspersonen allgemein ist) von der wirklichkeitsbezogenen Vernunft geprüft und nur so weit beibehalten werden, als es den Interessen des Erwachsenen entspricht. Manchmal spricht man von einer Mutterbindung nur dann, wenn diese in ungewöhnlich verlängerter Form vorliegt (→ Abhängigkeit). Diese Bindung drückt sich keineswegs immer darin aus, daß die Mutter so verehrt wird, daß der Sohn zum Beispiel nicht heiratet, weil er es seiner Mutter nicht antun will. Sie kann sich auch in ständigen Streitereien mit der Mutter ausdrücken, in der mangelnden Fähigkeit, Abstand von den Forderungen und Wertvorstellungen der Mutter zu halten. In diesen Fällen erfüllt der Streit mit der Mutter die Funktion, eine Ablösung zu verhindern, in der ihre Bedeutung für die Gegenwart endgültig klar von ihrer Bedeutung in der Vergangenheit getrennt wird.

Mutter–Kind-Beziehung Die Annahme eines «Mutterinstinktes», der zwingend eine ganz besondere Verbindung zwischen Mutter und Kind herstellt, ist nicht bestätigt worden. Die Beziehung einer Mutter zu ihren Kindern wird durch ihre eigene Lebensgeschichte bestimmt; häufig sind in ihr → Übertragungen nachweisbar (das Kind wird möglicherweise als Rivale erlebt, wie früher ein Geschwister). Allgemein sind die frühesten Bezugspersonen eines Kindes von besonderer Bedeutung für seine → Persönlichkeit (→ Identifizierung). Daß unter diesen frühesten Bezugspersonen in den meisten Industriegesellschaften die Mütter eine besonders große Bedeutung haben, ist kein Naturgesetz, sondern ebenso das Ergebnis gesellschaftlicher Vorgänge wie die Berufstätigkeit meist nur des Vaters. In vielen Primitivkulturen wird diese überwiegende Bedeutung der Mutter in der Kleinfamilie durch vielfältige Gruppenbeziehungen des Kindes ersetzt.

N

Nachahmung Willkürliches oder unwillkürliches Geschehen, bei dem Verhaltensweisen eines anderen Menschen übernommen werden. Nachahmung ist bereits bei Affen ein wichtiger Weg, auf dem soziale Verhaltensweisen erworben werden; man spricht daher auch abschätzig von «nachäffen», ohne die große Bedeutung dieser Fähigkeit (Identifizierung) für die menschliche Entwicklung zu verstehen. Nachahmung dürfte auch die am häufigsten vorliegende Grundlage des Erwerbs sozialer Fertigkeiten beim Menschen sein (→ Lernen). Bei kleinen Kindern ist die Nachahmung oft noch unabsichtlich. Sie führen oft Bewegungen aus, die ihnen vorgemacht werden, auch wenn diese keinen erkennbaren Sinn für sie haben. Im späteren Leben wird die Nachahmung bewußt eingesetzt, wie zum Beispiel im Erlernen von Sportarten.

Narzißmus Selbstliebe, Wendung der → Libido auf das eigene → Selbst. Ausdruck der → Psychoanalyse für einen Bereich des Erlebens, den man mit Selbstgefühl nur ungenügend kennzeichnen kann. Er schließt ein: 1. Den Aufbau des → Selbst in der Kindheit, wobei unter Selbst das innere Bild des eigenen körperlich-seelischen Organismus zu verstehen ist. 2. Phantasien über ein großartiges, allmächtiges, eigenes Selbst und ein nicht klar von diesem getrenntes Selbst-Objekt (da in der frü-

hesten Kindheit Selbst und → Objekt nicht als verschiedene Einheiten erlebt werden). 3. In reiferen Formen → Kreativität, Humor, Genießen der Natur (der Luft, des Wassers, der Landschaft in ihren das Selbst stützenden Eigenschaften). 4. Das Bedürfnis, mit idealisierten Menschen oder idealisierten Werten zu verschmelzen.
Die normale Entwicklung des Narzißmus verläuft von unreifen Formen, in denen andere Menschen unbedingt gebraucht werden, um das narzißtische Gleichgewicht zu erhalten (→ Abhängigkeit), zu reiferen Formen, bei denen die eigenen, inneren Werte und die verinnerlichten Objekte mit narzißtischer Libido besetzt werden. Diese Entwicklung wird dann gestört, wenn die frühen Bezugspersonen dem Kind nicht genügend narzißtische Bestätigung geben (der «Funken im Auge der Mutter», der das Da-Sein des Kindes bestätigend widerspiegelt). Das Kind wird nicht in seinem Da-Sein und damit seiner eigenständigen Entwicklung angenommen, sondern nur innerhalb der vom Narzißmus der Eltern bestimmten Vorstellungen («Der Junge muß einmal ein großer Schauspieler werden»). In der → Psychoanalyse und → Psychotherapie wird die Erforschung und Behandlung von Menschen immer wichtiger, deren Entwicklung gerade im Bereich des Narzißmus gestört ist.

Neo-Psychoanalyse Sammelbegriff für Richtungen, welche von S. Freud ausgehend grundlegende neue Begriffe in die → Psychoanalyse einführen wollten. Da die → Psychoanalyse grundsätzlich als sich entwickelnde Wissenschaft aufzufassen ist, scheint der Ausdruck ebenso sinnvoll wie etwa «Neo-Physik».

Neugieraktivität Wichtiges primäres → Bedürfnis nach der Erweiterung des bekannten Lebensraums, das äußeres und inneres Probehandeln anregt. Man kann mit K. Lorenz den Menschen als nicht-festgelegtes Neugierwesen ansprechen; die Neugieraktivität hat ihren biologischen Sinn darin, daß seelische → Funktionen für den Ernstfall geübt werden. Sie ist damit eine mit der → Funktionslust eng verbundene, dem → Ich verfügbare Quelle seelischer Energie. Wenn sie von den Bezugspersonen des Kindes angenommen und bestätigt wird, kann sich aus ihr → Kreativität des Erwachsenen entwickeln. Die Annahme einer ererbten → Disposition des Menschen zum Neugierverhalten überwindet dabei die Schwierigkeiten, welche die Auffassung der → Psychoanalyse über die → Sublimierung enthält.

Neurose Störungen des Erlebens und Verhaltens, bei denen im Gegensatz zu den → Psychosen die Einsicht erhalten bleibt, daß eine solche Störung vorhanden ist. Als der Begriff im 18. Jahrhundert geprägt wurde, umfaßte er neben der → Hysterie auch andere, heute als körperlich bedingt erkannte Leiden: den Zustand nach einem Schlaganfall, die → Epilepsie oder Nervenlähmungen. Erst S. Freuds Forschungen (→ Psychoanalyse) über die erlebnisbedingten Ursachen von Neurosen erlaubten eine immer deutlicher werdende Grenzziehung zwischen solchen Störungen und anderen, die oft äußerlich ähnliche → Symptome bewirken, aber nicht auf einer gestörten Erlebnisverarbeitung, sondern auf organischen Schäden beruhen. Gleichzeitig konnte Freud zeigen, daß neurotische Störungen Extremformen – Vergröberungen und Vergrößerungen – von Vorgängen sind, die in der Persönlichkeitsentwicklung aller Menschen vorkommen (→ Ödipuskomplex, Abwehr, Identifizierung, Verdrängung).
Man kann Freuds Neurosenlehre in ei-

nen formalen und einen inhaltlichen Teil gliedern. Formal gesehen, entsteht die Neurose durch ein Mißglücken der Abwehr unbewußter Wünsche (→ Motive), die entweder einen innerseelischen → Konflikt auslösen würden, der nicht überwindbar scheint, oder eine starke Bedrohung von außen nach sich zögen. Daher wird der Konflikt zwischen Wunsch und Abwehr nicht bewußt verarbeitet, sondern verdrängt: die Wunschregung und ihre Abwehr verschwinden beide aus dem → Bewußtsein, bleiben jedoch im → Unbewußten aktiv und suchen erneut, in das Bewußtsein einzudringen, um damit den Zugang zu den Handlungsmöglichkeiten, welche dieses besitzt, zu gewinnen. Um eine vom Zusammenbruch bedrohte → Verdrängung aufrechtzuerhalten, benützt das → Ich nun zusätzliche, krankhafte → Abwehrmechanismen, darunter die → Verschiebung (statt des Vaters, der sich in der unbewußten kindlichen Phantasie für die sexuellen Wünsche rächt, wird ein Hund, ein Wolf, ein Pferd ... gefürchtet) oder die → Konversion: Ein körperliches Leiden zieht die Aufmerksamkeit des Bewußtseins an sich und befriedigt das Strafbedürfnis des → Über-Ich. Inhaltlich sind es vor allem sexuelle Phantasien aus der Kindheit, die den Verdrängungsprozeß in Gang setzen, wobei → Fixierungen sowohl durch besondere → Trieb-Stärke wie durch besonders ungünstige Umwelteinflüsse zustande kommen können (→ kindliche Sexualität, Ödipuskomplex).
Von anderen Vertretern der → Tiefenpsychologie und in jüngerer Zeit auch von seiten der → Verhaltenstherapie ist diese Neurosenlehre erweitert, aber auch angegriffen worden. Den heutigen Stand der Diskussion kann man so zusammenfassen: An der Wirklichkeit und Bedeutung von Freuds Beobachtungen ist kein Zweifel mehr, doch sind seine Ansätze in den meisten Bereichen noch ergänzungsbedürftig und gelten wohl auch nicht für alle Neurosen, sondern nur für den in Freuds Patientenkreis (dem Bürgertum des 19. und beginnenden 20. Jahrhunderts) vorherrschenden Typ.

Neuroseformen Es gibt verschiedene Einteilungen von Neurosen. Die erste ist die in Psycho- und Organneurosen: in Neurosen mit seelischen → Symptomen (Zwangsvorstellungen, Ängsten) oder mit körperlichen Symptomen (→ psychosomatische Krankheiten). Eine andere Einteilung trennt die «Übertragungsneurosen» (→ Hysterie, Zwangsneurose, Phobien) von den «narzißtischen Neurosen», worunter Freud die → Psychosen verstand, weil er glaubte, daß diese Kranken keine zuverlässige Beziehung (→ Übertragung) zum Therapeuten herstellen können. In einer dritten Einteilung trennt man Symptom- und Charakterneurosen. Die Symptomneurosen sind durch auffällige Leidenszeichen, wie → Ängste, → Konversion, Zwangssymptome (→ Zwangsneurose), → Depressionen gekennzeichnet. Bei den Charakterneurosen sind es weniger auffällige Schwierigkeiten, mit dem Leben zurechtzukommen: oft ungeeignete Partnerwahl, immer wieder scheiternde Beziehungen, allgemeine Unzufriedenheit.

Nicht-direktive Psychotherapie Von C. Rogers begründete Richtung der → Psychotherapie, auch Gesprächstherapie oder klientenzentrierte Therapie genannt, bei der ohne eine ausgearbeitete → Neurosen-Lehre der Therapeut durch ein besonderes, mit Hilfe von Tonbandaufnahmen und Fragebögen (→ Tests) überprüftes Verhalten versucht, günstige Persönlichkeitsänderungen zu bewirken. Dieses Verhalten umfaßt 1. → Einfühlung und mitmenschliche Wärme. 2. Verbalisierung emotionaler Inhalte der Äußerungen des → Klienten; dabei versucht der Therapeut mit Worten das auszudrücken, was seinem Empfinden nach der Klient augenblicklich fühlt. 3. → Echtheit.

Norm Wert, dessen Gültigkeit von einer größeren Gruppe der Gesellschaft angenommen wird. In der Psychologie sind zwei Arten von Norm wichtig: Die Ideal-Norm und die Durchschnitts-Norm. Vom Standpunkt der Durchschnitts-Norm sind zum Beispiel selbstschädigende Verhaltensweisen wie Zigarettenrauchen und Bewegungsmangel «normal», während sie vom Standpunkt einer Ideal-Norm aus ebensowenig normal sind wie etwa kariesbefallene Zähne, an denen ungefähr 95 Prozent unserer Bevölkerung leiden. Die Antwort auf die Frage «ist das normal» oder «bin ich normal», die der Psychologe so oft hört, setzt also voraus, daß zwischen diesen beiden Normvorstellungen unterschieden wird. Abweichungen von der Durchschnittsnorm werden mit Hilfe der Statistik ermittelt. Begriffe wie «normale Intelligenz», «normale Entwicklung» beziehen sich in der Regel auf die Durchschnitts-Norm.

Normalität Zustand, der einer bestimmten → Norm entspricht.

Nymphomanie Gesteigertes sexuelles Bedürfnis bei Frauen. Es entsteht häufig dadurch, daß durch ungünstige Familienbedingungen ein rastloser Hunger nach Bestätigung und Zuwendung entstanden ist, der im sexuellen Bereich ausgelebt wird. Eine Schlüsselsituation ist hier die → Pubertät. Die werdende Frau erkennt, daß sie als Sexualobjekt allseits begehrt wird, während sich früher niemand für sie interessierte. Da die Fähigkeit zu tiefergehenden, gefühlshaften → Bindungen unterentwickelt blieb, ist wirkliche Befriedigung durch die sexuellen Beziehungen selten, zumal Nymphomanie in einer patriarchalisch bestimmten Gesellschaft sozial abgewertet wird (was sich auch daran zeigt, daß dieser Begriff kein männliches Gegenstück hat).

O

Objekt Ausdruck der → Psychoanalyse, in der man zwischen dem «Objekt» und dem «Ziel» eines → Triebes unterscheidet. Im weiteren Sinn für Menschen gebraucht, die für ein Kind oder einen Erwachsenen Bedeutung gewinnen. Es gibt etwa «gute» und «böse» Objekte, auch Teilobjekte (wie die Brust der Mutter).

Objektbesetzung Wendung von → Libido auf eine Person. Die früheste Objektbesetzung gilt in der Regel dem Menschen, der ein Kind vorwiegend betreut (→ Mutterbindung). Die in der Objektbesetzung nach außen verlegte → Libido kann, wenn das Objekt aufgegeben wird (etwa wegen einer Enttäuschung oder einer Trennung), zurückgezogen werden. In anderen Fällen erfolgt diese Rückführung der Libido ins → Ich durch → Identifizierung.

Objektbeziehung Durch → Objektbesetzung entstandene → Beziehung zu einem anderen Menschen. Der Niederschlag der Objektbeziehungen ist ein wichtiges Stück im Werden der → Persönlichkeit eines Menschen. Jeder Mensch neigt dazu, die Art seiner frühen Objektbeziehungen auf spätere Beziehungen zu übertragen. → Übertragung, Familie.

Obsession Besessenheit. Gleichbedeutend mit Zwang (→ Zwangsneurose).

Ödipale Phase Zeit der Ausbildung des → Ödipuskomplexes. → phallische Phase. Die ödipale Phase beginnt in der Regel im dritten und endet im siebten Lebensjahr.

Ödipuskomplex Ödipus war ein Held des griechischen Mythos, der wegen des Orakels, er werde seinen Vater töten und seine Mutter heiraten, als Kind ausgesetzt und bei Fremden aufgezogen wurde. Auf der Suche nach seinen leiblichen Eltern erschlägt er seinen Vater und gewinnt dadurch, daß er das Rätsel der Sphinx (eines Ungeheuers) löst, die Hand seiner Mutter. S. Freud hat in den Begründungen, welche die griechische Sage für den vollzogenen Inzest (den Geschlechtsverkehr mit engen Blutsverwandten) findet, → Rationalisierungen einer Ur-Phantasie gesehen, die in der Kindheit jedes Menschen eine wichtige Rolle spielt. Die Blendung des Ödipus nach Aufdeckung des Inzests vergleicht er mit der → Kastration, welche in der kindlichen Phantasie die Strafe für den Inzest ausmacht. In der → Psychoanalyse gilt der Ödipuskomplex als «Kernkomplex der → Neurose», was wohl auch zutrifft, wenn man ihn als Kurzformel für die Gesamtheit der Gefühlsbeziehungen eines Kindes zu den Mitgliedern der Kernfamilie auffaßt. In der engeren, an die → Libido-Theorie gebundenen Fassung des Begriffs enthält der Ödipuskomplex des Jungen die Liebe zur Mutter, verbunden mit Phantasien im Rahmen der → kindlichen Sexualität (oft als Parallele zu Beobachtungen an Tieren), die Mutter ganz in Besitz zu nehmen.

Der Ödipuskomplex kann durch eine Strafdrohung untergehen (→ Kastrationsangst): dem Kind wird beispielsweise gesagt, wenn es nicht aufhöre, an seinem Penis zu spielen, werde ihn der Vater (oder der Arzt) abschneiden. Diese Drohung kann durch eine Kastrationsphantasie ersetzt werden, wenn der Junge das (vermeintlich) kastrierte Mädchen nackt sieht. Endlich kann der Ödipuskomplex auch in Familien, welche die kindliche Sexualität nicht bestrafen, durch die heftige Scham verdrängt werden, die entsteht, wenn das Kind erkennen muß, daß es wegen des Größenunterschieds der Geschlechtsteile von der Mutter nicht ernst genommen werden kann. Beim Mädchen verläuft der Ödipuskomplex nach Freuds Auffassung anders. Es verliebt sich zuerst ebenfalls in die Mutter und lehnt den Vater als Nebenbuhler ab. Doch unter dem Eindruck des eigenen Penismangels entwickelt es eine Abneigung gegen die Mutter, die es nicht mit diesem Körperteil ausgestattet hat, und wendet sich dem Vater zu, der es besitzt. Der Peniswunsch drückt sich dann später im Kinderwunsch des Mädchens aus, wobei erst ein «Kind vom Vater» vorgestellt wird. Wegen dieses doppelten Ansatzes besteht der Ödipuskomplex bei Mädchen oft länger, bis in die → Pubertät hinein. Der «Untergang des Ödipuskomplexes» erfolgt beim Jungen durch die Kastrationsangst, beim Mädchen durch die Ablösung der Libido vom Vater; der Junge identifiziert sich dabei mit dem Vater, das Mädchen mit der Mutter. Damit ist nur der häufigste Verlauf geschildert, von dem es viele wichtige Ausnahmen gibt: die weibliche Einstellung zum Vater (umgekehrter Ödipuskomplex) oder die Situation der unvollständigen Familie . . . Aus dem Ödipuskomplex stammen viele der → Verdrängungen, welche nach der Neurosen-Lehre der → Psychoanalyse für spätere neurotische → Symptome (vor allem der → Hysterie) verantwortlich sind. → Elektra-Komplex

Onanie Gleichbedeutend mit → Selbstbefriedigung. Der biblische Onan (1. Moses 38, 8–10), nach dem der Ausdruck geprägt ist, übte den → Koitus interruptus aus. Das scheinbare Mißverständnis der Wortwahl spiegelt die abwehrende und abwertende Haltung der Gesellschaft im vergangenen Jahrhundert wider, die Onanie zur Todsünde stempeln wollte und dabei auch vor einer Bibel-Verfälschung nicht zurückschreckte.

Operantes Lernen Lernen aktiver Verhaltensweisen (→ Konditionieren, Behaviorismus), die dem Organismus im Gegensatz zu den unbedingten Reflexen (→ Bedingter Reflex) nicht vorgegeben sind, durch schrittweise → Bekräftigung.

Optische Täuschung Durch den Gestaltcharakter der → Wahrnehmung (→ Gestaltpsychologie) bedingte, physikalisch «falsche» Wahrnehmung bestimmter Reize. Sie bietet gute Belege für die aktive Verarbeitung der Umwelt durch Auge und Gehirn. Bei diesem Zeichen

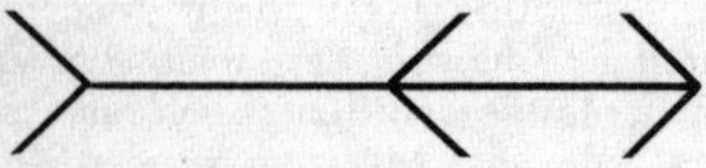

erscheint jedem Betrachter die linke Strecke länger als die rechte, obwohl beide gleich lang sind. Unser Wahrnehmungsapparat verwertet eben nicht nur Einzelreize, sondern die gesamte → Gestalt. Diese Prozesse der Gestalterfassung sind an den häufigsten Fällen der Wahrnehmung orientiert und zielen darauf ab, ein möglichst beständiges, der Orientierung dienendes Bild der Umwelt zu verschaffen. Die optischen Täuschungen zeigen, daß das gelegentlich auf Kosten der spiegelbildlichen, genauen Erfassung von Einzelheiten geht.

Die Diagonale im größeren Parallelogramm erscheint länger als die im kleineren.

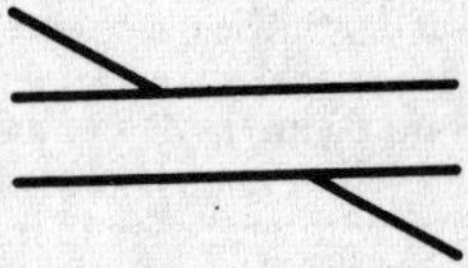

Der rechte Teil der von den Parallelen unterbrochenen Geraden erscheint gegenüber dem linken Teil versetzt.

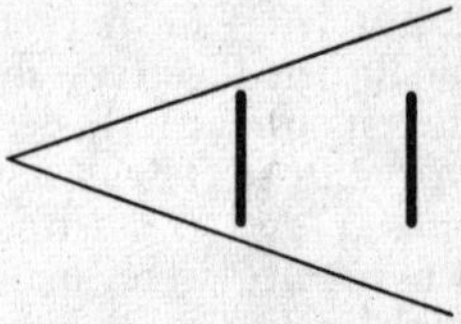

Die linke der beiden senkrechten Geraden erscheint länger als die rechte.

Die parallelen Waagerechten erscheinen nach oben rechts beziehungsweise unten rechts geneigt.

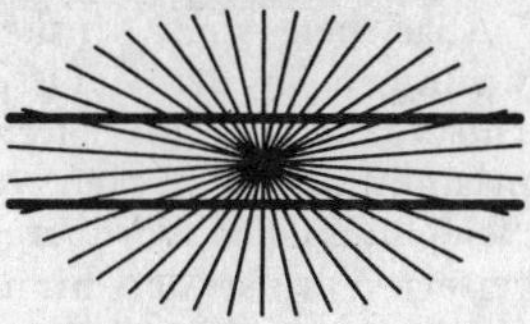

Die waagerechten Parallelen erscheinen um das Zentrum des Strahlenbündels herumgebogen.

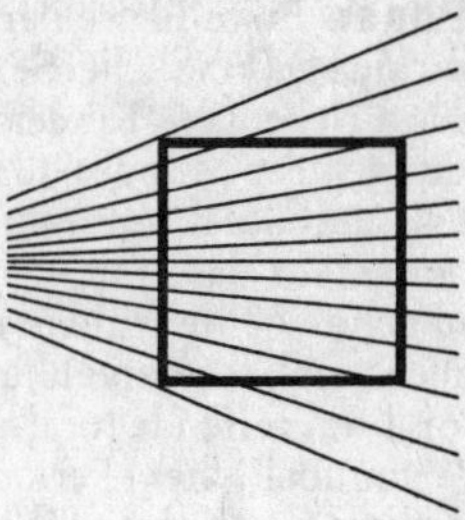

Das Quadrat erscheint zum Trapez verzerrt.

Die Figuren scheinen nach rechts hin größer zu werden.

Beispiele für geometrisch-optische Täuschungen.
Quelle: Klaus D. Heil «Programmierte Einführung in die Psychologie», Rowohlt Taschenbuch Verlag, Reinbek bei Hamburg, 1975, und Edi Lanners «Illusionen», Bucher Verlag, Luzern, 1973

Orale Phase Erste Phase der → Libido-Entwicklung (kindliche Sexualität), in der das Erleben des Kindes von den Empfindungen des Mundes, (der Lippen und der Mundhöhle) bestimmt ist. Sie umfaßt ungefähr das erste Lebensjahr, wobei manchmal eine frühere oral-aufnehmende (oral-rezeptive) und eine spätere oral-angreifende (oral-aggressive oder «kannibalische») Periode unterschieden werden. In der frühen oralen Phase ist das Kind noch nicht fähig, ganze Personen wahrzunehmen; es reagiert auf Teilobjekte (→ Objekt), zum Beispiel die Mutterbrust. In dieser Zeit kann die früheste Bezugsperson noch ohne auffällige Folgen ausgetauscht werden. In der späten oralen Phase, etwa vom sechsten Monat bis zum Ende des ersten Jahres, wird eine → Mutterbindung zu der Pflegeperson aufgebaut, die sich dem Kind besonders zuwendet. Das Kind ist in der oralen Phase völlig von der → Primärgruppe abhängig, die ihm ein angemessenes Gleichgewicht von Reizzufuhr und Reizschutz vermitteln muß. Störungen während dieser Zeit, die zu → Fixierung und späteren → Regressionen führen, sind nach den Vorstellungen der → Psychoanalyse Mitursachen für → Schizophrenie und → Depressionen. Weniger schwerwiegende Folgen sind übermäßiges Essen und Trinken, Rauchen, Persönlichkeitsveränderungen, bei denen der Wunsch nach Versorgtwerden, Bewundertwerden und Zuwendung mit großer Empfindlichkeit und einer Neigung zum Poltern oder Betteln (um Aufmerksamkeit zu erhalten) zusammentrifft oder durch → Reaktionsbildungen (betonter Leistungsehrgeiz) abgewehrt wird.

Orgasmus Sexueller Höhepunkt, eine willkürlich nicht mehr steuerbare Entladung körperlich-seelischer Spannung. Sein psychisches Merkmal ist die größte Intensität sexueller Lust, seine körperlichen Anzeichen sind Muskelzusammenziehungen in der Zone der Geschlechtsorgane und im After, starke Blutansammlung im Becken, vor allem in Scheide und Glied, vorübergehender (teilweiser) Verlust der Sinneswahrnehmung und der räumlich-zeitlichen Orientierung, Ausstoßung (Ejakulation) der Samenflüssigkeit beim Mann, Zusammenziehung des verengten unteren Scheidendrittels bei der Frau (Pulsationen). Abgesehen von der Ejakulation sind sich die orgastischen Reaktionen von Mann und Frau recht ähnlich, doch scheinen Frauen häufiger durch einen wiederholten Orgasmus befriedigt zu sein als Männer. Obwohl Männer nach Umfrage-Ergebnissen (Kinsey-Report und andere) öfter und regelmäßiger einen Orgasmus erleben als Frauen, scheinen die orgastischen Möglichkeiten der Frau größer: Sie kann gleich nach einem Orgasmus einen zweiten erleben; der Mann nicht.

Orgasmusschwierigkeiten Ein Orgasmus kann nicht erreicht werden, oder er ist nicht voll befriedigend. Verbreitete Störung, die von → Frigidität unterschieden werden muß und bei Männern oft als vorzeitige Ejakulation und seelische Unempfindlichkeit trotz vorhandener Potenz auftritt, bei Frauen als Zusammenbruch der Erregung kurz vor dem Orgasmus. Die Ursachen sind vielfältig, sie liegt fast immer im seelischen Bereich; meist besteht keine vertrauensvolle (→ Urvertrauen) → Paarbeziehung.

P

Paarbeziehung Beziehung zwischen zwei Menschen. Sie ist in der Regel die → Beziehung, in der die meiste Intimität, der nachhaltigste Austausch von Gefühlen und Gedanken möglich ist.

Wenn in der Kindheit eine solche besonders enge Beziehung nicht möglich war oder massiv gestört wurde (durch dem Kind zugefügte Enttäuschungen, die um so heftiger schmerzen, je enger es an die Bezugspersonen gebunden ist), dann bleiben oft auch beim Erwachsenen Ängste vor einer zu engen Paarbindung, in der er die kindliche → Abhängigkeit zu wiederholen fürchtet.

Päderastie Knabenliebe; besondere Form der → Homosexualität, die auch dort strafbar geblieben ist, wo die homosexuellen Beziehungen unter Erwachsenen erlaubt sind. Manchmal wird Päderastie ausschließlich für → Analverkehr mit Knaben gebraucht; der weitere Begriff für homo- oder heterosexuelle Kontakte mit Kindern ist → Pädophilie.

Pädophilie Sexuelle Beziehungen mit Kindern, besonders häufig bei älteren Menschen. Sie beruht teilweise auf einer → Fixierung an die kindliche Sexualität, zum Beispiel die Zeit der → Doktorspiele. Manchmal (nicht immer) sind sexuelle Beziehungen mit gleichaltrigen Partnern gehemmt. Durch die hohen Strafen und die heftige Abneigung der Volksmeinung gegen solche Formen der Sexualität entstehen für den Täter und für das Kind → Konflikte. Manchmal erlebt das Kind den Kontakt mit dem Täter nicht als belastend, wohl aber die Reaktion seiner Erzieher (Verhöre, Gerichtsverhandlung, ständige Ermahnungen).

Paralyse Lähmung, Unbeweglichkeit eines Gliedes. Die progressive Paralyse («Gehirnerweichung») als Spätstadium der Syphilis war früher (vor der Entdeckung wirksamer Medikamente gegen diese Geschlechtskrankheit) eine häufige → Geisteskrankheit.

Paranoia Griechisch für «Vorbeidenken»; Ausdruck für → Geisteskrankheiten, bei denen Wahngedanken eine große Rolle spielen, vor allem in der Form des → Verfolgungswahns. Das zugehörige Adjektiv lautet paranoid («paranoide Reaktion»). → Schizophrenie

Parapsychologie Untersuchung «paranormaler» seelischer Vorgänge, vor allem von → Wahrnehmungen, die nicht auf normalem Wege zustande gekommen sein können (Telepathie, Hellsehen), und von physikalisch nicht erklärbaren Spukerscheinungen. Die Parapsychologie trat 1927 in ein «wissenschaftliches» Stadium ein, als unter Leitung von J. B. Rhine ein parapsychologisches Laboratorium an der Duke-Universität in den USA eingerichtet wurde. Hier wies Rhine die außersinnliche Wahrnehmung mit Hilfe statistischer Verfahren nach, wobei er offenbar das Glück hatte, «gute» Versuchspersonen zu finden. Seine Ergebnisse sind bis heute umstritten, da sie nicht eindeutig wiederholbar waren. Die rätselhafte Eigenschaft «Psi», welche Rhine für die paranormalen Vorgänge verantwortlich machte, hat sich bislang jeder Kontrolle entzogen; entgegen aufgebauschten Zeitungs- und Buchberichten ist sie auch noch niemals in sinnvoller Weise praktisch verwendet worden. Heute befaßt sich die Parapsychologie wieder mehr mit spontanen Spukerscheinungen und ähnlichen Vorgängen. Sie befindet sich in der widersprüchlichen Situation, daß einerseits das Vorhandensein paranormaler Erscheinungen immer besser und unabweisbarer belegt werden kann, aber andererseits die Aussichten auf eine gezielte, kontrollierbare Verwendung solcher Erscheinungen und der ihnen unterliegenden Kräfte heute geringer denn je erscheinen.

Partialtrieb Teil eines als Ganzheit aufgefaßten → Triebes. Der Ausdruck wird vor allem in der → Psychoanalyse verwendet, in der man zum Beispiel von einem oralen Partialtrieb der → Libido spricht (→ Orale Phase).

Partnerwahl Wahl eines anderen Menschen, in der Regel für eine → Paarbeziehung. Diese schicksalshaften Wahlen im Leben eines Menschen werden vielleicht durch Erbanlagen («Schicksalspsychologie» nach L. Szondi), sicher aber durch Einflüsse der → Primärgruppe bestimmt: Ob ein Mensch aktiv nach einem Partner sucht oder abwartet, bis er gewählt wird, nach welchen Eigenschaften er sich seine Partner wählt, hängt nicht zuletzt von → Übertragungen ab.

Patient Leidender Mensch, der die Hilfe eines Arztes oder Psychotherapeuten sucht.

Penisneid Von S. Freud beobachtete Reaktion des Mädchens auf den körperlichen Geschlechtsunterschied: Es hält das Glied (lateinisch Penis) des Jungen für wertvoller als die eigenen Geschlechtsorgane und beneidet die Männer um diesen Vorzug (→ Ödipuskomplex). Daraus können sich später im günstigsten Fall der Wunsch, im Geschlechtsverkehr einen Penis zu «bekommen» und der Wunsch nach (männlichen) Kindern entwickeln, bei ungünstiger Entwicklung Neid, Eifersucht und Konkurrenzhaltung gegenüber Männern sowie das ständige Gefühl, den Männern gegenüber benachteiligt zu sein.
Diese Vorstellungen Freuds sind heftig kritisiert worden. Wahrscheinlich ist der Penisneid nicht durch körperliche Unterschiede allein bedingt, sondern vor allem durch die gesellschaftliche Bewertung dieser Unterschiede in einer von Männern beherrschten Gesellschaft. Andererseits kann aber eine Frau durch die Vorstellung, wegen ihres Geschlechtes immer benachteiligt zu sein, ihre eigene → Selbstverwirklichung blockieren: Sie versäumt es, über die Bindung an etwas nicht Veränderbares die realen Möglichkeiten einer Veränderung ihrer selbst und der Gesellschaft zu beachten.

Person Der Mensch schlechthin unter dem Blickwinkel der Psychologie als handelndes und empfindendes Wesen, als seelisch-geistige Einheit und als jemand, der sich bewußt auf andere Personen bezieht.

Persona Abgeleitet von lateinisch «Maske»; äußere Fassade der Anpassung der Gesellschaft gegenüber.

Persönlichkeit Während «Person» das menschliche Individuum als solches betrifft («Es waren drei Personen an Bord»), meint man mit Persönlichkeit die bei jedem Menschen besondere Ausprägung seelischer → Eigenschaften. In der psychologischen Forschung sucht man dabei den wertenden Beiklang, den «Persönlichkeit» im sozialen Raum oft hat, beiseite zu lassen («Dynamische Persönlichkeit als Abteilungsleiter gesucht»). In der → Psychoanalyse gilt die Persönlichkeit als Ausdruck der Anpassungsleistungen des → Ich nach innen und außen. Sie wird nach diesem Modell vorwiegend aufgebaut aus: 1. den → Identifizierungen mit den frühen Bezugspersonen in der → Primärgruppe; 2. den Folgen von gewohnheitsmäßig angewandten → Abwehrmechanismen; 3. den Niederschlägen späterer → Objektbeziehungen und 4. den ererbten Grundlagen der Entwicklung (wie Triebstärke). In den vom → Behaviorismus ausgearbeiteten Persönlichkeitsmodellen spielen vor allem zu → Gewohnheiten gewordene Verbindungen von Reizen und Reaktionen eine Rolle, die durch → Bekräftigung erworben werden. Die meisten Persönlichkeitstheorien unterscheiden zwischen den intellektuellen und emotionalen (motivationalen, triebhaften) Seiten der Persönlichkeit.

Persuasionstherapie Überzeugungsbehandlung (von lateinisch persuasio = Überredung, Überzeugung: Der Arzt versucht, dem Patienten die Überzeugung zu vermitteln, daß seine → Symptome auf → Einbildung beruhen und durch Willensanstrengung zu beseitigen sind.

Perversion Sexualverhalten, das von den im Sinne der Durchschnittsnorm (→ Norm) normalen Wegen der Befriedigung abweicht. Im weiteren Sinn alles sexuelle Verhalten, das andere orgastische Möglichkeiten sucht als den Geschlechtsverkehr zwischen zwei Personen verschiedenen Geschlechts und erwachsenen Alters. Daraus wird klar, daß der Perversionsbegriff stark von sozialen Normen geformt wird; homosexuelles Verhalten galt zum Beispiel in der Antike als normal, wird aber in Westeuropa vielfach als pervers eingeschätzt. Von einer krankhaften Perversion sollte man nur sprechen, wenn das Interesse an einer gesellschaftlich abgelehnten, ja mit Strafe bedrohten Sexualbefriedigung wie in einer → Sucht festgehalten wird und kein Ausweichen auf andere Befriedigungsmöglichkeiten gegeben ist. → Fetischismus, Masochismus, Sadismus.

Petting Sexuelle Kontakte, die vom Küssen über die Reizung der Brüste und der Geschlechtsteile durch die Hand oder den Mund bis zum Orgasmus führen, bei denen aber der → Geschlechtsverkehr vermieden wird.

Phallische Phase Zeitspanne der kindlichen Entwicklung (drittes bis siebtes Lebensjahr), in der die erogene Reizung des Gliedes (griechisch phallos) oder des Kitzlers entdeckt wird. Die phallische Phase fällt mit der Ausbildung des → Ödipuskomplexes zusammen. In ihr gibt es in der kindlichen Sexualvorstellung nur ein Geschlechtsorgan – das männliche Glied –, das entsprechend wichtig genommen wird. Kennzeichnend für eine → Fixierung an die phallische Sexualität ist eine abschätzige Haltung Frauen gegenüber. Sie verbindet sich manchmal mit einer homosexuellen Einstellung (→ Homosexualität), oder mit einer Neigung, im Geschlechtsverkehr die Befriedigung der Partnerin zu mißachten, beziehungsweise nur gegenüber Frauen voll potent zu sein, zu denen keine seelische Beziehung hergestellt wird (vor allem Prostituierte). Die «reife genitale Phase», die der Erwachsene nach dem Entwicklungsbild der → Psychoanalyse erreichen sollte, ist durch die Gegenseitigkeit der sexuellen Empfindungen und die Anerkennung ihres Austauschcharakters gekennzeichnet, in deren Dienst die phallisch-narzißtischen und exhibitionistischen Neigungen gestellt werden (→ Narzißmus, Exhibitionismus).

Phänomonologie Lehre von den Erscheinungen. Als philosophisch-psychologische → Methode von E. Husserl begründet, der mit der Forderung «Zurück zu den Sachen» verlangte, sich von vorgefaßten Theorien des Bewußtseins und des Erkennens zu lösen. Man sollte von der reinen Anschauung der Wirklichkeit des Erlebens ausgehen und aus ihr allgemeine Gehalte ableiten. Die → Psychoanalyse verbindet eine phänomenologische Methode mit einer biologisch-naturwissenschaftlich formulierten → Theorie.

Phantasie Vorstellungskraft. Die menschliche Fähigkeit, mit abstrakten

Begriffen (→ Denken) oder inneren Bildern an einer subjektiv hergestellten, inneren Wirklichkeit probierend Veränderungen vorzunehmen und auf diese Weise neue Bilder zu gestalten, ist von großer Bedeutung für alle schöpferischen Leistungen. Die biologische, das heißt auf das Überleben gerichtete Aufgabe der Phantasie liegt sicherlich darin, daß in ihr, ohne in der Wirklichkeit etwas zu riskieren, allmählich immer vollkommenere Bilder eines im Bedarfsfall ausgeführten Verhaltens entworfen werden können. Dabei kann man mit S. Freud den «Primärvorgang» vom «Sekundärvorgang» trennen. Im Primärvorgang sind die Vorstellungen noch nach den Kraftlinien von Gefühlen und Wünschen geordnet, wobei auch in Wirklichkeit unvereinbare Phantasien nebeneinander bestehen können. Im Sekundärvorgang werden die logischen Ordnungen auf den Primärvorgang angewendet und dadurch ein wirklichkeitsgerechtes Bild hergestellt. Die Primärvorgänge sind den Gefühlen näher; weil sie noch nicht wirklichkeitsgerecht geordnet sind, können sie gewissermaßen ein viel größeres Feld von Verhaltensmöglichkeiten vorentwerfen als die logisch überprüften Sekundärvorgänge. In diesem weiten Feld finden sich allerdings auch Wünsche und sie verkörpernde Vorstellungen, die verdrängt

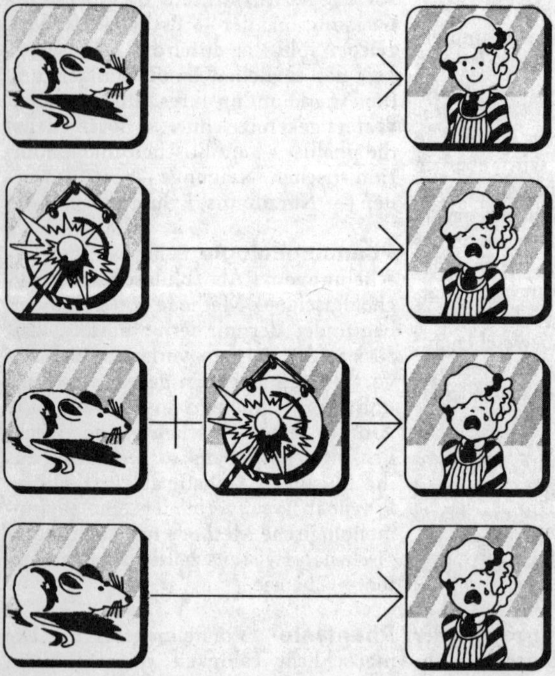

Entstehung einer Phobie durch Konditionierung.
Quelle: Klaus D. Heil «Programmierte Einführung in die Psychologie», Rowohlt Taschenbuch Verlag, Reinbek bei Hamburg, 1975

werden müssen. Unter sehr einengenden Erziehungsbedingungen kann ein Mensch den Zugang zu seinen Primärprozessen weitgehend verlieren; seine Gefühlsmöglichkeiten verarmen, desgleichen seine schöpferischen Fähigkeiten. Daher versucht man besonders in den → Encounter-Gruppen, gezielt die Phantasietätigkeit zu üben und anzuregen; das gleiche geschieht in einer → Psychoanalyse.

Phobie Seelische Störung, bei der die Lebensmöglichkeiten durch → Ängste erheblich eingeschränkt werden: Agoraphobie (Platzangst; Angst, Plätze oder Straßen zu betreten), Tierphobien (vor Spinnen, Hunden, Katzen . . .), Aichmophobie (Angst vor Höhen) Erythrophobie (Errötungsangst; Angst, in sozialen Situationen rot zu werden). Leichtere, phobie-ähnliche Ängste (vor der Dunkelheit, vor Bakterien . . .) sind «normal», im Sinn der Durchschnittsnorm (→ Norm). Man wird bei fast allen Menschen irgendeine Spur unvernünftiger Angst entdecken; von Phobie sollte man erst sprechen, wenn die Lebensführung dadurch ernstlich beeinträchtigt wird.

Physiognomik Lehre vom Erkennen der → Persönlichkeit aus dem Bau des Körpers, vor allem des Gesichts. Die frühen, aus der Überlieferung der Antike stammenden und von Lavater im 18. Jahrhundert aufgegriffenen Deutungen solcher Zusammenhänge gelten heute als bloße Vermutungen. Nur ein kleiner Teil konnte nachgewiesen werden. → Konstitutionstypen, Typologie

Politische Psychologie Anwendung psychologischer Forschungsmethoden und ihrer Ergebnisse auf politische Fragestellungen. Beispiele sind: 1. → Motiv-Forschung, um die Ursachen für bestimmte Entscheidungen (von Wählern, von Politikern) aufzuklären. 2. Persönlichkeitsbezogene Forschung, etwa nach einer typischen Persönlichkeit, die faschistische Systeme unterstützt (→ Autoritäre Persönlichkeit). 3. Einstellungsbezogene Forschung, in der die Zusammenhänge bestimmter → Vorurteile mit sozialen (Rasse, Herkunft, Klassenzugehörigkeit, Ausbildung, Einkommen . . .) und psychologischen (Art der Elternbeziehung) Merkmalen geklärt werden. 4. Erforschung von den Ursachen aggressiven Verhaltens von Einzelpersonen und Gruppen (→ Aggression) im Rahmen der Konflikt- und Friedensforschung. Hier wird der Begriff der «strukturellen Gewalt», das heißt der meistens in krassen Besitzunterschieden wurzelnden sozialen Ungerechtigkeit und damit Instabilität, in letzter Zeit immer bedeutsamer. 5. Forschung nach «Führungsstilen» in → Gruppen. 6. Psychoanalytisches Studium der Lebensgeschichte von Politikern und Klärung der unbewußten Hintergründe ihrer Entscheidungen.
Politische Psychologie ist häufig selbst ein Gegenstand oder eine Folge politischer Auseinandersetzung. Die in manchen sowjetischen Psychologie-Lehrbüchern stehenden Beschreibungen des Charakters des Sowjetmenschen zeigen den Zusammenhang zwischen Politik und Psychologie deutlich. Aber auch die scheinbar «wertfreie» psychologische Forschung des Westens hat ihre politische Bedeutung; in ihr steckt eine geheime → Ideologie. Erste Ansätze zu einer Klärung enthält hier K. Holzkamps Unterscheidung zwischen der «technischen» und der «emanzipatorischen» Bedeutung der Ergebnisse psychologischer Forschung.
Technisch bedeutsam sind Ergebnisse der psychologischen Forschung, wenn sich mit ihrer Hilfe besondere Fragen der Industriegesellschaft besser bewältigen lassen (wie Erkennen von Berufs-

Physiognomik: Aus dem Vergleich von Menschen- und Tiergesichtern wollte im 16. Jahrhundert der Neapolitaner G. B. della Porta die Persönlichkeit erschließen.
Quelle: David Katz «Psychologischer Atlas», Benno Schwabe Verlag, Basel, 1945

eignung, Herausfinden psychologischer Beeinflussungsmöglichkeiten in der Werbung). Emanzipatorisch bedeutsam sind hingegen Ergebnisse, die zeigen, auf welchen Wegen zum Beispiel reformfeindliche Einstellungen überwunden werden können. → autoritäre Persönlichkeit, Emanzipation

Pollution Verunreinigung, Beschmutzung. Der Ausdruck wird oft für die nächtlichen Samenergüsse bei Männern verwendet, die geschlechtlich enthaltsam leben. Angesichts der großen Häufigkeit von → Selbstbefriedigung sind Pollutionen ein recht seltenes Ereignis, dem früher, zur Zeit der leibfeindlichen Sexualmoral des 19. Jahrhunderts, ungewöhnlich viel Aufmerksamkeit geschenkt wurde. Pollutionen sind häufig von sexuellen → Träumen begleitet und werden von unaufgeklärten Jugendlichen mit großem Schamgefühl erlebt.

Pornographie Darstellung sexuell anstößiger Szenen, wobei die Maßstäbe dessen, was für anstößig (obszön) gehalten wird, starken kulturellen und gesellschaftlichen Veränderungen unterliegen. Die früher verbreitete Ansicht, daß Männer weit mehr als Frauen durch Pornographie sexuell erregt werden, hat sich nicht bestätigt. Schädliche Auswirkungen pornographischer Darstellungen sind nicht nachgewiesen.

Prägung Ein auf bestimmte Lebensabschnitte (die sensiblen oder kritischen Phasen) beschränktes → Lernen, das sich zunächst auf nur wenige, arteigene Merkmale (Auslöser) beschränkt und nicht oder nur erheblich schwerer als anderes Lernen wieder rückgängig gemacht werden kann. Während bei normalem Lernen das später Gelernte meist stärker in Erinnerung ist als das zuerst Gelernte, ist es bei der Prägung umgekehrt: Bestimmte Verhaltensweisen bleiben an eine ursprüngliche Verbindung von Reizen geknüpft. Dabei kann die Prägung schon erfolgen, bevor die Verhaltensweisen als solche ausgereift sind. Entenvögel paaren sich nach einem Prägungsexperiment nicht mit Artgenossen, sondern mit Vögeln, die sie während eines Zeitabschnitts ihrer frühen Entwicklung sahen, als ihr sexuelles Verhalten noch völlig unentwickelt war. Prägung im engeren Sinn ist bisher vorwiegend bei Vögeln festgestellt worden. Ob sich Prägung bei Säugetieren von normalen Lernvorgängen eindeutig unterscheiden läßt, ist noch nicht geklärt. Wahrscheinlich läßt sich prägungsähnliches Lernen von Menschen eher als besondere Eigenart allen Lernens verstehen, das mit → Objektbeziehungen zu tun hat (im Gegensatz zum Erwerb von Wissen über die nichtmenschliche Umwelt, der lebens- und stammesgeschichtlich jünger ist).

Primärgruppe Die erste Gruppe, mit der ein Mensch zu Beginn seines Lebens

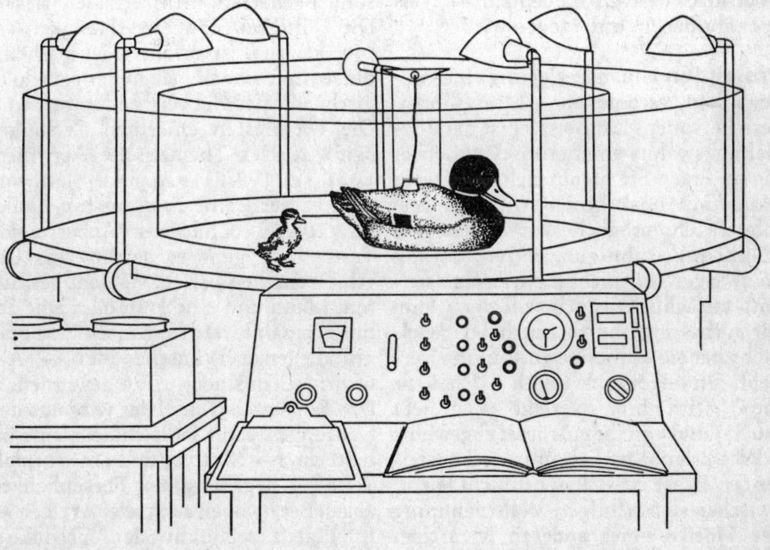

Versuchsanordnung von R. Hess, um die Prägung von Entenküken zu prüfen.
Quelle: Science 130, 1959

engere → Objektbeziehungen anknüpft; in der Regel die Familie oder ihr Ersatz (Wohngemeinschaft, Großfamilie, Gruppe im Heim . . .).

Primärtherapie Von A. Janov beschriebene Form der → Psychotherapie, auch «Urschreitherapie» genannt. Der Patient wird durch suggestives Drängen des Therapeuten bewegt, belastende Kindheitserlebnisse («Urerlebnisse» oder Primals) wieder zu durchleben, die damals empfundenen Schmerzen und Gefühle auszudrücken, und auf diese Weise wieder Zugang zu verlorenen Gefühlsmöglichkeiten (→ Primärvorgang, Phantasie, Gefühl) zu finden.

Primärvorgang Seelische Vorgänge, die durch Überwiegen des → Gefühls, des Erlebens in Wunschbildern gekennzeichnet sind (→ Phantasie, Regression, Traum).

Proband Person, die einem → Test oder ähnlichem unterzogen wird.

Projektion Hinausverlegung eines unbewußten, verbotenen → Motivs in andere Personen. Ein Beispiel ist der «Beziehungswahn» einer erotisch unbefriedigten Frau: Sie glaubt sich von einem Mann mit unsittlichen Anträgen verfolgt, sucht möglicherweise sogar die Polizei gegen ihn einzusetzen, um ihn zu zwingen, ihr nicht mehr nachzustellen; tatsächlich jedoch will der Mann gar nichts mit ihr zu tun haben, vielmehr hat sie sich unbewußt in ihn verliebt. Ihr eigener Wunsch («Ich liebe ihn») wird hinausverlegt («Er liebt mich») und von ihr entrüstet abgewehrt («Was erlaubt er sich, mir nachzustellen!»). Es ist im Alltag oft nicht leicht, zwischen der richtigen Wahrnehmung der Motive eines anderen Menschen und einer Projektion zu unterscheiden, zumal sich die Projektion teilweise mit anderen Bereichen des sozialen → Lernens überschneidet. Als Kinder erfahren wir, daß unsere eigene Einstellung (Freundlichkeit etwa) auch bei anderen Menschen leichter Freundlichkeit auslöst. Zugleich werden wir weniger bestraft, wenn die bestrafte Haltung von einem anderen eingeleitet wurde. Von Projektion im engeren Sinn sollte man nur sprechen, wenn es sich um ein verdrängtes, unbewußtes Motiv handelt, das in andere hineingesehen wird. Den → projektiven Tests liegt ein weiter gefaßter Projektionsbegriff zugrunde.

Projektive Tests → Tests, die sich → Projektion zunutze machen, wobei der Begriff sehr weit aufgefaßt wird. Man geht davon aus, daß die individuellen Unterschiede in der Reaktion auf ein vieldeutiges Ausgangsmaterial Unterschiede in der Persönlichkeit der Versuchspersonen widerspiegeln, die sich mit den üblichen «geschlossenen» Persönlichkeitstests nicht erfassen lassen. Die Gültigkeit und Zuverlässigkeit der projektiven Testverfahren ist bis heute umstritten, obwohl sie in der psychologischen Praxis viel verwendet werden. Die wichtigsten einzelnen Techniken sind: 1. Der Thematische Apperzeptions-Test (TAT i →Apperzeption), von dem es auch eine Fassung für Kinder gibt (CAT, Childrens Apperception Test). Hier geht es darum, aus Geschichten, die über ein vieldeutiges Bild (ein Mann und eine Frau oder eine Familie) erzählt werden, Aufschlüsse über grundlegende Wünsche oder → Abwehrmechanismen . . . zu gewinnen. 2. Der Rorschach-Test. Hier wird aus den Deutungen von Klecks-Bildern eine inhaltliche (→ Motive) und eine formale Seite (→ Begabung) der Persönlichkeit abgeleitet, wobei auch die Art der → Intelligenz (produktiv oder reproduktiv, ganzheitlich oder teilerfassend) ermittelt werden kann. 3. Teilweise projektiv,

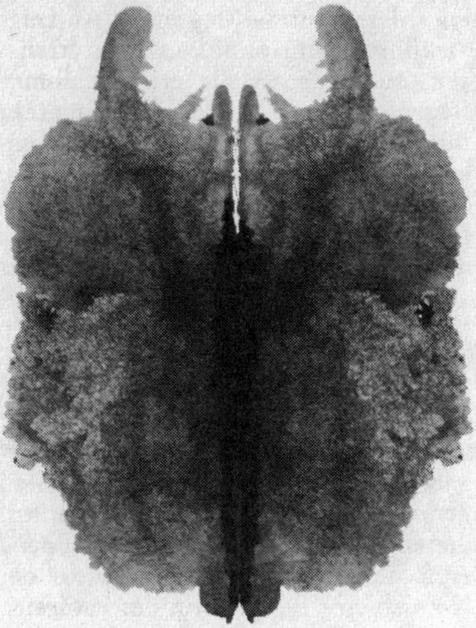

Mit Klecksbildern wie diesem wird im Rorschach-Test, einem projektiven Testverfahren, gearbeitet.

teilweise ausdrucksbezogen sind die Zeichentests, bei denen etwa ein Mann, ein Baum oder eine Familie von Tieren gezeichnet werden muß.

Promiskuität Hetero- oder homosexuelle Beziehungen mit häufig wechselnden Partnern ohne persönlich verbindliche Gefühle.

Prostitution Gewährung sexueller Kontakte gegen materielle Entlohnung. Seit ältesten Zeiten bekannt, hängt die Prostitution von Frauen wahrscheinlich hauptsächlich von der Zahl der unverheirateten Männer und der Stärke der Verbote vorehelicher und außerehelicher Sexualbeziehungen ab. Die «leichten» Mädchen dienen gewissermaßen dazu, ein Ventil für ein zu schwer lastendes Sexualverbot zu schaffen, das im Zuge der Entwicklung zu patriarchalischen und lustfeindlichen Gesellschaften entstanden ist. Sie erlauben es, am Ideal der Tugend und Reinheit der «anständigen» Frauen festzuhalten. Männliche Prostituierte für Homosexuelle sind meist nur gelegentlich aktiv; sie üben ihre Tätigkeit auch seltener aus, denn während die weibliche Prostituierte dafür bezahlt wird, daß ihr Kunde einen Orgasmus hat, hat der männliche Prostituierte fast immer einen eigenen Orgasmus; er ist (entgegen verbreiteten Vorstellungen) meist heterosexuell (bisexuell).

Prüfungsangst → Angst vor Prüfungen, meist durch die unbewußte Gleichsetzung der Prüfung mit Gefahrensituationen aus der eigenen frühkindlichen Entwicklung (Trennung, Bestrafung verbotener Handlungen, Kränkung durch «Verhör» von seiten der Eltern) bedingt. Es gibt auch irrationale Merkmale der Organisation einer Prüfung selbst (so die begrenzte Möglichkeit, sie zu wiederholen).

Psychagoge Tiefenpsychologisch ausgebildeter Pädagoge, der vor allem kindliche Verhaltensstörungen behandelt (→ Tiefenpsychologie).

Psychagogik Seelenführung; Ausdruck für abgekürzte, stützende Verfahren in der → Psychotherapie mit starkem erzieherischem Einschlag.

Psychiatrie Nervenheilkunde; auf seelisch-geistige Störungen angewandter Zweig der Medizin. Die Hauptaufgaben eines Psychiaters liegen in der klinischen Behandlung schwerer seelischer Störungen (→ Psychosen) mit Hilfe von → Psychopharmaka und in der diagnostisch-therapeutischen Betreuung der Bevölkerung. Nur eine kleinere Zahl von Psychiatern ist vorwiegend psychotherapeutisch tätig. Der Psychiater oder Nervenarzt verfügt über einen medizinischen Hochschulabschluß und bildet sich anschließend an verschiedenen Krankenhäusern zum Facharzt für Nervenheilkunde weiter. Er schätzt die Schwere seelischer Störungen ab (beurteilt etwa, ob ein Kranker durch Selbstmordneigung sich selbst gefährdet oder für andere gefährlich ist, so daß er in ein Nervenkrankenhaus gebracht werden muß) und stellt psychiatrische Diagnosen (wie → Alkoholismus, → Schizophrenie, → Depression, → Neurose, → Psychopathie), aus denen die Möglichkeiten einer Behandlung abgeleitet werden können. Der für Kassenpatienten zuständige, niedergelassene Nervenarzt ist meist schon allein aus Zeitgründen nicht in der Lage, selbst längere Behandlungen mit → Psychotherapie durchzuführen. Er überweist in solchen Fällen den Kranken (falls er eine Psychotherapie für aussichtsreich hält, was ein wesentlicher Teil seiner Beurteilung eines Krankheitsbildes ist) an einen psychotherapeutisch tätigen Arzt oder Psychologen. In den meisten Fällen wird ein Nervenarzt zunächst versuchen, einem Patienten mit → Psychopharmaka zu helfen, die er mit beratenden Gesprächen (→ Beratung) verbindet.

Psychoanalyse Teilgebiet der Psychologie, das folgende Teile umfaßt: 1. Eine Forschungsmethode, die dazu dient, die unbewußte Bedeutung sonst unverständlicher Erscheinungen (→ Fehlleistungen oder → Träume) zu erklären. 2. Eine → Methode der → Psychotherapie, die mit Hilfe einer besonderen Behandlungstechnik → Neurosen heilen kann. 3. Eine Theorie der seelischen Entwicklung, der Kultur und vieler psychologischer Vorgänge im Alltag, verbunden mit einer besonderen Erklärung der Neurosen.

Freud ging von Beobachtungen aus, daß ein Mensch in → Hypnose Aufträge ausführen kann, ohne von ihnen zu wissen; zur Rede gestellt, erfindet er eine Begründung (→ Rationalisierung). Er übertrug diese Erklärung auf Fehlleistungen des Alltags und endlich auf Träume, aus denen er ebenfalls Wünsche und Gefühle ableiten konnte, die dem Träumer unbewußt waren, aber sein Verhalten beeinflußten. Diese Alltagserscheinungen fand er endlich in den Krankheitserscheinungen bei Neurosen wieder.

Die psychoanalytische Methode. Freud entwickelte sie, als er die Hypnose aufgab, weil sich nicht alle Patienten tief genug hypnotisieren ließen und er mit diesem Mittel auch nicht genügend Aufschluß über die Entstehung der Neurose mit Bewußtsein des Patienten erreichen konnte. Statt einen Kranken zu hypnotisieren, forderte er ihn auf, alles zu sagen, was ihm zu einem bestimmten → Symptom oder Traum einfiel, ohne sich durch irgendwelche Rücksichten auf Sinn, Zusammenhang, die Person des Arztes oder gesellschaftliche Normen beeinträchtigen zu lassen. In diesen freien Einfällen oder freien → Assoziationen tauchte dann regelmäßig ein bisher unterdrückter Inhalt (→ Verdrängung) auf, häufig in entstellter Form. Diese Entstellungen werden durch die → Deutungen des Psychoanalytikers rückgängig gemacht, so daß endlich der Patient ein Stück seines bisher abgespalteten → Unbewußten dem bewußten → Ich angliedern kann.

Die weitere Forschung mit dieser Methode führte dazu, daß Freud die → kindliche Sexualität, den → Ödipuskomplex und damit die Bedeutung der Kindheit für die seelische → Entwicklung und den Aufbau der → Persönlichkeit entdeckte. Die Lehre vom Unbewußten wurde weiter ausgebaut, auf die Kulturgeschichte angewendet (da die Einflüsse der Kultur die Verdrängung mancher Triebwünsche erzwingen), und endlich zu einer → Metapsychologie erweitert, als Freud deutlicher sah, daß nicht nur das Verdrängte (das Unbewußte, zum Beispiel ein Triebwunsch), sondern auch das Verdrängende (die → Abwehr) nicht bewußt sind. Er schuf eine «Topik», das ist eine Lehre von verschiedenen → inneren Instanzen, dem → Es, → Ich und → Über-Ich, und eine neue Trieblehre: Hatte er früher die Sexualtriebe (Arterhaltung) den → Ich-Trieben (Selbsterhaltung) gegenübergestellt, so erklärte er seit 1920 die menschliche → Motivation durch das Zusammenwirken von → Lebens- und → Todestrieben, aus deren Mischung die verschiedenen Motive von → Liebe bis zur → Aggression entstehen.

Die Psychoanalyse ist bis heute die wichtigste und für das Alltagsleben aufschlußreichste psychologische Theorie; sie hat die meisten Formen der Psychotherapie angeregt und in vielen neueren Forschungen ihre Bedeutung, aber auch ihre lebendige Wandlungsfähigkeit bewiesen. Dabei werden viele einzelne Ansichten Freuds heute nicht mehr als allgemeingültig hingenommen, während man an der Fruchtbarkeit seiner Beobachtungen insgesamt nicht mehr zweifeln kann. Die umstrittenen Punkte der Lehre Freuds sind hauptsächlich seine Auffassung der Todestriebe, der → Sublimierung, der → Psychose und der → Libido-Theorie.

Psychodrama Dramatische Darstellung persönlicher oder Gruppen-Konflikte zu therapeutischen Zwecken. → Gruppentherapie

Psychogen Seelisch bedingt.

Psychohygiene Lehre von der seelischen Gesundheit (englisch: mental health). Vor allem die Ergebnisse der → Psychoanalyse werden verwendet, um durch Aufklärung oder Veränderung an → Institutionen (Schulen, Rechtsprechung) seelischen Erkrankungen vorzubeugen. Wichtige Aufgaben wären eine bessere Vorbereitung und beratende Unterstützung der Eltern bei der → Erziehung, bessere Einrichtung von Säuglingsheimen, Kinderkrippen und Kinderheimen (→ Hospitalismus), verbesserte Möglichkeiten, Kinder aus einem schädlichen häuslichen → Milieu herauszunehmen oder dieses Milieu durch soziale Hilfe zu bessern, Versorgung seelisch Kranker auch außerhalb von Krankenhäusern, Verbreitung von mehr Wissen über Entstehung und Heilungsmöglichkeiten seelischer Krankheiten. Das Ziel der Psychohygiene ist kein geringeres, als für die seelische Innenwelt dasselbe zu leisten, was der Umweltschutz in der Erhaltung eines angemessenen Lebensraums bezweckt.

Psychologe Dieser Titel ist in Westdeutschland nicht geschützt; auf eine Universitatsausbildung in Psychologie verweist nur der Titel Diplom-Psychologe. Psychologie als eigenes Studienfach gibt es seit etwa hundert Jahren; viele der bedeutenden frühen Psychologen hatten eine philosophische oder naturwissenschaftliche Ausbildung (vor allem in Medizin). Das Diplom in Psychologie kann an den meisten westdeutschen Universitäten in einem Studium von acht bis zwölf Semestern erworben werden. Es ist in der Regel die Voraussetzung für eine fachliche Weiterbildung, oft die Promotion (zum Dr. phil. oder Dr. rer. nat.), eine Zusatzausbildung in → Psychotherapie, → klinischer Psychologie oder auch Pädagogik.

Psychologie Wissenschaft, die das Erleben und Verhalten von Lebewesen, besonders aber des Menschen, untersucht. Beide Aspekte (Erleben *und* Verhalten) sind nur beim Menschen wissenschaftlich zugänglich; Tierpsychologie (→ Ethologie) ist immer Verhaltensforschung (→ Behaviorismus). Die Psychologie war lange Zeit ein Teilgebiet der Theologie und der Philosophie; sie wurde bis gegen Mitte des vergangenen Jahrhunderts rein spekulativ betrieben, also ohne den Versuch, Behauptungen mit wissenschaftlichen Mitteln zu beweisen. Das änderte sich mit der Gründung des ersten «Laboratoriums» für psychologische Experimente in Leipzig durch W. Wundt (1879). Nach und nach wurden viele Gebiete der Psychologie mit naturwissenschaftlichen Methoden der kontrollierten Beobachtung und des gezielten → Experiments untersucht (→ Wahrnehmung, Denken, Sinnesempfindungen, Gruppendynamik, Motivation, Konflikt, Persönlichkeit, Lernen). Die Psychologie gewann parallel dazu in den Industriestaaten immer mehr an Bedeutung. Sie half, die Eignung für bestimmte Berufe zu ermitteln (Arbeitspsychologie), erforschte die Vorgänge bei Entscheidungen über Käufe (Marktpsychologie) half in der Lösung von Schul- und Erziehungsproblemen (→ Erziehung, Erziehungsberatung), gewann Bedeutung für die Behandlung seelischer Krankheiten (→ Psychotherapie, klinische Psychologie, Verhaltenstherapie). Verwaltung, Schulwesen, Industrie, Handel, Sozialarbeit, Medizin und Rechtsprechung sind heute in einem Industriestaat ohne psychologische Mitsprache nicht mehr denkbar, obwohl die Vorurteile gegen eine wissenschaftliche Klärung von bisher der persönlichen Überzeugung oder dem Herkommen überlassenen Entscheidungsvorgängen noch keineswegs überall ausgeräumt sind.

Psychopathie Griechisch für «Seelenleiden»; vieldeutiger Begriff, der in verschiedenen Einteilungen der → Psychiatrie auch verschieden verwendet wird. Seine Hauptbedeutungen sind: 1. Seelische Abnormität, die auf einem erblichen Defekt beruht und dazu führt, daß der Psychopath entweder selbst leidet oder andere leiden macht (herkömmliche Auffassung in der westdeutschen Psychiatrie). 2. Störungen der Persönlichkeit, die im Gegensatz zur → Neurose nicht als fremd und dem eigenen → Ich zuwider empfunden, sondern von den Betroffenen als unveräußerlicher Bestandteil des eigenen Charakters akzeptiert werden. Diese Störungen sind neben Erbeinflüssen auch durch Umweltbedingungen in der frühen Kindheit zustande gekommen und auch therapeutischen Maßnahmen zugänglich, wobei allerdings die bei Neurosen üblichen Methoden der Behandlung geändert werden müssen. Die frühere «Erbtheorie» der Psychopathie führte die häufig ebenfalls ähnlich gestörten Eltern von Psychopathen als Beweis an. Doch läßt sich in einem solchen Fall die Ähnlichkeit zwischen den Generationen leicht durch einen Mangel an gesunden → Identifizierungen in der Kindheit erklären. In der angelsächsischen Literatur wird der Psychopathie-Begriff weitgehend auf «Soziopathie» eingeengt, worunter man Menschen versteht, die durch einen Mangel an Bindungsfähigkeit, echter Zuneigung und der Fähigkeit, Bedürfnisse aufzuschieben, gekennzeichnet sind. Diese Psychopathen schwören, sich zu bessern, und halten sich nie daran; sie lügen hemmungslos, können einen beträchtlichen Charme entwickeln, scheitern aber immer wieder an für andere belanglosen Hindernissen, hinter denen bei gründlicher Beobachtung ihre mangelnde Fähigkeit zu einer sinnvollen Lebensgestaltung und zu engeren menschlichen Bindungen hervortritt.

Psychopharmaka Seelisch wirksame Medikamente, die heute in der → Psychiatrie viel verwendet werden. Eine einfache Einteilung ist:
1. Anregende Mittel (Stimulantien, Energizer, Pep-Pills). Sie steigern den Wachheitsgrad des Bewußtseins (→ Drogen), führen bei Mißbrauch zu nervöser Erschöpfung und → Symptomen, die einer → Psychose ähneln, zum Beispiel Verfolgungswahn. Die Gefahr einer → Sucht ist gegeben. Die bekanntesten Mittel sind Pervitin und Preludin.
2. Antidepressive Mittel (Antidepressiva, Thymoleptika). Sie wirken bei Menschen in einem seelischen Normalzustand nur ungenügend oder sogar widersinnig (manchmal einschläfernd), können aber bei Kranken, die an einer → Depression leiden, Erleichterung bringen. Keine Suchtgefahr. Das verbreiteste Mittel ist Imipramin (Handelsname: Tofranil). 3. «Kleine» Beruhigungsmittel (Tranquilizer, Glückspillen, Sedativa). Sie erleichtern die bei → Neurosen oder heftigen Lebenskonflikten auftretenden Spannungen, vor allem → Angst und ihre körperlichen und seelischen Folgeerscheinungen. Es besteht die Gefahr, daß der Patient abhängig wird. Die verbreitetsten Mittel sind Diazepam (Handelsname: Librium), Diezepoxyd (Handelsname: Valium) und Meprobamat (Handelsname unter anderem Miltaun). 4. «Große» Beruhigungsmittel (Neuroleptika, Psycholeptika). Diese Medikamente wurden vor etwa fünfundzwanzig Jahren entdeckt und sind eines der wirksamsten Hilfsmittel in der Behandlung von Erregungszuständen, wie sie bei → Schizophrenie und → Manien auftreten. Sie wirken stark beruhigend, dämpfen aber vor allem die Gefühls- und Antriebsseite des Erlebens, betäuben nicht das Bewußtsein, wie andere starke Beruhigungsmittel (wie Schlafmittel). In zu hoher Dosierung (das heißt, wenn zuviel von diesem Medikament gegeben wird), führen sie zu typischen, unwillkürlichen Muskelzuckungen und Lähmungen. Angewendet werden sie in den Nervenkrankenhäusern und bei der Nachbehandlung von Menschen, die an einer Psychose erkrankt sind. Das älteste Mittel aus dieser Gruppe ist das Chlorpromazin (Handelsname: Megaphen); weitere verbreitete Stoffe sind das Trifluoperazin (Lyogen, Omca) und das Haloperidol.

Psychose Geisteskrankheit; im Gegensatz zur → Neurose verliert der Psychotiker (der an einer Psychose Erkrankte) die Beziehung zur Wirklichkeit seiner selbst und seiner Mitmenschen. Diese Formen der Ver-Rücktheit sind naturgemäß sozial, durch die Übereinstimmung einer normalen Mehrheit (→ Norm), festgelegt. Sie ergeben daher einen fruchtbaren Ansatz für Gesellschaftskritik: Was ist das für eine Normalität, von der sich der Irre abwendet? Vertreter der «Anti-Psychiatrie» (R. Laing, Th. Szasz) geben hier die Antwort, daß man in den «unangepaßten» Verhaltensweisen der Psychotiker durchaus auch eine eigenständige Form der Anpassung an eine verrückte Realität sehen kann. Der Gedanke ist fruchtbar, doch wohl nur als Antithese zur herkömmlichen → Psychiatrie möglich. Man unterscheidet exogene und endogene Psychosen; die exogenen sind durch Gifte und/oder grobe Schädigungen des Gehirn bedingt (→ Alkoholismus; Adernverkalkung, Alterspsychosen). Die endogenen Psychosen kommen durch innere Ursachen zustande, über deren Art bisher keine Einigkeit besteht. Die frühere Annahme, daß es sich um einen erblichen Mangel handelt, hat sich durch neuere → Zwillingsstudien nicht bestätigen lassen. Die Erbanlage allein verursacht keine Psychose; allerdings spielen ererbte Einflüsse eine

Rolle als Vorbedingung, (→ Disposition); sie sind eine in ihrem Gewicht ungeklärte Teil-Ursache. Die beiden wichtigsten endogenen Psychosen sind die → Depression beziehungsweise → Manie (als manisch-depressives Irresein zusammengefaßt) und die → Schizophrenie.

Psychosexuelle Entwicklung Entwicklung der seelischen Grundlagen des sexuellen Verhaltens. Nach dem Entwicklungsmodell der → Psychoanalyse wird sie in eine → orale, → anale und → phallische Phase unterteilt. → Libido, kindliche Sexualität.

Psychosomatik Grenzgebiet von Medizin, Psychologie und Psychotherapie, das sich mit den seelisch bedingten oder mitbedingten, körperlichen Erkrankungen befaßt. Die Psychosomatik geht auf uralte medizinische Überlieferungen (vor allem der von → Magie bestimmten Heilkunde der primitiven Medizinmänner) zurück, erhielt ihre wichtigsten Anregungen aber von der → Psychoanalyse und → Tiefenpsychologie.
Im Lauf der Forschung fanden sich (mindestens) zwei grundlegende Mechanismen bei psychosomatischen Krankheiten: 1. Die → Konversion, bei der Teile des Organismus, die sonst willkürlich beherrschbar sind, durch unbewußte Kräfte gestört werden (Lähmung, Blindheit, Schluckvorgang, plötzlich auftretende Krämpfe). 2. Die «vegetative Neurose» (F. Alexander), eine Körperreaktion auf immer wiederkehrende Gefühlszustände, die gewissermaßen den Organismus so lange unter Druck setzen, bis er an einer schwachen Stelle mit einer Krankheit «entgegenkommt». Als typische Fälle für eine psychosomatische Betrachtungsweise gelten: Magengeschwüre, Bronchialasthma, Schlaflosigkeit, → Fett- oder → Magersucht, Menstruationsbeschwerden, Muskelrheuma, zahlreiche Fälle von Kopfweh, erhöhte Anfälligkeit für Infektionen und vieles andere mehr. Insgesamt sind nach verschiedenen Schätzungen zwischen 30 und 60 Prozent der Patienten einer allgemeinärztlichen Praxis psychosomatisch erkrankt. In diesen Fällen ist (vor allem bei längere Zeit auftretenden Symptomen) die rein medizinische Behandlung (auch die mit → Psychopharmaka oder Kuren) nicht erfolgreich. Sie müßte durch psychotherapeutische Maßnahmen ergänzt werden, um die ständigen Rückfälle zu vermindern.

Psychotherapeut Arzt oder Psychologe mit einer Zusatzausbildung in → Psychotherapie. → Lehranalyse

Psychotherapie «Behandlung der Seele»; Sammelbegriff für eine Vielzahl psychologischer → Methoden, die dazu dienen, Störungen des Erlebens und Verhaltens zu beheben. Eine psychotherapeutische Behandlung befaßt sich ausschließlich mit psychischen → Symptomen, kann aber durchaus auch auf körperliche Leiden (→ Psychosomatik) angewendet werden, wobei man davon ausgeht, daß diese seelisch bedingt sind. Sie muß von der körperlichen Behandlung psychischer Störungen unterschieden werden, wie der Behandlung mit → Psychopharmaka oder mit elektrisch erzeugten Krämpfen (→ Elektroschock).
Die Psychotherapie hat eine lange Vergangenheit und eine kurze Geschichte als umgrenzte, durchdachte Wissenschaft. Sie gehörte zu den wichtigsten Mitteln der urtümlichen Medizinmänner oder Schamanen, die als Priesterärzte der schriftlosen Gesellschaften eine wichtige Rolle in den frühen Kulturen spielen. Damals wurde die → Suggestion angewandt, aber nicht wissenschaftlich untersucht. Das geschah erst im vergangenen Jahrhundert. Doch

konnten Suggestion und → Hypnose, die frühesten Mittel der wissenschaftlichen Psychotherapie, nicht den Anspruch erfüllen, den man an eine umfassende Erklärung seelischer Erkrankungen stellen muß. Man verbot den scheinbar sinnlosen Symptomen einfach ihr Fortbestehen, ohne ihre Ursachen aufzuklären. Der Erfolg war dementsprechend auch oft unbefriedigend. Eine erste umfassende Theorie seelischer Erkrankung und Heilung bot erst die → Psychoanalyse; sie und ihre verschiedenen Abänderungen (→ Individualpsychologie, Gruppentherapie, kollektives Unbewußtes, Libido, Neurose) ist bis heute die einflußreichste Erklärung der Vorgänge bei der Entstehung und Heilung seelischer Störungen geblieben.

Es gibt viele verschiedene Formen der Psychotherapie. Wir schildern ganz kurz einige der wichtigsten:

1. Psychoanalyse (Standardmethode). Der Patient liegt auf einer Couch, der Therapeut sitzt hinter ihm. Es sollen mindestens vier Stunden pro Woche gearbeitet werden. Der Patient soll «frei assoziieren» (→ Assoziation), das heißt ohne Kontrolle alles sagen, was ihm einfällt. Der Therapeut beschränkt seine Aktivität auf → Deutungen und ihre Vorbereitung (meistens durch klärende Fragen). Dieses Vorgehen erlaubt eine weitgehend vorurteilsfreie seelische «Grundlagenforschung» und ist für Neurosen mit noch guter Wirklichkeitsanpassung der gesunden Persönlichkeitsanteile geeignet.

2. Analytische Psychotherapie. Der Patient liegt oder sitzt; die Häufigkeit der Stunden ist geringer, der Therapeut ist etwas aktiver, er versucht, den Patienten möglichst gezielt an wichtige → Einsichten heranzuführen, wartet also nicht ab, welche Themen spontan auftreten. Es gibt auch Kurzverfahren in dieser Technik. Sie werden «Fokaltherapie» genannt, weil sich der Therapeut auf einen einzigen grundlegenden → Konflikt beschränkt.

3. Gesprächspsychotherapie, klientenzentrierte Therapie. Hier verzichtet der Therapeut auf Deutungen und versucht nur, den Gefühlszustand des → Klienten in einer von Gefühlswärme und → Echtheit bestimmten Atmosphäre widerzuspiegeln (→ Nicht-direktive Psychotherapie).

Weitere Formen der Psychotherapie sind → Gruppentherapie, → Gestalttherapie, → Transaktionsanalyse, → Primärtherapie, → Verhaltenstherapie, → autogenes Training, → Hypnose. Zwischen den verschiedenen Verfahren und ihren Vertretern besteht hinsichtlich wichtiger Punkte (Ursachen der Neurosen und Psychosen, Erfolgsaussichten der Behandlung, Ziele, die angestrebt werden sollen) keine Übereinkunft. In den von der Psychoanalyse herkommenden Methoden wird eher eine Änderung der gesamten → Persönlichkeit angestrebt, während in der Verhaltenstherapie die Veränderung einzelner → Symptome als Ziel gilt. Die Diskussionen gehen nicht selten von unterschiedlichen Werten und → Normen aus. Auch die → Erwartungen der Patienten an die Psychotherapie sind sehr unterschiedlich und oft an dem Modell einer Arzt-Patient-Beziehung ausgerichtet, in der ein passiv bleibender Kranker von einem aktiven Arzt behandelt wird. Doch setzt eine erfolgreiche Psychotherapie immer die Bereitschaft des Patienten voraus, an sich zu arbeiten. Therapeut und Patient müssen die Gefahr erkennen, daß sich in ihrer → Beziehung die Situation eines manipulierten Kindes und eines mächtigen Elternteils wiederholt (wobei der Patient seinerseits auch den Therapeuten manipulieren kann, sobald sich dieser auf eine solche Beziehungsform einläßt).

Pubertät Im Lateinischen heißt pubertas Mannbarkeit. Die Pubertät ist die Zeit, in der aus dem heranwachsenden Kind in einer Umbruchperiode ein Erwachsener wird, der – lange ehe ihm die westliche Gesellschaft dies im Verhalten zubilligt – ein voll entwickeltes Sexualleben führen könnte (und das in manchen primitiven Kulturen auch tut). Die Dauer der Pubertät ist ebenso wie ihr Beginn bei verschiedenen Menschen sehr unterschiedlich. Sie setzt bei Mädchen meist etwas früher ein und ist durch ein klares Zeichen erkennbar: die erste Regelblutung. Bei Jungen gibt es kein vergleichbares Zeichen, da die → Selbstbefriedigung oft schon vor einer → Pollution einsetzt. Verglichen mit der ihr vorangehenden, späten Kindheit (→ Latenzperiode) ist die Pubertät eine Zeit starker Gefühlsschwankungen und heftiger innerer wie äußerer Gegensätze. Zum erstenmal werden → Konflikte eindringlich wahrgenommen und starke Stimmungsschwankungen bewußt durchlebt. Schroffe Gegensätze sind Idealvorstellungen (→ Ich-Ideal) und Wirklichkeit, zwischen hohen moralischen Ansprüchen und Empfindungen der eigenen Wertlosigkeit und Schlechtigkeit, oft tiefe Lebens- und Entwicklungsängste sind einige der Grundprobleme der Pubertät in unserer Gesellschaft. Der Jugendliche findet keine verbindlichen Vorbilder mehr, mit denen er sich identifizieren kann (→ Identifizierung); er übernimmt allenfalls einzelne, oft äußerliche Verhaltensweisen bestimmter Gruppen (Fanclub, Rockergruppe). Hinter der gelegentlich geäußerten radikalen Ablehnung der im Elternhaus übermittelten Werte steht oft eine fortdauernde → Abhängigkeit von den Eltern, verbunden mit der Angst, nie von ihnen loszukommen, nie eine befriedigende Beziehung zum anderen Geschlecht aufbauen zu können, keinen Beruf zu finden, der sinnvoll ist (→ Identität). Die → Rolle des Erwachsenen erscheint oft als so große Belastung, daß sie mit allen Mitteln verweigert wird (→ Magersucht). Das Verhalten eines Pubertierenden ist oft die Quittung für Erziehungsfehler der frühen Kindheit. Einsicht auf beiden Seiten (auch für die Eltern bedeuten die Umwandlungen der Pubertät einen Schritt ihrer Entwicklung zum Akzeptieren des eigenen Älterwerdens) kann die Gefahr zerstörerischer Folgen (→ Selbstmord, Jugendkriminalität, → Neurose) vermindern.

Puritanismus «Reinheit» der Sitten; (auf → Askese abzielende Lebenseinstellung des protestantischen Bürgertums seit dem späten 16. Jahrhundert), die mit starrer Ablehnung außerehelicher Sexualität und einer feindseligen Einstellung gegenüber allen nicht auf Gelderwerb, Arbeit und Religionsausübung gerichteten Aktivitäten (wie Theater, Tanz) einherging.

R

Rangordnung (soziale) Einfache Formen einer Rangordnung (Hierarchie) gibt es schon bei gruppenlebenden Tieren (→ Hackordnung). In den menschlichen Gesellschaften gibt es nicht durchweg Rangordnungen; die altsteinzeitlichen Kulturen der Jäger und Sammler kannten zum Beispiel keine Häuptlinge. Die Fragestellung, wer sich wem unterordnet, ist ihrerseits Zeichen einer bestimmten gesellschaftlichen Bewußtseinshaltung, die seit der Entwicklung des Privatbesitzes und der sozialen Einteilung in «Herren» oder «Sklaven» entstand. In den gegenwärtigen Gesellschaften treffen die meisten Rangordnungen nur auf einzelne Bereiche zu («Vorgesetzte» und «Untergebene» stehen nur in bestimmten Lebensbereichen in einer Rangordnung; der

Chef hat zwar beruflich etwas zu sagen, nicht aber in das Privatleben hineinzureden). Vollständige Übermacht eines Teils ergibt sich nur in der → Erziehung (Eltern–Kind-Situation) oder unter besonderen Umständen (Konzentrationslager). Man unterscheidet formelle Rangordnungen (wie Leutnant–Gefreiter) und informelle Rangordnungen (wie der Anführer bei Streichen einer Jugendgruppe). → Führer

Rassenpsychologie Versuch, aus Rassenunterschieden psychologische Gesetze abzuleiten, zum Beispiel mit der Behauptung «Neger sind weniger intelligent als Weiße» (weil sie in → Tests durchschnittlich schlechter abschneiden). Solche Erklärungen durch Rassenunterschiede sind nur dann annehmbar, wenn alle anderen Einflüsse sicher ausgeschlossen oder doch in ihrem Gewicht genau bestimmt werden können. Wenn die untersuchten Schwarzen auch durchweg eine schlechtere Schulbildung und ein ungünstigeres häusliches → Milieu hatten, dann sind die Intelligenzunterschiede nicht mehr auf Rassenunterschiede zurückzuführen, sondern eher darauf, daß der Test Weiße bevorzugt. Da sich viele früher auf angeborene Rassenunterschiede zurückgeführte psychologische Unterschiede bei genauer Nachprüfung als erlernte, sozial-kulturelle Merkmale erwiesen haben, geht man heute meist davon aus, daß die körperlichen Rassenmerkmale (wie dunkle Haut, Mongolen-Lidfalte) angeboren, die seelischen aber weitgehend erworben sind.

Rationalisierung Vernünftige Bemäntelung von Verhaltensweisen, die in Wirklichkeit andere → Motive haben. Vor allem bei Gebildeten verbreitete Form der → Abwehr. Sie wird durch eine Erziehung bedingt, in der Fragen wie «Warum hast du schon wieder?» einen Terror der (Pseudo-)Vernunft schaffen, der später in einer → Identifizierung mit dem Angreifer gegen eigene und fremde Gefühle wirkt.

Reaktionsbildung Ausdruck der → Psychoanalyse für die → Abwehr eines unbewußten Wunsches durch starres Festhalten an einem entgegengesetzten Verhalten. Ein Kind, das für sein Kotschmieren bestraft wurde, entwickelt später vielleicht eine heftige Abneigung gegen allen Schmutz, der sich auch auf eine Reihe von Speisen erstreckt; ein enttäuschter Liebender verfolgt haßerfüllt die einst geliebte Person.

Realitätsprinzip Was sich der naturgegebenen oder sozialen Wirklichkeit gemäß vollzieht, diese richtig einschätzt und erfolgreich verändert, entspricht dem Realitätsprinzip, das S. Freud dem → Lustprinzip gegenüberstellte. Dem Lustprinzip folgen die → Primärvorgänge, dem Realitätsprinzip die → Sekundärvorgänge (→ Phantasie).

Reflex Unwillkürliche, von selbst ablaufende Antwort auf Veränderungen der Umwelt, zum Beispiel Verengung der Pupille des Auges, wenn die Umgebung heller wird. → Bedingter Reflex, Konditionierung, Lernen

Regression Rückkehr zu früheren Erlebnisweisen, Formen der Triebbefriedigung oder der Bewältigung von Reizen. Ein Mädchen, das nach dem Verlust ihres ersten Freundes übermäßig zu essen beginnt («Kummerspeck»), zeigt eine Regression auf die → orale Phase. Eine solche Regression setzt eine vorangegangene → Fixierung voraus. In der frühen Kindheit wurde das Mädchen möglicherweise durch die ständige ängstliche Kontrolle der Mutter (die ihrerseits an → Magersucht leidet) an einem voll befriedigenden Erleben der Nahrungsaufnahme gehindert. Regression ist meist auch ein Schritt von wirklichkeitsorientierten, logisch kontrollierten Denkvorgängen zum bildhaft-symbolischen Erleben, vom → Sekundärvorgang zum → Primärvorgang (→ Phantasie). Deshalb ist es notwendig, zwischen gutartigen Formen einer «Regression im Dienst des Ich» (etwa beim Künstler, der seine Phantasie frei wirken läßt und anschließend das Gestaltete kritisch prüft) und bösartigen Formen der Regression in seelischen Krankheiten zu unterscheiden.

Reinlichkeitserziehung Der meist durch eine Verbindung von Zureden und Strafe bewirkte Vorgang der bewußten Kontrolle über die Stuhl- und Urin-Ausscheidung ist ein wichtiges Stück der frühkindlichen → Entwicklung (→ Anale Phase). Die heute von den meisten Psychologen vertretenen Erziehungsvorschläge sind: nicht zu früh beginnen (nicht vor einem Alter von zwei Jahren), keine Strafen anwenden, dem fast immer in diesem Alter einsetzenden spontanen Reinlichkeitsbedürfnis der Kinder vertrauen.

Reiz–Reaktion Ein Reiz ist alles, was einen nervösen Empfangsapparat (Rezeptor) im Körper in Tätigkeit bringt; die Reaktionen, also das antwortende Verhalten dieses Organismus, können als Folge äußerer (→ Wahrnehmung) oder innerer (→ Trieb) Reize aufgefaßt werden. Es ist daher sinnvoll, Psychologie als eine Wissenschaft von Reiz–Reaktionsverbindungen anzusehen. Die einfachste Form einer Reiz–Reaktionsverbindung ist der → Reflex; die Verbindung eines Reflexes mit einem neuen, ursprünglich nicht wirksamen Reiz (→ Bedingter Reflex) verkörpert eine grundlegende Form des → Lernens.

Repression → Verdrängung; wurde ursprünglich als englische Übersetzung dieses Ausdrucks der Psychoanalyse verwendet und dann als Fremdwort wiedereingeführt, vor allem in der Adjektivform (repressiv). Dabei wird der Begriff oft in einer erweiterten Bedeutung gebraucht: Während die Verdrängung das Verschwinden eines → Motivs aus dem Bewußtsein bedeutet, als ob dieses nie dagewesen wäre, werden Repression und repressiv («repressive Erziehung», «gesellschaftliche Repression») besonders verwendet, um die bewußte Unterdrückung bestimmter Motive zu kennzeichnen.

Rituale In fester Form und geregelter Folge ablaufende Verhaltensweisen, die eine bestimmte Bedeutung haben sollen, nennt man Rituale. Der Ausdruck wurde ursprünglich meist für religiöse Übungen verwendet: eine katholische Messe verläuft nach einem bestimmten Ritual, ebenso ein chinesisches Begräbnis. In der Psychologie gewann «Ritual» einige neue Inhalte; so spricht man in der Verhaltensforschung an Tieren von Ritualen, wenn eine Folge von Verhaltensweisen ihren ursprünglichen Sinn gegen einen neuen vertauscht, der eine Mitteilung (Kommunikation) an Artgenossen enthält. Drohende Hirsche entblößen zum Beispiel ihre Zähne; dieses Ritual ist nur dann zu verstehen, wenn man davon ausgeht, daß ihre stammesgeschichtlichen Vorfahren tatsächlich mächtige Eckzähne hatten, mit denen sie zubissen. Auch die gleichförmig wiederholten Verhaltensweisen bei Kranken mit → Zwangsneurose werden Rituale genannt.

Rivalität Wettbewerb, Konkurrenz. Wichtige Verhaltensebene in einer leistungsorientierten Gesellschaft. Der Wert der Rivalität als gesellschaftliche Grundhaltung ist fragwürdig geworden, seit die Schattenseiten der Industriegesellschaft (Umweltverschmutzung,

Ausbeutung, → Stress) deutlich sind. In menschlichen → Beziehungen führt Rivalität sehr häufig zu Schwierigkeiten, wenn sie etwa in eine Intimbeziehung hineingetragen wird. Solange Kinder mit der inneren Formel erzogen werden «Hammer oder Amboß sein» (entweder bin ich der Sieger – oder der Besiegte), wird es schwierig sein, Situationen zu bewältigen, in denen es nur zwei Sieger (oder zwei Besiegte) gibt. In einer Ehe führt Rivalität zum Scheitern für beide; Zusammenarbeit und Intimität hingegen lassen die Beziehung für beide Partner zu einem «Sieg» werden.

Rolle Ursprünglich «was ein Schauspieler aufzusagen hat»; darüber hinaus in der → Sozialpsychologie das einem Menschen von seinen Bezugspersonen (von den Gruppen, in denen er lebt und deren Urteile ihm wichtig sind) vorgeschriebene Verhalten. Dabei besteht immer eine Wechselwirkung zwischen dem eigenen Rollenverständnis und Verhalten nach außen und dem Einschätzen dieser Rolle seitens der Gruppe. Gesellschaftlich festgelegt ist beispielsweise die «Frauenrolle», die an jede Frau bestimmte → Erwartungen richtet, ungeachtet ihrer persönlichen Eigenschaften und Lebensumstände.

S

Sadismus Lustgewinn aus Verhaltensweisen, durch die andere Menschen, gelegentlich auch Tiere, gequält oder verletzt werden. Im Bereich des Sexuallebens entsprechen sich Sadismus und → Masochismus (Lustgewinn aus eigenem Erleiden von Erniedrigung und Schmerz), wobei genauere sexualwissenschaftliche Untersuchungen ergeben haben, daß für beide Sexualpartner in einer solchen Verhaltensfolge ein spielerischer, unverbindlicher Zug liegt. Wesentlicher als das Zufügen oder Erleiden von Schmerz ist das Phantasiebild des völligen Beherrschens (für den Sadisten) oder des völligen Ausgeliefertseins (für den Masochisten). Solche sadomasochistischen Spiele im Einverständnis der Beteiligten dürfen als verbreitete sexuelle Abweichung angesehen werden. Entsprechende Phantasien und Ansätze zu sadomasochistischem Verhalten finden sich häufig auch bei normalen Menschen (→ Norm). Das Angebot an Lederkleidung, Peitschen, Stiefeln und ähnlichen Attributen in den einschlägigen Versandhäusern zeigt ihre weite Verbreitung. Sehr viel seltener ist die von Sadismus getragene sexuelle Aggressivität; Mord als Bestandteil sexueller Befriedigung kommt wohl nicht häufiger als bei einem unter einer Million Menschen vor.

Das Auftreten sadistischer Verhaltensweisen bei bisher unauffälligen Menschen in Versuchungssituationen (häufig bei Aufsehern in Konzentrationslagern), zeigt besonders deutlich, wie Sadismus im Hintergrund einer im übrigen «normalen» Persönlichkeit (→ Autoritäre Persönlichkeit) bestehen kann. Für seine Entstehung gibt es noch keine eindeutige Erklärung; Sadismus scheint ein Ausdruck einer lebensfeindlichen Einstellung, die sich in der Kindheit aus einer Erziehung entwickelt, in der die ursprünglichen Bedürfnisse des Kindes nach Zuwendung, Geborgenheit und Bestätigung seiner Existenz nicht erfüllt werden, sondern das Kind eine Spaltung zwischen seinen Gefühlen und Wünschen auf der einen, den Ansprüchen einer kontrollierenden, strengen Umwelt auf der anderen Seite verinnerlichen muß. Das Bedürfnis nach vollständiger Macht oder Ohnmacht im Sadomasochismus drückt einen Mangel an Vertrauen in wechselseitig bestätigende menschliche Beziehungen aus (→ Rivalität, Urvertrauen).

Sauberkeitsideologie Zu den → Reaktionsbildungen der → analen Phase gehört ein übertriebenes, zwanghaftes Interesse an Sauberkeit, wobei Reinlichkeit, Keimfreiheit und Geruchslosigkeit unbewußt mit moralischer Reinheit gleichgesetzt werden (eine Erscheinung, die sich zum Beispiel die Werbung der Waschmittelindustrie zunutze macht). Die Sauberkeit in dieser übertriebenen, von der Reklame manipulierten Form ist eine häufige Ursache von Hautkrankheiten (etwa 40 Prozent aller Patienten der Hautärzte leiden an Hautkrankheiten, die durch Verwendung von Reinigungsmitteln, Deodorantien und Kosmetika bedingt sind) und der Umweltverschmutzung (die Grundstoffe der Waschmittel sind die wichtigste einzelne Ursache des biologischen «Umkippens» von Gewässern).

Schadenfreude Freude über die Niederlage eines anderen gehört zu den Folgen einer von → Rivalität bestimmten Erziehung. Sie ist Zeichen einer durch den Anblick der Unterlegenheit des anderen bestimmten Erleichterung eigener ängstlicher Gefühle, nicht wertvoll und überlegen zu sein. → Minderwertigkeitsgefühl, Machtstreben.

Scham Im Schamgefühl erleben wir die fehlende Übereinstimmung einer Verhaltensweise mit unserem eigenen inneren Ideal, die uns durch die als höhnisch, verächtlich oder herablassend empfundene Haltung anderer Menschen bewußt gemacht wird. Scham tritt auf, gleichgültig, ob diese Beschämung vor anderen in der Wirklichkeit stattfindet oder in der Vorstellung vollzogen wird. Während zur Schuld das Gefühl gehört, etwas Strafbares, Verbotenes getan zu haben (→ Schuldgefühl), tritt Scham auf, wenn etwas Lächerliches, Verächtliches oder Peinliches geschah. Man kann ein Kind durch Beschämung ebenso unterdrücken wie durch Drohung. Es bedeutet aber einen Unterschied für die Persönlichkeitsentwicklung, ob zum Beispiel der Vater zum Sohn in der Situation des → Ödipuskomplexes sagt: «Was willst du schon, du Schwächling?» (Scham) oder «Wer die Hand gegen seinen Vater erhebt, dem wird sie verdorren» (Schuld). Wie das → Ich-Ideal ist auch die Scham eine Folge bestimmter Bedingungen der → Erziehung (→ Sozialisation). Das gilt auch für die angeblich «natürliche» Scham vor Nacktheit, die es in zahlreichen Kulturen gar nicht gibt.

Schizoid Von einer schizoiden → Persönlichkeit oder Schizoidie als Persönlichkeitseigenschaft spricht man, wenn ein Mensch sehr dazu neigt, seine von außen wahrnehmbare gefühlshafte Ansprechbarkeit zu hemmen, sich gefühlsmäßigen Erlebnissen und Ansprüchen zu entziehen. Die von manchen Nervenärzten vertretene Ansicht, daß eine schizoide Persönlichkeit eine mildere Form von → Schizophrenie sei, ist umstritten. Vor allem scheint die Annahme einer Verankerung der Schizoidie in der → Konstitution (in den Erbanlagen) fragwürdig. Der Schizoide wirkt kühl, spröd, oft abweisend, er scheint von Gefühlen nicht bewegt zu werden. Dahinter verbirgt sich ein oft reiches Phantasieleben. In der Entstehung dieser Persönlichkeit spielt wahrscheinlich eine frühe und nachhaltige Versagung des kindlichen Bedürfnisses nach einer engen, gefühlshaften Austauschbeziehung mit den frühen Bezugspersonen die Hauptrolle: Weil die Nichtaufnahme oder Abweisung seiner Kontaktbedürfnisse in der Kindheit so schmerzlich war, verbindet der Schizoide jede Gefühlsäußerung mit einer solchen Verletzungsgefahr und scheut sich davor, jemals wieder eine Gefühlsbindung entstehen zu lassen, um die Gefahr einer erneuten Verwundung auszuschließen. In Partnerbeziehungen führt das oft dazu, daß die schizoide Zurückhaltung als Abweisung aufgefaßt und vom Partner kritisiert wird, was den schizoiden Menschen wieder in seiner Vorsicht bestätigt («Wie weh würde mir diese Kritik tun, wenn ich mich wirklich engagiert hätte!»).

Schizophrenie Spaltungsirresein; der Ausdruck wird in verschiedenen Lehren der Nervenheilkunde sehr unterschiedlich verwendet (so spricht man in den Vereinigten Staaten viel häufiger von Schizophrenie als in Westdeutschland, wo manche Wissenschaftler diesen Begriff nur auf besonders schwere, zu dauernder Pflegebedürftigkeit führende Fälle anwenden möchten). Die Erkrankungswahrscheinlichkeit beträgt in den Industrieländern etwa 1 Prozent der Bevölkerung; die Gesamtzahl der Schizophrenen schätzt man hier auf 9 bis 15 Millionen. Bei der Erkrankung zeigen sich viele verschiedenartige → Symptome. Das wichtigste ist wohl das Erleben, daß die eigenen Gefühle, Gedanken oder Handlungen anderen Menschen bekannt oder von diesen gemacht seien. Dazu kommen (auch als Erklärungsversuch) Wahnvorstellungen, daß übernatürliche Kräfte (Hexerei) verantwortlich dafür seien. → Halluzinationen treten auf, oft Stimmen, welche das Denken und Handeln der Patienten erörtern. Das Sprechen und der Gedankenablauf sind oft erheblich gestört; der Patient findet, daß alltägliche Vorgänge wie Fernsehnachrichten eine besondere, auf ihn gemünzte Bedeutung haben.

Je nach den vorherrschenden Krankheitszeichen unterscheidet man Unterformen der Schizophrenie: Die paranoide Schizophrenie mit Wahnvorstellungen, meist einem Verfolgungswahn und Halluzinationen, die Hebephrenie (Jugendirresein) mit kindischem Verhalten, Gedankenstörungen, Albernheit, die Katatonie (Spannungsirresein) mit vorwiegenden Störungen der Körperbewegungen und der Aufmerksamkeit (völlige Unansprechbarkeit, Starre oder heftige körperliche Erregung mit fieberhaften Zuständen). Von schizoaffektiven → Psychosen spricht man, wenn eine Geisteskrankheit zugleich Zeichen des manisch-depressiven (→ Manie) und des schizophrenen Geschehens zeigt. Für praktische Zwecke bewährt sich eine grobe Einteilung in eine Kerngruppe der Schizophrenie (mit ungünstigen Heilungsaussichten und typischen Symptomen) von einer (weit größeren) Randgruppe mit untypischen Symptomen und guten Aussichten auf Besserung oder Heilung.

Über die Entstehung der Schizophrenie gibt es verschiedene Vorstellungen. Die Theorie einer Erbkrankheit ist inzwischen aufgegeben worden, obwohl eine ererbte Anlage wohl die Rolle einer Teilursache (→ Disposition) spielt. Ohne eine solche Anlage wird auch bei sehr großen Belastungen wohl keine Schizophrenie auftreten. Andererseits vermindert sich trotz ihrer geringeren Fortpflanzungsrate der Bevölkerungsanteil an Schizophrenen nicht; es kann sich also nicht um eine einzige Anlage handeln, sondern nur um eine Verbindung (möglicherweise eine ungünstige Kombination) von sonst günstigen Anlagen. Es scheint notwendig, daß zu diesen Erbeinflüssen verschiedene Einflüsse in der Kindheit treten. → Familien mit einem schizophrenen Mitglied zeigen schwer gestörte Formen des Umgangs miteinander, vor allem in der → Kommunikation (→ Doppelbindung). Sie haben ihre eigenen, häufig sehr unvernünftigen und absonderlichen Werte, die nach außen hin nicht deutlich in Erscheinung treten, jedoch die Wirklichkeitsanpassung des Kindes beeinträchtigen. Die Schizophrenie wird dann offenkundig, wenn das Kind vor der Aufgabe steht, selbständig zu werden und sich von den Eltern unabhängiger zu machen. Es findet sich nicht in der weiteren gesellschaftlichen Wirklichkeit zurecht; es kann die Vorstellungen und Werte der Eltern nicht mehr annehmen, aber auch von den verinnerlichten Idealvorstellungen nicht loskommen. In der Behandlung der Schizophrenie muß häufig eine Nach-Erziehung stattfinden. Eine mit Hilfe von Medikamenten oft leicht zu erreichende Ruhigstellung (→ Psychopharmaka) behebt die Gefahr eines Rückfalls meist nicht. Um eine Wiedereingliederung des Kranken zu erreichen, ist es notwendig, ihn in geschützten Arbeitsplätzen, verbunden mit anhaltender psychotherapeutischer Betreuung, allmählich von seinen (häufig höchst ehrgeizigen) inneren Idealen zu befreien und ihm eine befriedigende selbständige Lebensführung zu ermöglichen. Leider wird diese Rückführung der Schizophrenen in die Gesellschaft trotz der guten Heilungsaussichten durch ungenügende Unterstützung von seiten des Staates und durch verschiedene Vorurteile (an denen die früheren Erbtheorien der Ärzte selbst nicht unschuldig sind) behindert.

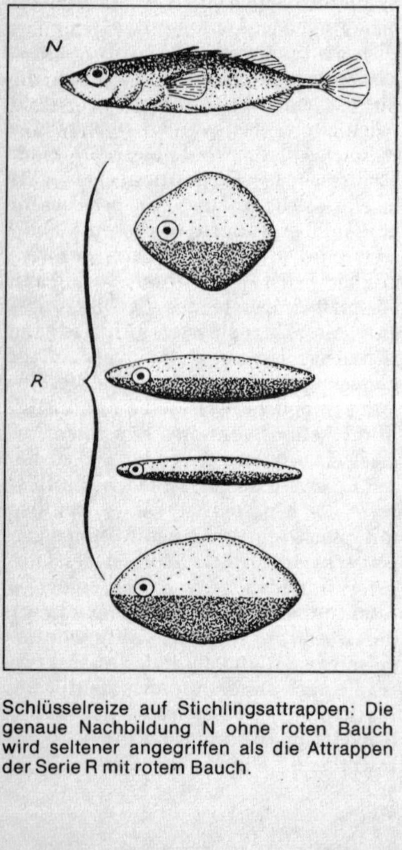

Schlüsselreize auf Stichlingsattrappen: Die genaue Nachbildung N ohne roten Bauch wird seltener angegriffen als die Attrappen der Serie R mit rotem Bauch.

Schlüsselreiz Meist auffälliger, festgelegter Reiz, der einen → AAM (angeborenen auslösenden Mechanismus) in Gang setzt. Der Begriff wird in der vergleichenden Verhaltensforschung (→ Ethologie) an Tieren verwendet, in der man Schlüsselreize mit Hilfe von künstlich nachgemachten Reizsendern (Attrappen) ermittelt. So greift ein Stichlingsmännchen nur diejenigen Stichlinge an, die einen roten Bauch aufweisen. Die naturgetreue Attrappe eines Stichlings ohne roten Bauch läßt es ungeschoren, während es eine unförmige, gänzlich unähnliche Attrappe mit rotem Bauch wütend attackiert. Man kann daraus schließen, daß für das Angriffsverhalten eines Stichlings der rote Bauch eines Fisches vergleichbarer Größe als Schlüsselreiz wirksam ist. Beim Menschen gibt es Schlüsselreize im strengeren Sinn nicht, doch lassen sich ohne vorhergehendes Lernen auftretende, emotionale Reaktionen, etwa auf das Weinen eines Kindes oder auf kindliche Körperformen mit den AAM von Tieren vergleichen. Der Unterschied liegt darin, daß bei Tieren ausschließlich Verhaltensweisen in der Forschung herangezogen werden können, während beim Menschen Verhalten und Erleben beurteilt werden.

Schmerz Schädigende Reize auf den Organismus müssen frühzeitig erkannt werden. Diese Aufgabe erfüllt die Schmerzempfindung; sie führt zu einem Vermeidungsverhalten für Gefahren und dient daher dem Überleben. Allerdings kann sie diese Aufgabe nicht ohne die vom erlebenden Organismus als übertrieben empfundene Stärke und Dauer erfüllen. Ein einmaliger, kurzer Schmerzreiz würde genügen, um uns vor den körperlichen Belastungen zu warnen, die einen Knochenbruch bewirken können. Statt dessen schmerzt der Knochen viel länger, der Schmerz raubt den Schlaf; er wird – wie im Fall einer fortgeschrittenen Krebsgeschwulst – so unerträglich, daß nur noch der Selbstmord eine Erlösung zu bieten scheint. Der Schmerz zeigt uns sehr deutlich, daß unser Organismus nicht nach dem Prinzip unseres möglichen Wohlempfindens gebaut ist, sondern nach dem Prinzip des Überlebens. In der menschlichen Schmerzreaktion kann man zwei Bestandteile mehr oder weniger deutlich voneinander unterscheiden: Die Schmerzempfindung als solche, die verschiedene Stärke haben kann, und die durch diese Empfindung ausgelöste seelische Verarbeitung eines Schmerzes. Für die Lust–Unlust-Bilanz ist die Verarbeitung wichtiger als die Empfindung. Bei Kindern beobachtet man zum Beispiel, daß sie den Schmerz einer leichten Rißwunde erst dann spüren, wenn sie die blutende Wunde sehen. Die Schmerzreaktion Erwachsener ist ganz unterschiedlich, wenn sie genau wissen, welche Ursachen die Schmerzempfindung in einem Organ hat und wann sie wieder aufhören wird, oder wenn sie fürchten müssen, daß der Schmerz überhaupt nicht mehr aufhört. Die seelische Unterdrückung der Schmerzwahrnehmung bezeugt die → Hypnose: Der Schmerz wird noch empfunden, aber er tut nicht mehr weh. Andererseits kann ein Schmerz durch bewußte oder unbewußte Aufmerksamkeit sehr gesteigert werden. Ob man über Schmerzen spricht oder sie begleitende Ausdruckserscheinungen (Stöhnen, Schreien, Weinen, Schmerzmimik) kontrolliert werden, ist eine Frage der Erziehung, die in verschiedenen Kulturen, aber auch bei Männern und Frauen unterschiedlich gehandhabt wird.

Schüchternheit Soziale → Hemmungen, wie die → Angst, jemanden anzusprechen, etwas zu fordern, sich durchzusetzen. Solche Hemmungen sind sehr weit verbreitet; sie entstehen durch eine Lerngeschichte in Kindheit und Jugend, in der die selbstbewußte Aktivität verboten und bestraft wurde: «Kinder darf man sehen, aber nicht hören!» – «Kinder mit 'nem Willen krieg'n wat auf die Brillen!» (das Gesäß). Später verstärkt sich das schüchterne Verhalten oft selbst. Wenn der Schüchterne ein Mädchen anspricht, tut er es so ungeschickt und mit zögerndem Ausdruck, daß er vermutlich abgelehnt wird und sich in seiner Zurückhaltung bestätigt sieht. Dazu kommt, daß die Kehrseite der Gehemmtheit meist heftig wuchernde Phantasien sind, die ihrerseits durch die Schüchternheit (in der Art eines → Abwehrmechanismus) vom Durchbrechen ins Verhalten ausgeschlossen werden sollen.

Schuldgefühl Gefühlszustand, der auf eine eigene Handlung folgt, die ein Mensch als tadelnswert empfindet. Der erlebte Anlaß für Selbstvorwürfe kann anderen Menschen angemessen (zum Beispiel nach einem Verbrechen) oder unangemessen erscheinen (zum Beispiel die Selbstanklagen bei einer → Depression). Im weiteren Sinn ist Schuldgefühl ein unklarer Gefühlszustand, der von der Empfindung persönlicher Unwürdigkeit und → Minderwertigkeit bestimmt ist. In der → Psychoanalyse spricht man darüber hinaus noch von einem «unbewußten Schuldgefühl», das als treibende Kraft (→ Motiv) von selbstschädigenden Verhaltensweisen (→ Kriminalität) zu verstehen ist. Eine Frau beginnt etwa immer dann, wenn es ihr gut geht, einen Streit mit ihrem Mann, als ob sie sich selbst beweisen müßte, daß diese Zufriedenheit und Übereinstimmung ihr nicht zustehen und nicht von Dauer sein dürfen. Es scheint, als ob eine Erleichterung darin läge, das unbewußte Schuldgefühl an etwas Wirkliches, Gegenwärtiges anknüpfen zu können.

Schule In den hochentwickelten Gesellschaften wird die → Erziehung vom sechsten oder siebten Lebensjahr an eine Aufgabe des Staates. Ein Kind wird «schulpflichtig». Damit tritt es in den Einflußbereich der Schulen ein, gesellschaftlicher Einrichtungen, welche für die Ausbildung der Angehörigen einer arbeitsteiligen Gesellschaft maßgeblich sind. Die Psychologie befaßt sich mit dieser Situation vor allem unter den folgenden Blickwinkeln:

1. Gesetzmäßigkeiten von → Lernen, → Gedächtnis, → Aufmerksamkeit, → Lernstörungen.

2. → Gruppendynamik in der Schulklasse. Die Schulklasse ist die wichtigste → Sekundärgruppe im Kindes- und Jugendalter. Da die von den Eltern übermittelten Wertvorstellungen und → Normen oft nicht mehr in den Lebensalltag der Kinder passen, findet das Kind beziehungsweise der Jugendliche in den Klassenkameraden Vorbilder, an denen eine Orientierung möglich ist. Zugleich bietet sich der Lehrer als Vorbild an. Ungünstig für die weitere soziale Entwicklung ist es, wenn ein Kind in der Schulklasse zum → Außenseiter wird, keine Freunde hat und dadurch mehr als andere den Prägungen durch die Familie ausgesetzt bleibt.

3. Die Schulsituation als Auslöser seelischer Störungen. Hier wirkt es sich ungünstig aus, daß die Schule oft selbstzweckhaft unterrichtet und daher schädliche Verhaltensformen ungeprüft und unkorrigiert von Lehrern auf Schüler übertragen werden. Durch den Vorgang der → Identifizierung mit dem Angreifer werden aus Schülern Lehrer, die ihre Schüler ebenso behandeln, wie sie selbst seinerzeit von ihren Lehrern behandelt wurden. Als schädlich hat sich ein Unterricht erwiesen, bei dem der Lehrer vor allem auf Fehler achtet und diese tadelt. Dadurch lernen die Schüler, sich vor allem zu bemühen, nichts falsch zu machen: ihre → Kreativität wird unterdrückt. Der Leistungsdruck der Schule kann ebenfalls als schädlich angesehen werden: Kinder und Jugendliche in ihren oft labilen Entwicklungszuständen werden im Hinblick auf ihre späteren Aufstiegsmöglichkeiten einer von der Ausbildung her nicht gerechtfertigten, unter starkem Druck stattfindenen Auslese unterzogen.

Sekundärer Krankheitsgewinn Vorteile, die aus einer unbewußt motivierten seelischen Erkrankung (→ Neurose) gezogen werden: Eine Frau fürchtet, ihr Mann könne sie verlassen. Die Angst löst körperliche Symptome aus, unter ihnen heftiges Herzklopfen. Mit Hilfe dieser Herzkrankheit, die jederzeit – so behauptet, persönlich ehrlich überzeugt, die Frau – zu ihrem Tode führen könnte, wenn nicht ständig jemand bei ihr sei, gelingt es ihr, den Mann an das Haus zu fesseln. Der sekundäre Krankheitsgewinn muß von → Simulation unterschieden werden. In diesem Fall würde die Frau bewußt einen Herzanfall schauspielern, um den Mann am Verlassen des Hauses zu hindern. Der sekundäre Krankheitsgewinn ist meist kein echter Gewinn, sondern nur eine kurzfristige, letzten Endes abträgliche Hilfe. Der Mann in unserem Beispiel wird schließlich nicht mehr nur an einen Seitensprung denken, sondern sich scheiden lassen. Neurotische Mittel beschwören oft gerade herauf, was sie scheinbar bekämpfen.

Sekundärgruppe Sammelbezeichnung für alle Gruppen, die ein Mensch nach seiner → Primärgruppe kennenlernt; Schulklasse, Jugendgruppe, militärische Gruppen ...

Sekundärvorgänge Im Gegensatz zu den von bildhaftem Wunschdenken bestimmten → Primärvorgängen (→ Phantasie) das durch vernünftige Überlegung und logische Kontrolle gesteuerte Denken.

Selbst Gesamtheit der eigenen Person, die dem erlebenden, bewußten → Ich als Inhalt gegeben ist. («Ich frage mich selbst, ob das richtig ist»). Der Begriff spielt vor allem in den neueren psychoanalytischen Untersuchungen (→ Psychoanalyse) über den → Narzißmus eine wichtige Rolle. Dieser richtet sich als Selbstgefühl auf die Gesamtheit des Organismus, wobei in frühen Entwicklungsabschnitten keine klaren Grenzen zwischen dem Selbst und den als allmächtig erlebten Bezugspersonen (→ Eltern) gegeben sind. In einer gestörten Entwicklung des Selbstgefühls bleiben oft Zustände der inneren Leere, der Auflösung (Fragmentierung) des Selbst ein ständiger Anlaß zu Störungen.

Selbstbefriedigung Meist in der Bedeutung sexueller Selbstbefriedigung (Masturbation, → Onanie) gebraucht. Durch Erregung der Geschlechtsorgane (Glied bei Männern, Kitzler bei Frauen) mit den Fingern, mechanischen (Vibratoren) oder anderen Hilfsmitteln (zum Beispiel Dusche) wird ein → Orgasmus erzielt. Meist begleiten sexuelle → Phantasien diesen Vorgang. Während bis zum Beginn des 18. Jahrhunderts die Selbstbefriedigung kaum beachtet wurde, entwickelte sich vor allem im vergangenen Jahrhundert ein (gerade von Ärzten getragener) heftiger Kampf gegen dieses «Laster», der dazu führte, daß bis in den Beginn des 20. Jahrhunderts Mädchen der Kitzler amputiert und Jungen die Eichel mit ätzenden Salben beschmiert wurde, um sie von der Selbstbefriedigung abzuhalten. Schauerliche Gerüchte, daß sie Rückenmarkleiden oder Geisteskrankheit auslöse, wurden in die Welt gesetzt. Inzwischen gilt Selbstbefriedigung als normales Stadium der → Jugendsexualität in einer Kultur, in der die Spanne zwischen → Pubertät und Heirat sehr lang ist. Selbstbefriedigung ist für eine regelrechte sexuelle Entwicklung sogar wünschenswert, weil in ihr der Heranwachsende seine körperlichen Reaktionen gründlich kennenlernt.

Selbstbestimmung Die Fähigkeit, über sich selbst zu bestimmen, das heißt sich nicht ohne weiteres den von außen auferlegten Vorschriften zu unterwerfen. Selbstbestimmung ist ein Wert, der durchaus von kulturell geprägten und zwischen verschiedenen Kulturen sehr verschiedenen Vorstellungen bestimmt ist. In der bürgerlichen Kultur mit ihrer starken Betonung der persönlichen Verantwortung und des → Gewissens (→ Über-Ich) ist Selbstbestimmung sehr wichtig, während in Primitivkulturen häufig ein «Gruppengewissen» zu finden ist («Ich darf das nicht tun, weil sonst die Älteren traurig sind»). Auch in der von Massenmedien stark beeinflußten gegenwärtigen Industriegesellschaft beobachtet der amerikanische Sozialwissenschaftler D. Riesman eine Zunahme der «außengeleiteten» und eine

Abnahme der «innengeleiteten» selbstbestimmten Personen.

Selbsterfahrung Erschließen neuer Erlebnismöglichkeiten des eigenen → Selbst, zum Beispiel in Selbsterfahrungsgruppen (→ Encounter, → Sensitivitätstraining, → Gruppendynamik), oder auch in den verschiedenen Formen der → Psychotherapie.

Selbsterhaltungstrieb Umfassende Bezeichnung für die → Bedürfnisse, welche das biologische Überleben des Menschen sichern. Wissenschaftlich ist eine solche Auffassung noch wenig fruchtbar: Die Selbsterhaltung als Tatsache ist unbestreitbar; die Art und Weise, wie sie ein Organismus vollzieht, ist durch die einfache Annahme eines zugrundeliegenden → Triebes noch nicht aufgeklärt. Erst wenn man (wie auch Freud) davon ausgeht, daß → Konflikte zwischen Selbsterhaltungs- und Sexualtrieben auftreten können, gewinnt eine solche Annahme mehr Sinn. → Psychoanalyse

Selbstliebe Unklarer, vielfach wertend verwendeter Begriff, der die Schätzung des eigenen Selbst im Gegensatz zur Rücksicht und Zuneigung zu anderen betrifft (→ Altruismus, Narzißmus). Die Vorstellung, daß der Mensch zunächst nur sich selbst liebt und zur Liebe zu anderen erzogen werden muß (unter Umständen dadurch, daß man ihn lehrt, Teile seines Selbst zu hassen), läßt sich durch genauere Beobachtungen nicht bestätigen. Vielmehr zeigt sich, daß ein Mensch, der sich selbst schätzt, auch eher andere schätzt. Als von Natur aus soziales und kultursuchendes Wesen wird ein Mensch, dem man erlaubt, seine Selbstliebe frei zu entwickeln, am Ende diese wahrscheinlich in Liebesbeziehungen zu anderen fortführen. Die gespaltene Beziehung der christlich geprägten Gesellschaften zur Selbstliebe drückt sich in den wertenden Vorbehalten gegen sie beziehungsweise den → Egoismus aus.

Selbstmord Nur dem Menschen eigentümliches, bereits in Primitivkulturen (wenn auch sehr selten) beobachtetes Verhalten, das auf eine Beendigung des eigenen Lebens hinzielt. Die Ursachen sind sehr vielfältig. Eine sehr wichtige Unterscheidung ist die zwischen dem typischen Selbstmord und dem typischen Selbstmordversuch. Es hat sich gezeigt, daß der vollzogene Selbstmord am häufigsten bei älteren, körperlich kranken und depressiven Menschen (→ Depression) vorkommt, während der Selbstmordversuch (meist mit Schlaftabletten) vor allem bei jüngeren Menschen in einer akuten beruflichen (Schule, Studium, Arbeitsplatzverlust) oder privaten (Liebeskummer) Konfliktsituation zu beobachten ist. Dabei gibt es auch Fälle, in denen ein Selbstmordversuch «versehentlich» gelingt. Obwohl bei vielen Selbstmordversuchen eine Rettung unbewußt eingeplant ist, darf man sie nicht als «Show» oder «Demonstration» abtun. Jeder Selbstmordversuch ist ein Alarmzeichen für eine gestörte Persönlichkeitsentwicklung, wobei neben der Unfähigkeit, → Aggressionen offen zu äußern (der Angriff wird vielmehr gegen das eigene Selbst gerichtet), vor allem eine große Empfindlichkeit für Kränkungen des eigenen → Narzißmus festzustellen ist. Der Selbstmörder sucht meist nicht den Tod, sondern nur einen Ausweg aus einer für sein Selbstgefühl unerträglichen Situation. In vielen Großstädten gibt es heute Selbstmordverhütungszentren, die meist mit der Telefonseelsorge und mit Psychotherapeuten zusammenarbeiten. Sie helfen in Krisensituationen, wenn der Gedanke an einen Selbstmord übermächtig zu werden droht.

Selbstverwirklichung Verwirklichung der persönlichen Möglichkeiten; nach C. G. Jung Einordnung der bisher abgelehnten Eigenschaften (des «Schattens») und Bewußtwerden der → Archetypen des → kollektiven Unbewußten im Zug der → Individuation. Im weiteren Sinn bezeichnet der Begriff das Ausschöpfen der Gefühls- und Denkmöglichkeiten eines Menschen, den vollen Einsatz seiner schöpferischen Fähigkeiten, die er häufig während der Kindheit zugunsten eines engen, vom Verstandesdenken allein bestimmten Anpassungsprozesses eingebüßt hat. → Psychotherapie, → Sensitivitätstraining

Selbstwahrnehmung Das bewußte Bild des eigenen → Selbst. → Narzißmus

Selbstwertgefühl Gefühl des eigenen Wertes (→ Selbstliebe, Narzißmus). Wichtige Gruppen von Gefühlen, die das soziale Verhalten und die Beziehungen zu anderen Menschen stark beeinflußt. Ein geringes Selbstwertgefühl (→ Minderwertigkeitsgefühl) wird laut A. Adler durch → Machtstreben ausgeglichen (→ Kompensation).

Sensitiver Beziehungswahn In der Wirklichkeit nicht begründete Gefühle, Gedanken und Wahrnehmungen, die dem Betroffenen den Eindruck vermitteln, er werde von einer (oft hochgestellten) Persönlichkeit geliebt, ja mit unerwünschten Liebesbeweisen geradezu verfolgt. In der Regel liegt eine → Projektion unbewußter Neigungen auf diesen «Verfolger» zugrunde.

Sensitivitätstraining Praktische Anwendung der → Gruppendynamik, um Erwachsenen mehr Feinfühligkeit (Sensitivität) zu vermitteln und ihnen durch die Rückkopplung (→ Feedback) von seiten der Gruppe zu zeigen, was an ihrem Verhalten von ihnen selbst nicht bemerkt oder ihnen unbewußt andere abstößt oder anzieht. Häufig spricht man auch von einer «Psychotherapie für Gesunde» oder von «Selbstverwirklichung in der Gruppe»; in beiden Fällen wird gemeint, daß durch die klärende Auseinandersetzung über die Beziehungen, die in einer Gruppe einander bisher fremder Menschen entstehen, neue Verhaltensmöglichkeiten und Einsichten gewonnen werden können, die denen durch eine → Gruppentherapie vergleichbar sind. Eine solche Trainingsgruppe beginnt meist so: Eine Gruppe trifft sich, der Leiter gibt kein Thema, keine Regeln, sondern versucht als teilnehmender Beobachter den Gruppenmitgliedern zu helfen, die spontan entstehenden Beziehungen, Machtkämpfe, Sympathien oder Antipathien zu klären, die in dieser Gruppe entstehen.

Sexualangst Angst vor sexuellen Wünschen und sexueller Befriedigung. Sie entsteht meist durch eine ablehnende Einstellung der Familie oder anderer Bezugspersonen der frühen Kindheit zur → kindlichen Sexualität. Die Bestrafung sexueller Betätigung, zum Beispiel der kindlichen Sexualforschung (→ Doktorspiele) oder → Selbstbefriedigung führt dazu, daß sexuelle Regungen mit Angst vor einer solchen Strafe verbunden werden, auch wenn diese tatsächlich nicht mehr droht. Auf diese Weise entstehen vielfältige Formen sexueller → Hemmung, von der weitgehenden Blockade sexueller Beziehungen überhaupt bis zu → Impotenz und → Frigidität. Wenn die Sexualangst nicht dazu führt, daß sexuelle Beziehungen überhaupt gemieden werden, kann sie im Erwachsenenleben allmählich abgebaut werden, da sexuelle Befriedigung eine gegensätzliche Bestätigung bedeutet. In einer besonders ausgeprägten Form jedoch führt sie zu den oben erwähnten Störungen, die zunächst nicht mehr als seelisch bedingt erkennbar sind, sondern als körperliches Versagen erlebt werden. Die Behandlung von Impotenz und Frigidität oder → Orgasmusschwierigkeiten ist immer auch eine Behandlung der zugrundeliegenden Sexualangst.

Sexualerziehung Erziehung zu einem befriedigenden sexuellen Verhalten wurde lange Zeit als Wissensvermittlung verstanden – wann und wie wird ein Kind richtig «aufgeklärt»? Heute ist nicht zuletzt durch die Forschungen der → Psychoanalyse deutlich geworden, daß die Aufgabe der Sexualerziehung viel früher beginnt und das gesamte Verhältnis eines Kindes zu seinem Körper und zu seinen körperlichen Gefühlen umfaßt. So wird es dem Erwachsenen nur unter großen Schwierigkeiten möglich sein, die Geschlechtsorgane als normale, lustspendende Körperteile zu erleben, wenn ihm während der Kindheit in einer strengen → Reinlichkeitserziehung eingeprägt wurde, daß seine Ausscheidungen etwas Böses und Verwerfliches sind (→ Sauberkeitsideologie).
Eine leibfreundliche Erziehung ist wahrscheinlich die wichtigste Voraussetzung eines späteren befriedigenden Sexuallebens. In einer offenen Familienumwelt, in der alle Fragen gestellt werden dürfen, verschafft sich ein Kind dann von selbst das Wissen, das es braucht.

Sexualität Gesamtheit der mit den Geschlechtsorganen verbundenen Erlebnisse, Verhaltensweisen und ihrer körperlichen Grundlagen. Sexuelle Erlebnisse reichen dabei weit über die biologische Aufgabe der Fortpflanzung hinaus; die sexuelle Paarbindung ist eine wichtige und naturgegebene Voraussetzung menschlicher Kultur.

Sexualobjekt → Objekt eines sexuellen Wunsches, in der Regel ein anderer Mensch verschiedenen, seltener gleichen Geschlechts (→ Bisexualität, Homosexualität), in Ausnahmefällen auch Tiere (Sodomie, Zoophilie).

Sexualpsychologie Zweig der → Psychologie, der sich mit dem sexuellen Verhalten und Erleben befaßt. → Sexualangst, Sexualerziehung, kindliche Sexualität, Pubertät

Sexualsymbolik Von S. Freud entdeckte Darstellung sexueller Vorgänge durch Bilder, wie sie auch der Mundart beziehungsweise Vulgärsprache in vielen Völkern vertraut ist, zum Beispiel Treppensteigen, Schwerarbeit leisten und ähnliches für → Geschlechtsverkehr; längliche oder spitze Gegenstände (Schwert, Pfahl, Banane, Baum, Balken) als Symbole für das männliche Glied; rundliche, hohle Dinge als Symbole für die weiblichen Geschlechtsteile (Haus, Zimmer, Schlucht).

Signale Reize, die als Zeichen für etwas dienen und deshalb in der Regel besonders auffällig sind (Signalfarben, Eisenbahnsignal). In der Physik Reize, die Zeichen beziehungsweise Information enthalten, im Gegensatz zum Rauschen, das keine Information enthält (zum Beispiel im Fernsehgerät nach Programmschluß).

Simulation 1. Nachahmung seelischer Vorgänge, um sie besser zu verstehen, mit Hilfe verschiedener Apparate oder Modellvorstellungen. So verhilft zum Beispiel die Untersuchung der Problemlösung mit Hilfe von Elektronenrechnern zu einem besseren Verständnis der menschlichen Leistungen beim Problemlösen («Erst was ich nachbauen kann, habe ich wirklich verstanden.») (→ Kybernetik). 2. Nachahmung einer

Krankheit, um auf diese Weise Vorteile zu gewinnen oder sich unangenehmen Situationen (etwa dem Wehrdienst) zu entziehen. Die bewußte Simulation – hervorragend geschildert in Thomas Manns Werk «Felix Krull» – muß vom → sekundären Krankheitsgewinn unterschieden werden, der bei unbewußt begründeten, seelisch bedingten Störungen (zum Beispiel einer → Hysterie, die zu einer Krankheit führt, für die Rente bezahlt wird) zu beobachten ist.

Skala Vom lateinischen scala = Leiter abgeleiteter Begriff für abgestufte Maßstäbe, welche eine Mengenangabe über die Ausprägung bestimmter Merkmale erlauben. Den Vorgang des Umsetzens von Maßangaben über Eigenschaften in Zahlenwerte bezeichnet man als Skalierung.

Skinnerscher Kasten (Skinner box) Versuchsapparat, durch den das → Lernen von Tieren auf der Grundlage von → Konditionierung gezeigt werden kann. Die Skinner box ist ein Käfig, der nur durch den Druck auf einen schwer zu findenden Hebel oder ähnliche Vorrichtungen geöffnet werden kann. Setzt man eine Ratte in diesen Käfig, so lernt sie von selbst, diesen immer schneller zu öffnen. Die «richtigen» Verhaltensweisen werden durch den Erfolg bekräftigt, die «falschen» durch den Mißerfolg gelöscht. → Behaviorismus

Sozialisation (Sozialisierung) Vorgang, durch den ein Kind mit den Werten, Symbolen (Sprache, Schrift, Zahl) und typischen Verhaltensweisen einer bestimmten Gesellschaft vertraut wird und sie sich zu eigen macht. Ziel der Sozialisation ist der Ersatz äußerer Anweisungen durch innere Kontrollen, so daß sich der Erwachsene an den Werten der Gesellschaft orientiert und diese weitervermittelt, auch wenn keine äußere Macht ihn dazu zwingt. Diese Verinnerlichung beruht darauf, daß die Folgen künftiger Handlungen in der → Phantasie vorweggenommen werden. Diese vorgestellten Handlungsentwürfe unterliegen der Bewertung durch das → Über-Ich, das heißt durch die von den frühen Bezugspersonen übernommenen Werte, deren Annahme ursprünglich dazu diente, dem Kind die unentbehrliche Zuwendung der Erwachsenen zu erhalten. Die Fähigkeit des menschlichen Nervensystems zum Speichern, die biologisch gesehen von hohem Überlebenswert ist, führt dazu, daß auch Bestrafungen und Kritik der frühen Bezugsperson aufgenommen und bewahrt werden: Selbstauferlegte Strafen (→ Schuldgefühl) erleichtern dann selbstverursachte Qualen, die durch den inneren → Konflikt zwischen den kritischen, tadelnden, fordernden «Stimmen der Eltern» (des Über-Ich) und den bewußt angestrebten Bedürfnissen des Erwachsenen bedingt sind. Solche Pannen der Sozialisation, die der → Psychotherapeut in seiner Arbeit kennenlernt, sind ein Preis des Menschen für die Entwicklung zu einem Wesen, dessen zweite Natur der Erwerb kultureller Werte und Symbolsysteme geworden ist. Schwerer wiegen die günstigen Folgen der Sozialisation, die einem relativ kurzlebigen Einzelmenschen den Erwerb einer in Jahrtausenden entwickelten Kultur ermöglichen.

Sozialpsychologie Auf gesellschaftliche Vorgänge angewandter Zweig der → Psychologie, der sich vor allem mit den Wechselwirkungen zwischen «Kultur» und «Persönlichkeit» befaßt (→ Sozialisation). Wichtige Fragestellungen sind: Die Einflüsse von Erbe und/oder Umwelt auf menschliches Verhalten (→ Erbe/Umwelt-Problem, Rassenpsychologie), die Verinnerlichung sozialer → Normen und → Einstellungen, die Vorgänge in Gruppen (→ Gruppendynamik, Gruppentherapie), die Entstehung von → Vorurteilen und Gerüchten, die Auswertung der völkerkundlichen Forschung und endlich, heute von besonderem Gewicht, die Konflikt- und Friedensforschung (→ Aggression).

Soziogramm Schaubild (Diagramm) zur Darstellung der Ergebnisse eines soziometrischen (das heißt die soziale Ebene messenden) → Tests. Geprüft werden dabei die (gewünschten) Beziehungen teils positiver («Mit welchem Klassenkameraden würdest du gerne in die Ferien fahren?»), teils negativer Art («Neben welchem Klassenkameraden möchtest du nicht sitzen?»). Die Beziehungswünsche verraten, welche Gruppenmitglieder besonders beliebt, welche besonders unbeliebt sind. Sie zeigen, ob sich einzelne Untergruppen (Cliquen) gebildet haben oder nicht. Das Soziogramm wird zeichnerisch als ein Netz von Quadraten, Kreisen usw. dargestellt (zum Beispiel verschiedene Zeichen für Männer und Frauen), die durch Linien oder Pfeile verbunden sind. Die Länge der Linien kann die sozialen Abstände zwischen den Gruppenmitgliedern anzeigen; gestrichelte oder verschiedenfarbige Pfeile zeigen verschiedene Wahlen an (positiv, ablehnend, als Begleiter bei Vergnügungen, als Arbeitskollege ...). In der geschilderten, von J. L. Moreno (dem Begründer des → Psychodramas) entwickelten Form ist das Soziogramm nur bei kleineren Gruppen anwendbar; bei Gruppen über 20 Personen wird es zunehmend unübersichtlich und muß durch andere Darstellungsweisen ersetzt werden.

Spaltung der Persönlichkeit Ausdruck der Umgangssprache, der so unscharf ist, daß man ihn für mindestens drei verschiedene psychologische Situationen verwenden kann: 1. den inneren Konflikt normaler Menschen zwischen Triebwunsch und wirklichkeitsangepaßter Kontrolle («Zwei Seelen wohnen, ach, in meiner Brust!»); 2. die Abspaltung von gefühlsbetonten Erlebnissen bei → schizoiden Persönlichkeiten und bei → Schizophrenie; 3. die sehr seltene, mit bestimmten → Neurosen (vor allem der → Hysterie) verbundene Erscheinung, daß ein Mensch mehrere, voneinander getrennte Ich-Zustände hat, wobei er jeweils in dem einen Zustand nichts von dem anderen Zustand weiß. Ein «Ich» eines Mädchens ist zum Beispiel kokett und vergnügungslustig, das andere «Ich» entspricht den bürgerlichen Vorstellungen von einem «anständigen Mädchen». Gelegentlich findet sich das «anständige Mädchen» verwirrt und erschreckt in Kneipen, ohne zu wissen, wie es dahin gekommen ist, weil es in dem einen Ich-Zustand kein Wissen um den anderen hat. Man kann diese seltenen Fälle so erklären, daß ein unbewußter → Komplex in einem seelischen Ausnahmezustand (→ Ekstase, Trance) Macht über das bewußte → Ich gewinnt.

Spiele 1. Das Spiel der Kinder und Erwachsenen im weiten Sinn ist eine Handlungsfolge, die keinen bestimmten Zweck verfolgt, der über die unmittelbare Lust am Spiel selbst hinausgeht (Puppe und Puppenhaus sind noch so wie vorher, wenn ein Kind zwei Stunden mit ihnen gespielt hat). Im Gegensatz zur Arbeit verändert das Spiel die materielle Umwelt nicht zweckmäßig, um → Bedürfnisse zu erfüllen; sein Inhalt ist die → Funktionslust, die Freude an der Tätigkeit von → Wahrnehmung, → Denken, Muskulatur, am Zusammenspiel dieser Fähigkeiten. Da auch Tiere – vor allem Jungtiere – häufig spielen, kann man annehmen, daß das Spiel eine wichtige biologische Aufgabe

In diesem Soziogramm werden Beziehungen innerhalb einer Gruppe erfaßt. Hier sind es sechs Mitglieder, die jeweils nach ihrer Sympathie für zwei der anderen gefragt wurden. A erhält von jedem eine Stimme, F erhält keine einzige. Der eine steht im Mittelpunkt, der andere ist Außenseiter (reziprok = gegenseitig).
Quelle: Wolfgang Schmidtbauer «Ich in der Gruppe», Otto Maier Verlag, Ravensburg, 1975

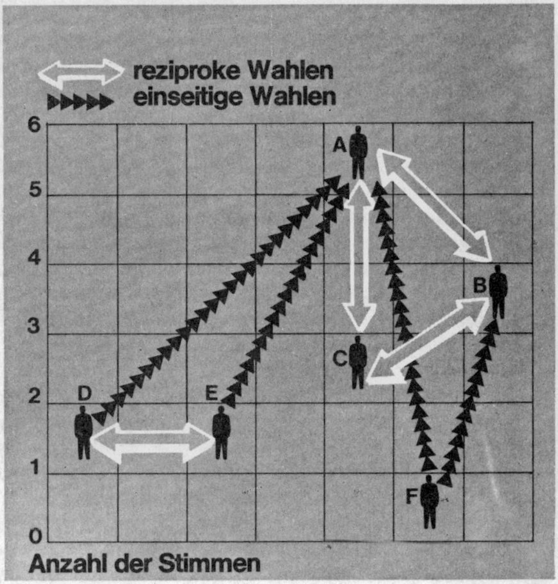

erfüllt, die wohl in der spielerischen Übung jener Leistungsbereiche des Organismus besteht, für die es augenblicklich keine ernstliche, dem Überleben unmittelbar dienende Aufgabe gibt. Auf diese Weise wird verhindert, daß diese Fähigkeiten «einrosten». Ein Säugetier, das im spielerischen Raufen und Fangen mit seinen Geschwistern die Zusammenarbeit (Koordination) von Muskeln und Sinnesorganen übt, wird das später im Ernstfall gut brauchen können. Darüber hinaus wird im Spielen ein Antriebsüberschuß auf angenehme und konstruktive Weise abgebaut, der sonst nicht auf angemessene Weise zur Abfuhr kommen könnte, aber als Motivationsreserve für Notzeiten gebraucht wird (→ Motivation). In der Entwicklung des Spiels kann man eine frühe «Funktionsphase» erkennen, in der Tätigkeiten um ihrer selbst willen ausgeführt werden (einen Bauklotz hochheben und fallen lassen), gefolgt von Rollenspielen (das Kind versetzt sich in verschiedene → Rollen), Aufnahmespielen (Märchenlesen, Bilder anschauen, Fernsehen) und Aufbauspielen (mit einem Metallbaukasten basteln). Auf jeder Spielstufe ist aber die zwischenmenschliche Auseinandersetzung das wichtigste Element: Soziales Verhalten, Zärtlichkeit und Raufen, Wettbewerb oder Zusammenarbeit, gütliche Einigung oder Streit werden spielerisch durchgeprobt.

2. Spiele im Sinn der → Transaktionsanalyse (E. Berne) sind eine Abfolge von verdeckten Mitteilungen (Transaktionen), in denen der eine Spieler bei einer Schwäche eines anderen einhakt und diese ausnützt; dabei verfolgt er einen

hinter einem Vorwand verdeckten Zweck. Sinn solcher, meist eine wirkliche Befriedigung im Leben behindernder Spiele ist es, eine bestimmte, in der Regel unerfreuliche Kindheitssituation wiederherzustellen, die als vertrauter und weniger angsteinflößend erlebt wird als ein neues, an sich aber langfristig befriedigenderes Verhalten. Ein Patient fragt zum Beispiel: «Glauben Sie, daß sich mein Zustand bessern wird?» Wenn er sich auf eine entsprechende Versicherung des Therapeuten hin bedankt und zufriedener scheint, handelt es sich um kein Spiel, sondern um ein Trost-Ritual. Sagt der Patient hingegen nach der gleichen Versicherung des Therapeuten: «Wieso glauben Sie eigentlich, Sie könnten das wissen?», dann hatte seine erste Frage den verdeckten Sinn: «Ich werde es dir schon zeigen, daß du genauso unfähig bist wie mein Vater!» Die Einsicht in solche Spiele im Sinn der Transaktionsanalyse ist ein wichtiges Teilstück jeder → Gruppentherapie (in der → Psychoanalyse spricht man von → Wiederholungszwang).

Sprache Die Sprache ist sicher ein entscheidendes Merkmal der psychologischen Situation des Menschen. Sie wird, indem sie die meisten kulturellen Normen vermittelt, zur Trägerin der → Sozialisation, leiht den verinnerlichten Verhaltensvorschriften die «Stimme des → Gewissens». Weiter erlaubt sie die kathartische Abfuhr (→ kathartische Methode) von Gefühlen, was sich die → Psychotherapie zunutze macht, ermöglicht eine innere Verbindung zwischen verschiedenen Abschnitten des Erlebens und überliefert (zusammen mit der Schrift) dem Menschen seine Geschichte.

Das derzeit am meisten untersuchte und umstrittene Problem der Sprachpsychologie sind die Sprachbarrieren. Hier unterscheidet man den «eingeengten Kode» der Unterschicht (ungelernte Arbeiter, Facharbeiter) vom «ausgearbeiteten Kode», den die Mittel- und Oberschichten (höhere Angestellte, Beamte, Akademiker) sprechen. Unter Kode versteht man dabei, welche Teile aus der gesamten Welt sprachlicher Zeichen ein Mensch auswählt. Merkmale des eingeengten Kodes sind einfache, oft unvollständige Sätze in Aktivform, starrer Satzaufbau, kurze Befehle und Fragen, sehr beschränkter Wortschatz. Der ausgearbeitete Kode der oberen Schichten entspricht der literarischen Schriftsprache. Er wird im Bildungswesen (vor allem an den Gymnasien) vorausgesetzt. Daraus ergeben sich geringere Chancen für Unterschichtkinder, die durch ihren eingeengten Kode benachteiligt sind, den Wissensstoff der höheren Schulen aufzunehmen. Problematisch und umstritten an dieser Sprachbarrierentheorie ist vor allem ihre Auffassung der sozialen Schichten und ihre Neigung, bei der Auswahl der geprüften Sprachmerkmale die Norm des ausgearbeiteten Kodes (also die Norm der Mittel- und Oberschicht) anzulegen.

Statistik Sammlung und Auswertung von Zahlenmaterial, um über Häufigkeiten und Beziehungen zwischen Häufigkeiten Aufschluß zu erhalten. → Faktorenanalyse, Korrelation, Zwillingsforschung, Intelligenz, Test

Stottern Störung des zusammenhängenden Redeflusses, der von krampfartigen Erscheinungen in den Sprechorganen unterbrochen wird. Die Ursache liegt in der Regel (neben einer erblichen Neigung) in einer kindlichen → Neurose. Alle Maßnahmen, welche die Aufmerksamkeit auf den Sprechvorgang steigern, sind zu vermeiden, da sich dadurch das Stottern verschlimmert. Die Sprachtherapie, der sich Stotterer unterziehen können, konzentriert sich vor allem auf → Entspannung, auf Atemübungen und die Bearbeitung der zugrundeliegenden seelischen → Konflikte. Wenn ein Kind für das Stottern bestraft wird (wodurch sich das Stottern, das nun ängstlich vermieden werden soll, noch weiter verschlimmert) oder wenn man es deswegen verspottet, können noch weitere neurotische Erscheinungen auftreten.

Strafe Jeder unangenehme, schmerzliche Reiz wird als Strafe erlebt (→ Bekräftigung), es sei denn, es liegen besondere Bedingungen (→ Masochismus) vor. Die Steuerung des Verhaltens durch Strafmaßnahmen ist verbreitet, aber unzuverlässig und oft schädlich. → Erziehung, Kriminalität

Stress Körperliche und seelische Reaktion auf äußere oder innere Reize, die als anregend oder belastend empfunden werden. Ein einfaches Beispiel: Die trockene Hitze der Sauna ist zweifellos ein Stress für unseren Organismus. Zehn Minuten oder eine Viertelstunde lang wird sie als wohltuend und anregend empfunden. Wenn jemand aber zwei Stunden in der Sauna ausharren müßte, kann sein Kreislauf unter dieser Belastung zusammenbrechen. Den Zustand, in dem belastende Reize als angenehm empfunden werden, nennt man Eustress; den Zustand der Überlastung Distress. Körperliche Stress-Reize oder Stressoren sind etwa Hitze, Kälte, Infektionen, Hunger, Vergiftungen, Verletzungen. Seelische Stressoren sind viel zahlreicher, zum Beispiel Leben in einer schlechten Ehe, Prüfungsangst, berufliche Schwierigkeiten, Arbeitslosigkeit, der Tod Angehöriger. Der Mensch verfügt über körperliche wie seelische Reserven, die er in solchen Stress-Situationen einsetzen kann, um sein Gleichgewicht aufrechtzuerhalten. Sind diese Reserven erschöpft, kann es zu einem plötzlichen Zusammenbruch kommen.

Sublimierung Umlenkung von sexuellen Triebkräften auf kulturell wertvolle, gesellschaftlich anerkannte Ziele. Ein Kind, dessen Freude am Kotschmieren durch die elterlichen Verbote eingeschränkt wird, kann als → Reaktionsbildung besonders (zwanghaft) sauber werden (→ Sauberkeitsideologie), oder aber besonders gern mit Wasser- und Ölfarben malen. Die Möglichkeit der Sublimierung als → Abwehr unerwünschter → Motive ist kaum zu bestreiten, doch scheint es nicht richtig zu sein, daß alle sozial konstruktive oder künstlerische Tätigkeit auf Sublimierungen einer ursprünglich in eine andere Richtung neigenden menschlichen Triebhaftigkeit zurückzuführen ist. So beobachtet man in einer → Psychotherapie häufig eine Zunahme von Kreativität *und* sexueller Aktivität.

Sucht Zwanghaftes Streben zur Wiederholung bestimmter Handlungen, welche den Zustand des Organismus verändern und auch dann nicht aufgegeben werden, wenn sie zu deutlichen körperlichen oder seelischen Schäden führen. Am häufigsten wird der Ausdruck für → Drogenabhängigkeit gebraucht, doch spricht man auch von → Fettsucht oder → Magersucht . . ., also von einer krankhaften, selbstschädigenden Wiederholung von Verhaltensweisen im Bereich der Nahrungsaufnahme. Die Behandlung aller Formen von Sucht ist sehr schwierig: Der Betroffene muß etwas aufgeben, was ihm seinen derzeit elenden Zustand noch etwas leichter erträglich macht, um das Fernziel zu erreichen, sich ohne Suchtverhalten wohlzufühlen. Die herkömmlichen Formen von → Psychotherapie reichen nicht aus; dauernde Überwachung und Stützung durch eine verständnisvolle, aber auch folgerichtige Gruppe ist notwendig, um dem Süchtigen in einer Übergangszeit (die mehrere Jahre dauern kann) genügend äußere Festigkeit zu geben, die er anschließend verinnerlichen kann. → Alkoholismus ist die häufigste Form einer Sucht in den Industriestaaten, gefolgt von der Sucht nach → Psychopharmaka (Schlafmittel, Weckmittel, Beruhigungsmittel) und Rauschgiften (Opium, Morphium, Heroin). → Drogenabhängigkeit

Suggestion Zwischenmenschliche Einflußnahme, bei der gefühlsbetonte Vorstellungen ohne kritische Nachprüfung dem Partner «unterschoben» (lateinisch subgerere) und von diesem übernommen werden. Im Fall der Autosuggestion (ein Beispiel ist die Formel: «Es geht mir von Tag zu Tag immer besser und besser») übernimmt der Betroffene selbst dieses «Unterschieben» (→ Autogenes Training). Durch Suggestion lassen sich viele körperliche und seelische Vorgänge eingreifender beeinflussen als durch bewußte Absicht, worauf sich die Behandlung seelischer und körperlicher Leiden mit Hilfe von Suggestion (→ Hypnose) stützt.

Symbiose In der Biologie Lebensgemeinschaft verschiedener Arten, die beiden Beteiligten Nutzen bringt, aber auch zu großer wechselseitiger → Abhängigkeit führen kann, so daß ein Partner ohne den anderen nicht überleben kann. In menschlichen Beziehungen spricht man von einer Symbiose oder symbiotischen Beziehung, wenn die Abhängigkeit eines der beiden Partner so groß ist, daß er erhebliche Einbußen an selbständiger Lebensgestaltung in Kauf nimmt. Eine Symbiose ist in der Kindheit normal; das Kind ist in seinem seelischen und körperlichen Wohlbefinden, ja (vor allem unter urtümlicheren Lebensbedingungen) in seinem Überleben schlechthin vom Wohlwollen der Bezugspersonen abhängig. Von einer krankhaften Symbiose spricht man dann, wenn diese frühkindliche Abhängigkeit nicht allmählich abgebaut wird, sondern fortbesteht und möglicherweise sogar auf andere Bezugspersonen übertragen wird. Was gelegentlich «Hörigkeit» genannt wird, gehört hierher. Der Symbiose-Partner gewinnt die Rolle des mächtigsten → Motivs. Die Beziehung zu ihm muß fast um jeden Preis aufrechterhalten werden. Hinter dieser Abhängigkeit können erhebliche → Aggressionen stehen, die nicht geäußert werden und nur in Ausnahmesituationen zu Tage treten. Wenn ein Ehepaar, das allen als Muster der gegenseitigen Anhänglichkeit galt, sich von einem Tag auf den anderen heftig mit allen Mitteln legaler und illegaler Art bekämpft, kann man eine bisher bestehende, solche Aggressionen zudeckende Symbiose annehmen. Ähnlich kann man von einer Symbiose sprechen, wenn eine Mutter ihren Sohn lieber im Schlaf ersticht als zuläßt, daß er heiratet. Solche Fälle kommen vor, sind aber sehr selten; häufiger wird die Wut über den «untreuen» Sohn dadurch abgewehrt, daß die Schwiegermutter sie auf die Schwiegertochter projiziert (→ Projektion), ein durch eine Fülle von Witzen belegbares Motiv. Symbiosen entstehen, weil der Symbiosepartner (zum Beispiel das Kind) eine ausgleichende Rolle in einem ungenügend gefestigten → Narzißmus (der Mutter) spielt.

Symbol Zeichen für etwas; die Bedeutung des Symbols kann sozial vorgegeben sein (durch allgemeine Übereinkunft: bei den Symbolen für WC, Gepäckabgabe usw. an einem Großbahnhof) oder individuell erschlossen werden (→ Traum, Sexualsymbolik). In der → Tiefenpsychologie hat Freud vor allem den Abwehr- und Maskierungscharakter von Symbolen beschrieben (ein körperliches Leiden symbolisiert einen abgewehrten sexuellen Wunsch; harmlose Gegenstände, die Sexualorgane symbolisieren, entstellen die wahre Bedeutung eines Traums). C. G. Jung hingegen betont den verbindenden Charakter von Symbolen, die geeignet sind, die Spaltung zwischen → Primär- und → Sekundärvorgang, zwischen bewußtem → Ich und → kollektivem Unbewußten zu überbrücken. Die von Jung vorgeschlagene engere Begriffsbestimmung des Symbols als Zeichen für etwas anderes nicht zu Erfassendes und Unbekanntes hat sich nicht durchgesetzt.

Symptom Zeichen einer Erkrankung. → Neurose, Hysterie

T

Tabu Polynesisches Wort, das aus religiösen Gründen ausgesprochene Verbote betrifft (etwas zu essen, zu berühren, sexuelle Kontakte mit bestimmten Personen zu haben ...). Der Ausdruck wird für Verbote allgemein verwendet, vorwiegend aber für solche mit einem mehr oder weniger deutlichen, irrationalen, das heißt nicht genau begründbaren Hintergrund.

Talent → Begabung für bestimmte Berufe oder künstlerische Tätigkeiten.

Temperament Gefühlsansprechbarkeit; einer der ältesten Ausdrücke der → Persönlichkeits-Forschung; besonders bekannt sind die Temperamentscharakteristiken der Antike – hier aufgezeigt an ihrer Reaktion auf den Stein, der im Weg liegt: Der Sanguiniker (von sanguis = Blut) hüpft darüber, der Choleriker (von cholos = gelbe Galle) räumt ihn ärgerlich aus dem Weg, der Melancholiker (von melas cholos = schwarze Galle) beklagt sich bitter über das Hindernis, der Phlegmatiker (von phlegma = Schleim) setzt sich auf den Stein, um sich auszuruhen. Diese Temperamentslehre ist von der medizinischen «Säftelehre» abgeleitet. Die von ihr gezeichneten Temperamentstypen beruhen aber auf Beobachtungen, deren Wert von den inzwischen widerlegten medizinischen Vorstellungen der Antike unabhängig ist; dennoch gehören sie in ein vorwissenschaftliches Arbeiten. Heute weiß man: Je nach dem augenblicklichen Zustand und nach der Lerngeschichte des einzelnen können seine ursprünglichen, in der → Konstitution verankerten Temperamentsanlagen umgestaltet werden.

Test Probe, Prüfung; in der Psychologie in mindestens zwei Bedeutungen verwendet: 1. Test von wissenschaftlichen Annahmen, zum Beispiel durch mathematische Prüfung des Untersuchungsmaterials auf statistische Gültigkeit. 2. Wissenschaftliches, häufig angewendetes Verfahren, um über Persönlichkeitsmerkmale quantitative Aussagen machen, das heißt diese Merkmale «messen» zu können. Dabei gewinnen die Gültigkeit (Validität) und Zuverlässigkeit (Reliabilität) eines Tests besondere Bedeutung. Ein Test ist gültig, wenn er wirklich das mißt, was er vorgibt, zu messen (zum Beispiel die Intelligenz). Er ist zuverlässig, wenn er das, was er mißt, auch genau mißt und man bei wiederholten Prüfungen keine erheblichen Abweichungen in den Meßergebnissen findet. Dazu ist es notwendig, daß ein Test «standardisiert» wird, das heißt eine feste Form erhält, etwa eine Testanweisung, die genau vorschreibt, wie er vorgenommen werden muß, welche Zeitspannen zur Lösung der Aufgaben gegeben sind. Die Auswertung muß ebenfalls fest geregelt sein; verschiedene Auswerter müssen zu dem gleichen oder doch einem ähnlichen Ergebnis kommen.

Wichtige Untergruppen von Tests: Man unterscheidet Leistungs- und Persönlichkeitstests. In den ersten wird nach bestimmten Leistungen gefragt; das gilt vor allem für die → Intelligenz, aber auch für andere, etwa für bestimmte Berufe wichtige Fähigkeiten des Untersuchten. So können die → Begabung für sprachlichen Ausdruck, für Abstraktion, für die Koordination von Körperbewegungen, für die Feinmotorik, Reaktionsschnelligkeit, Farbensehen und viele andere Fähigkeiten geprüft werden, die für die Angehörigen bestimmter Berufe (Pilot, Omnibusfahrer, Kaufmann ...) wichtig sind. Daher sind Tests in der Berufsberatung (→ Angewandte Psychologie) ein häufig verwendetes Hilfsmittel.

Die Persönlichkeitstests erfassen nicht meßbare Leistungen, sondern suchen den Ausprägungsgrad von Persönlichkeitszügen wie Antriebsstärke, Kontaktfähigkeit oder wichtige Interessen zu bestimmen. Hier gibt es wiederum zwei Untergruppen von Tests: Fragebogentests und projektive Verfahren. Bei den ersten wird durch sorgfältig ausgewählte Fragen, die beispielsweise zwischen zwei Formen seelischer Krankheit genau unterscheiden helfen (etwa zwischen → Depression und → Paranoia) ermittelt, ob eine Versuchsperson depressive oder paranoide Züge aufweist. Einzelantworten wie «Ich kann manchmal morgens kaum aufstehen» (Depression) oder «Manchmal reden die Leute hinter meinem Rücken schlecht über mich» (Paranoia) sind dabei noch ganz unzuverlässig. Seine Gültigkeit bezieht der Fragebogentest aus sehr vielen (oft mehrere hundert) einzelnen Fragen (Items), wobei eine «Lügenskala» bewußt schönfärberische Antworten entlarven soll. Wer die Feststellung verneint: «Manchmal möchte ich jemandem, der mich ärgert, glatt eine herunterhauen», wird überhaupt dazu neigen, sozial eher negativ bewertete Neigungen zu verleugnen. Der Ausdruck «Lügenskala» ist dabei im Grunde nicht ganz zutreffend: Nicht die Neigung zum Lügen, sondern der Grad starker Anpassung an gesellschaftliche → Normen wird auf diese Weise ermittelt. In den projektiven Verfahren (→ Projektion) wertet der Tester die von Person zu Person verschiedenen Antworten auf vieldeutiges Reizmaterial aus: Tintenkleckse im Rorschach-Test, Bilder im Thematischen Apperzeptions-Test (TAT), unvollendete Zeichnungen, einfache Zeichenaufgaben (einen Mann zeichnen, einen Baum zeichnen, eine Familie in Tieren zeichnen ...). Diese Tests gehen von der → Psychoanalyse aus. Sie stützen sich auf die Hypothese, daß alle seelischen Äußerungen von inneren Wünschen und Abwehrvorgängen bestimmt sind, und lassen in der Auswertung einen weiteren Spielraum als die anderen Tests.

Grenzen der Tests: Selbst eine umfassende Untersuchung, die mit den nach den Maßstäben der Gültigkeit und Zuverlässigkeit besten derzeit verfügbaren Tests durchgeführt wird, ist ein sehr unvollkommenes Mittel, die menschliche → Persönlichkeit zu erfassen. Doch darf man die Tests wohl nicht nur an einem Idealanspruch messen, sondern muß sie mit dem vergleichen, was durch andere Mittel über einen Menschen zu erfahren ist: etwa durch Schulzeugnisse, das Urteil von Lehrern oder früheren Mitarbeitern, von Familienangehörigen oder von Psychologen nach einem freien diagnostischen Gespräch. Auch diese Wege, mehr über einen Menschen zu erfahren, sind so unvollkommen, so sehr von den persönlichen → Einstellungen und → Vorurteilen des Untersuchers abhängig, daß die Tests – verglichen mit ihnen – eine recht gute Aussagekraft besitzen. Die Auswertung von Tests setzt aber ein umfassendes psychologisches Wissen voraus, da die Testsituation selbst das Ergebnis sehr beeinflussen kann und es viele Einflüsse gibt, die zu einer falschen Deutung führen können. Sinnvolle Verwendung von Tests schließt auch ein, daß sie nicht als Persönlichkeitsschnüffelei betrieben werden. Die praktische Gültigkeit eines Tests kann sich eigentlich nur im Gespräch zwischen dem Psychologen und dem Getesteten ergeben, in dem dann auch die Fehlerquellen des Tests selbst berücksichtigt werden. Nur wenn Testuntersuchungen in diesem Geist vertrauensvoller Zusammenarbeit vorgenommen werden, gelingt es, die Fehlerquellen der Testpsychologie weitgehend einzuschränken und zu glaubwürdigen Ergebnissen zu kommen. Testen im Sinn des Ausspionierens sorgfältig gehüteter Schattenseiten der Person des Getesteten, Testen als Überrumpelungsmanöver machen die Psychologie fragwürdig und werden rasch auch in ihrer wissenschaftlichen Aussagekraft unbrauchbar, da jeder psychologische Test durch eine gut unterrichtete Versuchsperson unterlaufen werden kann. → Angewandte Psychologie

Tiefenpsychologie Von S. Freud zuerst gleichbedeutend mit → Psychoanalyse gebrauchter Ausdruck für eine Psychologie, welche die Wirkungen des → Unbewußten miteinbezieht. Später wurde der Begriff meist als Sammelbezeichnung für die verschiedenen Richtungen verwendet, die sich aus der Psychoanalyse abspalteten oder entwickelten. Die wichtigsten von ihnen sind die «komplexe Psychologie» von C. G. Jung, die → Individualpsychologie von A. Adler, und die → Neopsychoanalyse von E. Fromm, H. Schultz-Hencke, H. S. Sullivan und F. Alexander.

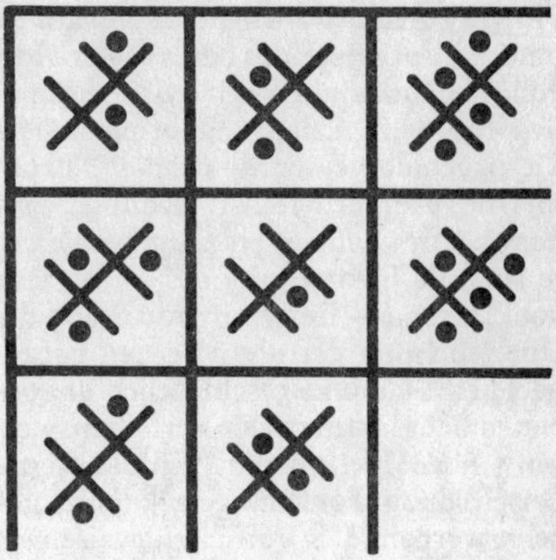

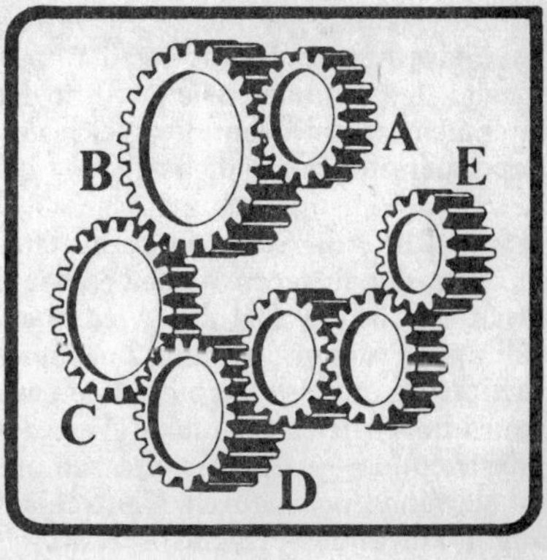

Beispiele für Begabungstests. Oben: Logisch-analytisches Denken – Welche Figur ist in das freie Feld einzusetzen?

(Lösung: die rechte Figur in der oberen Reihe)

Unten: Technisches Verständnis – Welches Zahnrad macht die meisten Umdrehungen?

(Lösung: E)

Quelle: Ernst Ott «Optimales Denken» und Peter Lauster «Begabungstests», beide Rowohlt Taschenbuch Verlag, Reinbek bei Hamburg, 1973 und 1974

Tierpsychologie Über die subjektiven inneren Vorgänge, das heißt das Erleben von Tieren, können wir wissenschaftlich nichts in Erfahrung bringen. Die Tierpsychologie wird deshalb heute meist Tierverhaltensforschung genannt. Ihre wichtigsten Aufgabengebiete sind die Erforschung des → Lernens von Tieren (→ Behaviorismus) und die Untersuchung der ohne Lernen vorgegebenen, stammesgeschichtlich erworbenen oder instinktiven Verhaltensweisen (→ AAM, Instinkt, Schlüsselreiz). Durch diese Forschungen konnte gezeigt werden, daß Verhaltensweisen als Merkmale von Tieren ebenso gut verwendet werden können, um den Gang der Entwicklungsgeschichte zu verfolgen und einzelne Tierarten zu unterscheiden (→ Rituale), wie das mit der Untersuchung und dem Vergleich von Körpermerkmalen möglich ist.

Todestrieb Von S. Freud vermuteter → Trieb, der in jedem Lebewesen auf dessen Auflösung und die Wiederherstellung eines anorganischen Zustandes hinwirkt. Nur durch Verbindungen mit dem → Lebenstrieb (→ Libido) wird der Todestrieb als → Aggression nach außen gewandt oder durch Neutralisierung in kulturell wertvolle → Aktivität verwandelt. Diese Auffassung ist heute auch in der → Psychoanalyse umstritten und wird von den meisten Psychologen und Biologen abgelehnt, auch von denen, die noch an der Annahme eines angeborenen Aggressionstriebes festhalten.

Toleranz Soziale → Einstellungen und Verhaltensweisen eines Menschen, die keinen Anstoß an Werten und Meinungen anderer Menschen (etwa Minderheiten anderer Rasse oder Religion) nehmen. Manchmal wird Toleranz auch als Einstellung aufgefaßt, die über die bloße Duldung des Andersartigen hinaus dagegen kämpft, daß andere Menschen sich intolerant (= nicht tolerant) verhalten und unterdrücken, was nicht in ihre → Normen paßt. Ein Mangel an Toleranz gehört zu den Eigenschaften der → autoritären Persönlichkeit.
Bei den → Psychopharmaka oder bestimmten Suchtmitteln (→ Drogenabhängigkeit) bedeutet Toleranz, daß ein Mittel (etwa Morphium) im Zug der Gewöhnung an seine Wirkung in immer größeren Gaben ohne Reaktion vertragen wird.

Trance Gleichbedeutend mit → Ekstase. → Hypnose

Transaktionsanalyse Von E. Berne entworfene Lehre, die teilweise auf einer Weiterentwicklung der → Psychoanalyse beruht und untersucht, aus welchen Ich-Zuständen heraus zwei Menschen sich miteinander auseinandersetzen. Jede Handlung in einer solchen Auseinandersetzung gilt als Transaktion (→ Spiele); die Transaktionen lassen sich einteilen, je nachdem, ob sie aus dem Ich-Zustand des Eltern-Ich, des Erwachsenen-Ich oder des Kindheits-Ich erfolgen. Zwei Eheleute streiten sich: «Nie bist du zu Hause. Immer muß ich mich um alles allein kümmern!» (Eltern-Ich der Frau) – «Wenn du nicht wegen jeder Kleinigkeit ein Theater anfangen würdest, wäre das gar nicht schlimm!» (Eltern-Ich des Mannes). Plötzlich treffen sie ein befreundetes Paar. Man sieht deutlich, wie sich ihr Gesichtsausdruck und ihr Stimmklang verändern, und sie mit den anderen ein Gespräch auf einer Erwachsenen-Ebene beginnen: «Wie geht es euch? Was habt ihr im Urlaub gemacht?» Nach diesem Wechsel im Ich-Zustand der beiden Partner verlaufen ihre Transaktionen auch anders, sobald sie wieder allein sind. Sie fragen sich etwa: «Warum müssen wir uns immer über diesen

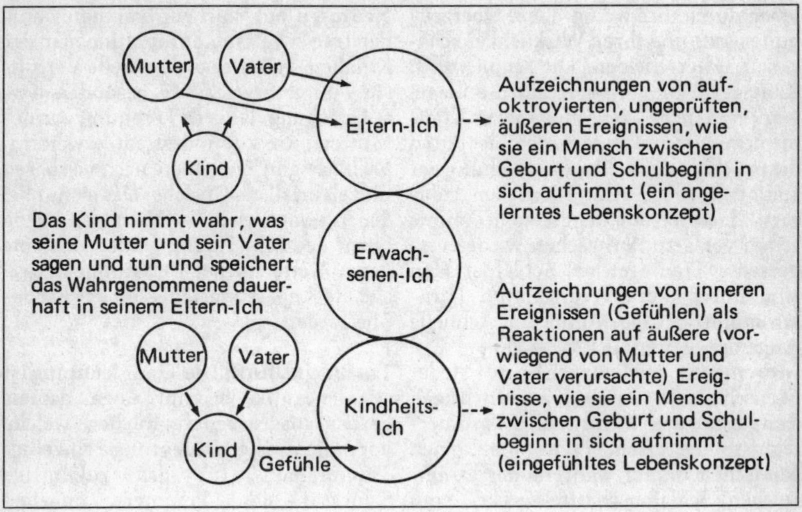

Die Persönlichkeit mit drei Ich-Zuständen nach der Transaktionsanalyse.
Quelle: Thomas A. Harris «Ich bin o.k. – Du bist o.k.», Rowohlt Taschenbuch Verlag, Reinbek bei Hamburg, 1975

Punkt streiten? Liegt es vielleicht daran, daß meine Mutter mich oft alleingelassen hat und ich das Gefühl hatte, niemand unterstützt mich?» (Erwachsenen-Ich). Oder: «Jetzt gehen wir aus, essen, tanzen und dann . . . (ein zärtlicher Blick)!» (Kindheits-Ich). Das Eltern-Ich sind die inneren Stimmen der Eltern, die zum Bestandteil der Verhaltensmöglichkeiten des Kindes geworden sind (analog zum → Über-Ich). Das Erwachsenen-Ich ist ein «Computer», ein Apparat, der realistisch arbeitet und versucht, die Wirklichkeit genau zu erfassen. Das Kindheits-Ich ist einerseits die natürliche Triebhaftigkeit (das → Es), andererseits auch ein Bereich, in dem ursprüngliche Anpassungsformen der Kindheit fortwirken.
Die Transaktionsanalyse ist eine wichtige Lehre über das menschliche Sozialverhalten, die gegenüber den weit umfassenderen und schwierigeren Theorien der → Psychoanalyse den Vorzug hat, daß ihre Grundprinzipien rasch gezeigt und in der unmittelbaren Beobachtung bestätigt werden können. Sie wird vor allem von Sozialarbeitern und Erziehern in den Vereinigten Staaten ihrer praktischen Arbeit zugrunde gelegt, doch verwendet man sie auch im Bereich der → Psychotherapie.

Transvestit, Transvestitismus Transvestitismus oder Travestie ist die Neigung, sexuelle Lust durch Tragen der Kleidung des anderen Geschlechts zu gewinnen. Meist bezieht sie sich auf den Mann (den Transvestiten), der Frauenkleidung trägt. Das Bedürfnis, sich auf diese Weise zu kleiden, wird oft durch einen sexuellen Reiz ausgelöst; es gibt hetero- und homosexuelle Transvestiten.

Traum Phantasieerlebnis im Schlaf, die sich von den → Phantasien im Tageserleben durch ihre weit größere Überzeugungskraft und ihren Wirklichkeitscharakter unterscheiden. Die schon von I. Kant gegebene Antwort auf die Frage, warum manche Menschen sich an Träume erinnern und andere nicht, ist durch die psychologische Traumforschung bestätigt worden: Alle Menschen träumen, doch werden die meisten Träume schon vor dem Aufwachen wieder vergessen. Traumreiche Schlafperioden sind durch Veränderungen im Hirnstrombild, heftige Mimik und schnelle Augenbewegung (REM = Rapid Eye Movement) gekennzeichnet. Jeder Mensch kann, wenn er zum richtigen Zeitpunkt geweckt wird, über Traumerlebnisse berichten. Wenn man einen Menschen immer während der traumreichen Schlafabschnitte weckt, dann träumt er in der folgenden Nacht das Versäumte nach. Die ursprüngliche Annahme, daß ein solches Unterbinden des traumreichen Schlafs zu seelischen Störungen führt, hat sich allerdings nicht bestätigen lassen. → Traumdeutung

Trauma Verletzung, Verwundung; im übertragenen Sinn seelische Verletzung. Beispiel: Ein dreijähriges Mädchen, das bisher Hunden unbefangen begegnete, wird von einem gebissen. Seither schreit es laut, sobald es einen Hund sieht, läuft weg oder klammert sich an den begleitenden Erwachsenen. Versicherungen, daß dieser Hund harmlos sei und es gewiß nicht beiße, sind wirkungslos. Im Gespräch entwikkelt das Kind Phantasie, selbst ein Hund zu sein, ein besonders großer, bissiger, der natürlich auch sie selbst beißen würde, wenn er ihr begegnete. (Abwehr des Traumas durch → Identifizierung mit dem Angreifer.) Das seelische Trauma ist ein Lernvorgang, in dem bestimmte Verhaltensweisen in einer ungerechtfertigten Verallgemeinerung erworben werden. Die Vorstellung, daß alle → Neurosen auf solchen Traumen beruhen (meist belastende Situationen in der Kindheit, zum Beispiel sexuelle Verführung durch Erwachsene, besonders harte Erziehung, längere Trennung von der Mutter), ist zumindest zu erweitern. Vielfach gibt es keinen nachweisbaren Einzelvorfall als Ursache. Das ist nur bei den traumatischen → Neurosen (siehe oben) der Fall. Häufig findet sich eine ganze Kette solcher Belastungen, welche die Anpassungsfähigkeit des Kindes überfordern.

Traumdeutung Die Traumdeutung ist seit der Antike bekannt; es gab damals bereits ausgearbeitete Bücher, welche vor allem die Bedeutung einzelner Trauminhalte für das zukünftige Schicksal des Träumers angaben (Traum-Orakel). Die wissenschaftliche Traumdeutung beginnt im 19. Jahrhundert; ihre wichtigsten Anregungen erhält sie durch S. Freud, dessen Hauptwerk «Die Traumdeutung» 1900 erscheint. Viele der hier vertretenen Grundauffassungen haben sich bestätigt, die meisten in der praktischen Arbeit der → Psychotherapie bewährt. Freud geht davon aus, das der Traum der «Hüter des Schlafes» ist. Seine wichtigste Aufgabe ist es dabei, unbewußte Wünsche, die den Träumer im Schlaf stören könnten, durch Phantasiebilder zu erfüllen, ohne daß die kontrollierenden und moralischen Instanzen (die «Zensur», das → Über-Ich) Einspruch erheben können. Daher wird aus dem verborgenen, unbewußten Wunsch (dem «latenten Traumgedanken») durch die Traumarbeit der «manifeste Trauminhalt», das sind die Bilder und Empfindungen, welche der Träumer erinnert. Aus diesen muß durch die → Deutung der unbewußte Wunsch wieder erschlossen werden, wobei die Arbeit mit den freien Einfällen des Träumers das wichtigste Stück dieser Deutungsarbeit ist. Die Darstellungsmittel, mit denen der Traum die unbewußten Wünsche so entstellt, daß ihre Erfüllung nicht auf den Einwand der Zensur stößt, sind vor allem die → Verdichtung und die → Verschiebung. Bei der Verdichtung werden mehrere unterschiedliche Vorstellungen ineinander verwoben, so daß sie einzeln nicht mehr klar erkennbar sind. So wird zum Beispiel ein Zimmer geträumt, das Merkmale des elterlichen Schlafzimmers in der Kindheit, des Zimmers der Freundin und eines Operationsraums im Krankenhaus verbindet. Bei der Verschiebung wird der Gefühlsgehalt einer Vorstellung auf eine andere verschoben, so daß dem Träumer sonst wichtige Erlebnisse bedeutungslos vorkommen und er andererseits durch Personen oder Ereignisse, die ihm sonst gleichgültig sind, stark beeindruckt wird. («Ich träumte, ich sehe zu, wie eine Frau aus dem Fenster springt. Merkwürdigerweise spüre ich überhaupt keine Angst. Etwas später ein Bild, wo ich eine kleine Wunde an meinem Daumen entdecke, die mich unerklärlicherweise sehr beunruhigt, als ob sie vergiftet wäre.») Ermöglicht wird diese entstellte, verdichtete Darstellung im Traum durch eine → Regression von den → Sekundärvorgängen, die vom realitätsorientierten Bewußtsein gesteuert werden, zu den → Primärvorgängen, in denen es nur Wunscherfüllung, aber keine kritische Logik gibt.

Trennungsangst Die → Angst vor dem Verlust eines Sicherheit gewährenden Menschen gehört zu den wichtigsten Ängsten der Kindheit. Um die Trennung zu vermeiden, spaltet das Kind jene Erlebensbereiche von seinem bewußten → Ich ab, die von den wichtigen Bezugspersonen abgelehnt und mit der Drohung, es zu verlassen, verbunden werden. Kinder, die sehr starken Trennungsängsten ausgesetzt werden – zum Beispiel Kleinkinder, die bei einem Krankenhaus- oder Heimaufenthalt plötzlich von der Mutter getrennt werden – zeigen erst eine → Depression mit Trauermiene, Weinen, heftigen Versuchen, die Mutter festzuhalten oder durch Schreien zum Zurückkommen zu bewegen. Nach dieser Trauer, die einige Wochen anhält, kann die Bindung an die Bezugsperson abreißen. Das Kind will nun nichts mehr mit der Mutter zu tun haben, die es erst so heftig herbeiwünschte, und stößt sie zurück, wenn sie sich ihm zuwendet. Nur ganz allmählich kann es wieder Vertrauen gewinnen. Dieses abweisende Verhalten ist eine → Reaktionsbildung gegen die Trennungsangst, die beim → schizoiden Menschen im Erwachsenenalter fortbesteht. In den Partnerbeziehungen von der → Pubertät an spielen Trennungsangst und ihre Abwehr ebenfalls eine wichtige Rolle. Nicht wenige Ehen werden deshalb aufrechterhalten, weil die Trennung so sehr gefürchtet wird, daß auch eine sonst sehr unbefriedigende Partnerschaft in Kauf genommen wird.

Treue Ausdruck für die Beständigkeit und Ausschließlichkeit, mit der eine Person ihre → Beziehung zu einer anderen erlebt und gestaltet. Treue kann auf vielen verschiedenen Ursachen beruhen: → Trennungsangst, tatsächlicher, vollständiger Befriedigung durch den Partner, Bindungsängste, Kontaktschwierigkeiten, welche die Gelegenheit zur Untreue vermindern, äußeren Einflüssen (etwa einer sehr starren sexuellen Moral).

Trieb Aus dem menschlichen Erleben und Verhalten erschlossene Kraft, die im Hintergrund des Bewußtseins wirkt und dieses sowie den gesamten Menschen zu bestimmten Verhaltensweisen «treibt». Im Gegensatz zum → Instinkt sind Triebe nicht durch bestimmte Handlungen ausgezeichnet, welche für ihre Befriedigung notwendig sind. Charakteristischer sind Gefühlszustände, die man als Forderungen des Körpers an die Verhaltenssteuerung (das → Ich) auffassen kann, wie Hunger, Durst, sexuelle → Bedürfnisse. Triebe führen zu einer Einengung der Wahrnehmung auf ihre Befriedigungsmöglichkeiten hin (für den Hungrigen hat die Umwelt einen anderen Wahrnehmungsgehalt als für den Satten). Andererseits können Wahrnehmungsreize auch bisher verborgene Triebmotive anregen. Wie viele Triebe es gibt, ist eine Frage der Größenordnung, die ein → Bedürfnis annehmen muß, um als Trieb angesehen zu werden; die einzelnen Triebe wiederum lassen sich in Teiltriebe (Partialtriebe) aufgliedern. Die meisten auf diesem Gebiet getroffenen Einteilungen sind willkürlich und auch deshalb nicht sehr sinnvoll, weil zwischen verschiedenen Trieben Verbindungen möglich sind. → Aggression, Aktivität, Lebenstrieb, Todestrieb

Triebverbrechen Jedes Verbrechen dient der Befriedigung eines Antriebs. Von einem Triebverbrechen spricht man dann, wenn es sich um eine Tat handelt, die nach dem Gesamtbild über die bisherige Laufbahn des Täters und seine sonstigen Verhaltensweisen seiner Persönlichkeit fremd scheint. Häufig erinnert sich der Täter nachher nicht mehr an das, was er tat (Affekthandlung). In einem weiteren Sinn wird der Ausdruck auch angewendet, wenn das Verbrechen dazu dient, sexuelle Triebe zu befriedigen: bei Vergewaltigung oder Lustmord (→ Sadismus).

Triebverzicht Verzicht auf Triebbefriedigung; er kann entweder vollständig sein oder nur einen Aufschub verkörpern, nach dem auf eine günstigere Gelegenheit gewartet wird. Triebverzicht ertragen zu lernen, ist eine wichtige Forderung in der → Erziehung. Sie wird allerdings nicht durch möglichst starre oder gar möglichst viele Verbote der Triebbefriedigung durchgesetzt, sondern durch eine verständisvolle Haltung, in der ein Erzieher die Triebwünsche des Kindes verstehend akzeptiert, zugleich aber mit der nötigen Festigkeit dem Kind erklärt, welche nachteiligen Folgen die Triebbefriedigung im vorliegenden Fall hätte.

Trotz Verhalten, bei dem der Widerspruch gegen die von einer anderen Person geäußerten Forderungen mit heftigem → Affekt vertreten wird. In älteren Büchern über → Entwicklung wird sogar von einer besonderen «Trotzphase» gesprochen, die vom dritten bis fünften Lebensjahr dauern soll und als «Üben des eigenen Willens», «Abhebung von Ich und Nicht-Ich», → Kompensation des Minderwertigkeitsgefühls gedeutet wird. Genauere Untersuchungen zeigen, daß die typischen «Trotzanfälle», mit Aufstampfen, Schreien, sich zu Boden werfen, keine allgemeine Erscheinung sind, sondern die kindliche Antwort auf besondere Situationen in der → Familie. Oft äußern sich darin die Vereitelung von Handlungsentwürfen des Kindes, die Versagung von Bedürfnissen nach Unabhängigkeit und Selbständigkeit, oder starke → Konflikte zwischen dem Erlaubten und dem Probierenwollen des Kindes, ja zwischen dem angestrebten Ziel und den beschränkten Möglichkeiten des Kindes (ein der Trotzreaktion vergleichbarer Wutanfall kann auch dann eintreten, wenn das Kind gegenüber einem unbelebten Gegenstand sein Ziel nicht durchsetzen kann). Als Familienproblem tritt das Trotzalter vorwiegend dort auf, wo die Wünsche des Kindes zunächst nicht beachtet werden, während man sich den dramatischen Trotzreaktionen fügt, die auf diese Weise wegen ihres Erfolges bekräftigt werden und dann öfter vorkommen.

Typenlehre Versuche, wichtige Gruppenunterschiede in einem Bild zusammenzufassen, welches das Bezeichnende (Typische) enthält. In der Psychologie gilt das vor allem für Unterschiede zwischen → Persönlichkeiten. Die Einteilung der → Temperamente in der Antike (sanguinisch, cholerisch, phlegmatisch, melancholisch) ist ein Beispiel für eine solche Typenlehre oder Typologie. Modernere Typologien stammen von C. G. Jung (extravertierte und introvertierte Menschen, das heißt Personen, die ihre seelische Energie vorwiegend auf die Außenwelt richten, und andere, die sich vorwiegend auf ihre innerseelischen Vorgänge konzentrieren) und E. Kretschmer (→ Konstitutionstypen). Die Zuordnung eines bisher unbekannten Menschen zu einem bestimmten Typus ermöglicht eine erste Ordnung der Eindrücke und kann die Ängste und Spannungen erleichtern, die mit einer gänzlich neuen Situation verbunden sind. Die Beliebtheit von Typenlehren – etwa auch der astrologischen Typen «Stiermann sucht Waagefrau» – erklärt sich nicht zuletzt daraus. Genauere psychologische Forschung hat aber gezeigt, daß der «reine» Typus sehr selten ist. Bei den meisten Typenlehren handelt es sich um extreme Ausprägungen von → Eigenschaften oder ganzen Eigenschaftsbündeln, die in Wirklichkeit meist gemischt auftreten, so daß der Voraussagewert von Typenlehren in Wirklichkeit nicht besonders groß ist.

U

Überanpassung Form der → Anpassung, die über das Notwendige und nach vernünftigen Gesichtspunkten Sinnvolle hinausgeht. Eine angepaßte Person wird Rechnungen zwar pünktlich bezahlen, aber nur ein überangepaßter Mensch wird einen Urlaub abbrechen, um zu verhindern, daß eine Rechnung über die Frist hinaus liegen bleibt. Im Fall der Überanpassung werden gesellschaftliche → Normen als absolutes, unauflösliches Gebot verstanden, während sie bei der normalen Anpassung stets veränderbar bleiben und neuen Situationen zweckmäßig zugeordnet werden können. Überanpassung ist eine → Fixierung an ein kindliches Verhaltensmuster: Das Kind muß sich tatsächlich auch unvernünftigen und unbegründeten Vorschriften fügen, weil es vollständig von dem Wohlwollen der Erwachsenen abhängig ist. Der Erwachsene muß das nicht tun, tut es aber, wenn die aus der Kindheit stammende Angst, den Eltern zu widersprechen oder zuwiderzuhandeln, unbewußt geworden ist und nicht bewältigt wurde.

Über-Ich Bereits J. Ch. Heinroth, ein von 1773 bis 1843 lebender Nervenarzt, gebrauchte den Ausdruck «Über-Uns» für das menschliche Gewissen. Es ist nicht bekannt, ob S. Freud davon Kenntnis hatte, als er den Begriff des Über-Ich prägte. Er wurde dazu von verschiedenen Beobachtungen veranlaßt, die alle darauf hinwiesen, daß der Mensch unserer Kultur häufig nicht nur weit triebhafter ist, als es seinem bewußten → Ich zur Kenntnis kommt, sondern auch weit moralischer. In den Träumen und unbewußten Phantasien spricht sich oft auch ein gegen das Ich gerichtetes Straf- und Rachebedürfnis aus; dessen wichtigste Äußerung, in der das Über-Ich ganze Bereiche des Ich in Beschlag nimmt und für seine Zwecke verwertet, ist die → Depression (in der das Ich sich selbst gegenübertritt und Anklagen, Vorwürfe, sogar bis zum Selbstmord gesteiger-

Strafwünsche gegen das Selbst richtet). Das Über-Ich entsteht durch → Identifizierung mit den → Eltern (in der Regel mit dem gleichgeschlechtlichen Elternteil) gegen Ende der → phallischen Phase. Vorstufen der Gewissensbildung lassen sich schon früher nachweisen. Oft zeigen sie sich in einer Art Rollenspiel, wie in diesem, von H. Zullinger belauschten Dialog eines vierjährigen Mädchens unter dem Zwetschgenbaum: «Ich will die Zwetschgen essen» – «Du darfst nicht, sie sind noch grün, du kriegst Bauchweh!» – «Ich will aber Bauchweh!» (packt eine Zwetschge und ißt sie). Das Über-Ich orientiert sich häufig nicht an den ganzen → Persönlichkeiten der Eltern, sondern wiederum an deren Über-Ich, das heißt, es kann weit strenger sein, als es die Eltern bewußt sind. Die unbewußte Strenge und Härte des Über-Ich drückt sich in vielen neurotischen → Symptomen aus, zum Beispiel in Depressionen, psychosomatischen Leiden, Arbeitsstörungen oder bestimmten Lebensschicksalen (Scheitern am Erfolg, Verbrecher aus Strafbedürfnis → Kriminalität). Die Überprüfung und Milderung des Über-Ich ist ein wichtiges Teilstück der → Psychotherapie: Der Patient soll den wohlwollenden, die Triebwünsche akzeptierenden Therapeuten ein Stück weit an Stelle seines bösen, kritischen Über-Ich verinnerlichen.

Übersprungshandlung Begriff der vergleichenden Verhaltensforschung, der auf Verhaltensweisen angewandt wird, die in einer Spannungssituation entstehen und eigentlich kein sinnvolles Ziel haben, sondern vermutlich dazu dienen, überschüssige, in andere Verhaltensbereiche «überspringende» Antriebsenergie abzuführen. Während des Kämpfens und Drohens unterbricht zum Beispiel ein Hahn und pickt nach einer Erdkrume.

Übertragung Nicht nur in der → Psychotherapie, sondern auch im Alltagsleben sehr häufiger und wichtiger Vorgang, bei dem unbewußte → Einstellungen, → Gefühle und → Wünsche nicht als ein Stück der Kindheit erinnert, sondern als wirkliches Erleben im Kontakt zu einem anderen Menschen wiederholt werden. Im normalen Leben wird die Übertragung nicht erkannt, sondern als Teil der → Persönlichkeit des Betroffenen hingenommen und beantwortet. Ein junger Mann, der immer wieder aus nichtigen Anlässen Streit mit Vorgesetzten sucht und deshalb häufig die Stellung wechseln muß, gilt eben als aufsässiger Bursche, nicht als Neurotiker, der an einer unbewältigten Vaterbeziehung leidet und diese auf alle übrigen Autoritätspersonen überträgt. In der → Psychotherapie kann dieselbe Haltung weit eher bearbeitet werden, weil der Therapeut in der Regel nicht auf die Übertragung reagiert, sondern sie analysiert und als Übertragung deutlich macht (→ Gegenübertragung). Alle Gefühlseinstellungen und Triebwünsche, die in der Kindheit den wichtigen Bezugspersonen galten, können im Erwachsenenleben übertragen werden – zärtliche und aggressive Neigungen, Verwöhnungs- und Geborgenheitswünsche ebenso wie der Wunsch nach Distanz und Bindungslosigkeit (wenn diese Haltung in der → Primärgruppe das seelische Überleben des Kindes erleichterte). Übertragung ist somit eine Sonderform sozialen Lernens, bei der der primäre Lernvorgang ebenso wie die spätere Äußerung (Reproduktion) des Gelernten weitgehend unbewußt bleiben.

Unbewußtes Gesamtheit der seelischen Vorgänge, welche außerhalb der bewußten Aufmerksamkeit ablaufen. Man unterscheidet dabei das Vorbewußte vom Unbewußten. Auch die Inhalte des Vorbewußten sind uns augenblicklich nicht bewußt, da unser Bewußtsein nur einen sehr kleinen Ausschnitt unseres Erlebens erfassen kann. Doch sind die Inhalte des Vorbewußten bewußtseinsfähig; sie können bei gegebenem Anlaß ohne Schwierigkeiten erinnert werden, zum Beispiel seit Jahren nicht mehr verwendete englische Wörter bei einem Aufenthalt in England. Wenn Inhalte, die ein Mensch als vorbewußt einordnet, auf einmal unbewußt sind, ein bestimmter Eigenname etwa, den man «eigentlich» wissen müßte, immer wieder vergessen wird, läßt sich der Unterschied zwischen dem Vorbewußten und dem Unbewußten klarer sehen. In diesem Fall kann nämlich eine gefühlshafte unbewußte Abneigung vorliegen, welche an ihrer Wirkung auf die Erinnerung erkennbar ist. S. Freud hat die unbewußte Bedeutung dieser → Fehlleistungen (Vergessen, Versprechen, Vergreifen) zuerst ausführlich beschrieben. Bezeichnend für die Aufnahme unbewußter Inhalte in das Bewußtsein ist oft, daß der Betreffende etwa sagt: «Daran habe ich nie gedacht.» Sehr häufig wird das Unbewußte nicht in einem dramatischen Augenblick erkannt, sondern in einem allmählichen Lernvorgang, in dem bisher nicht beachtete Inhalte zum erstenmal in das volle Licht der Aufmerksamkeit gerückt werden. Sie sind dem Betroffenen eigentlich nicht völlig neu, manchmal fällt ihm auch später ein, daß er das eigentlich schon immer wußte, aber nicht daran zu denken pflegte. Zum Unbewußten haben wir in uns selbst einen ähnlichen Zugang wie zu den seelischen Vorgängen in einer anderen Person: Es läßt sich nicht unmittelbar wahrnehmen, sondern nur erschließen, rekonstruieren, endlich in einer zusammenfassenden Anstrengung «verstehen» (→ Einsicht). In der → Psychoanalyse erschließt es der Therapeut, ähnlich wie ein Lotse Hindernisse unter der Wasseroberfläche an bestimmten Veränderungen der sichtbaren Strömung (Wirbel, Schaumkronen) erkennt, aus dem Fließen, der Richtung und dem Stocken der freien Einfälle des Patienten. Neben dem persönlichen Unbewußten wird manchmal von einem → kollektiven Unbewußten gesprochen. Es ist allerdings nicht ganz klar, wie weit hier die wohl richtige Annahme, daß im Unbewußten wie im Bewußtsein bestimmte stammesgeschichtlich erworbene und daher vorgegebene Gestalt- oder Struktureigenschaften wirken, in faßbare → Archetypen (Urbilder) umgesetzt werden kann. Glaubhafter scheint die Annahme, daß diese unbewußten → Gestalten ein Ausdruck der Kulturbedürftigkeit des Menschen sind. Sie ordnen die lebensgeschichtlich erworbenen, inneren Bilder (→ Vorstellung), doch geschieht das in einer ständigen Wechselbeziehung mit den geistigen Werten und den sprachlichen Vorstellungen der jeweils vermittelten Kultur.

Unlust Unangenehmer seelischer Zustand (zum Beispiel Schmerz). In Verhaltensbegriffen bestimmbar als negativer Bekräftiger (→ Bekräftigung): Sein Ende (zum Beispiel das Aufhören von Schmerz) bekräftigt die Verhaltensweisen, welche geeignet sind, dieses Ende zu bewirken.

Urschrei Von A. Janov beschriebener Vorgang der → Primärtherapie. Ein → Patient wiederholt das Schreien des Kindes, das Zuwendung und Unterstützung der Eltern wünscht und sie nicht in genügendem Ausmaß erhält.

Urvertrauen Nach E. H. Erikson erwirbt ein Kind in den ersten Lebensmonaten ein Grundgefühl, ob es den wichtigsten Menschen seiner Umwelt vertrauen kann oder nicht. Das Urvertrauen wird (ebenso wie das Urmißtrauen, denn auch die Fähigkeit, einem Menschen nicht zu vertrauen, ist für die weitere Entwicklung notwendig) zur Grundlage der weiteren Schritte in der Auseinandersetzung mit der sozialen Umwelt. Ein ausgesprochener Mangel an Urvertrauen führt dazu, daß ein Mensch sich vor allen neuen Beziehungen scheut und sich auf keine seelische Nähe einlassen will. Ein solcher Vertrauensmangel findet sich bei Erwachsenen, die in der Kindheit keine bestätigenden Beziehungen zu anderen Menschen fanden. Er bedeutet eine schwere Gefahr für das Lebensschicksal, weil mitmenschliche Beziehungen zwar gewollt werden, aber nicht befriedigend gestaltet werden können, so daß je nach der Ausprägung des Verhältnisses zwischen Urvertrauen und Urmißtrauen seelische Erkrankungen oder soziale Störungen (→ Kriminalität) auftreten können.

V

Validität (englisch validity) Die Gültigkeit eines → Tests, das heißt seine Leistungsfähigkeit darin, wirklich zu messen, was er zu messen vorgibt. Sie wird meist als → Korrelation zwischen dem Meßergebnis und dem Ergebnis anderer Prüfungen bestimmt. Man kann etwa einen Test, der Gefühle der → Depression messen soll, an Patienten mit einer sicher nachgewiesenen Depression anwenden, und dann nachprüfen, wie häufig und wie genau die Testergebnisse mit den anderweitig ermittelten Urteilen übereinstimmen.

Vater-Beziehung Die Beziehung zum Vater ist in der seelischen Entwicklung von fast ebenso großer, wenngleich heute oft weniger auffallender Bedeutung wie die Beziehung zur Mutter (→ Mutter-Kind-Beziehung). Der Vater tritt meist weniger in Erscheinung, als es in der bäuerlichen oder handwerklichen Familie der Fall war, wie sie früher vorherrschte. Er ist vielfach kein unmittelbar wirksames Vorbild mehr, beeinflußt auch die → Erziehung möglicherweise nicht so unmittelbar wie früher, als er die Söhne in ihren späteren Beruf einführte. Aber die Beziehung zwischen Vater und Mutter gewinnt gerade in der heute in den Industriestaaten typischen Kleinfamilie eine zentrale Bedeutung für die seelische → Entwicklung der Kinder. Ob sich der Vater mitverantwortlich fühlt und die Mutter unterstützt, oder ob er sich durch Finanzierung des Lebensunterhalts der Familie von dieser Verantwortung freikauft, scheint in der Entstehung kindlicher Verhaltensstörungen eine wichtige Rolle zu spielen. Der beste Schutz gegen solche Störungen der Kindheit ist die Zufriedenheit und Ausgeglichenheit der Hauptbezugspersonen. Hier sind beide → Eltern gleich wichtig; vielfältige Beziehungserfahrungen mit beiden Eltern sind auch die günstigste Voraussetzung der späteren sozialen Entwicklung.

Vegetative Dystonie Ein sehr verbreitetes, ungenau bestimmtes Krankheitsbild, das auch vegetative Neurose, vegetative Dysfunktion und gelegentlich larvierte (maskierte) → Depression genannt wird. Die Kranken klagen über vielgestaltige Störungen der vom Vegetativum (den nicht der bewußten Kontrolle unterliegenden Körpernerven) gesteuerten Aufgaben des Leibes: Durchfälle oder Verstopfung, Magenschmerzen, Kreislaufstörungen, Atembeschwerden, unklare Schmerzzustände, Schlaflosigkeit oder dauernde Müdigkeit. Körperliche Schäden oder Ansteckung durch Krankheitserreger sind nicht nachweisbar. Die Ursachen liegen in vielen Fällen im seelischen Bereich;

für die larvierte Depression wird auch ein Mangel an bestimmten Eiweißstoffen, den Überträger-Substanzen (Transmittern) im Gehirn angenommen.

Verdichtung Verbindung mehrerer Vorstellungen zu einer Einheit. Die Verdichtung ist eine Eigenheit der → Primärvorgänge (→ Phantasie, Traum, Unbewußtes); ein Beispiel sind die Monstren der Mythologie, die aus verschiedenen Tieren zusammengesetzt sind (Sphinx, Hydra, Chimaira).

Verdrängung Der wichtigste → Abwehrmechanismus, bei dem ein oder mehrere Vorstellungsinhalte, die einen Triebwunsch, ein seelisches → Trauma oder ein angsteinflößendes Schuldgefühl verkörpern, dem → Bewußtsein unzugänglich gemacht werden. Entwicklungsgeschichtlich betrachtet, ist die Verdrängung wohl ein Preis, den der Mensch für seine ausgebildeten Fähigkeiten zur → Einsicht und zum → Denken zahlen muß. Sie ermöglichen es ihm, innerhalb seines Organismus durch die Tätigkeit der → Phantasie innere Situationen zu gestalten, die als ähnlich verletztend, angsteinflößend und belastend erlebt werden können wie von außen kommende seelische Traumen (Verlassenwerden durch die Mutter, schockhafte körperliche Verletzungen). Gegen diese Belastungen wirkt die Verdrängung. In den meisten Fällen erspart sie dem Organismus erhebliche innere Anstrengungen, die eine Auseinandersetzung mit den verdrängten Inhalten mit sich brächte. Das gilt vor allem für die Kindheit, in der das → Ich solchen Auseinandersetzungen kaum gewachsen ist und die ungeheure Lernleistung der → Sozialisation den seelischen Apparat bis an die Grenzen seiner Leistungsfähigkeit beansprucht. Für die Entstehung von → Neurosen sind Verdrängungen verantwortlich, welche diesen Schutzmechanismus so überfordern, daß sie nicht dauernd ohne Einbußen der Leistungsfähigkeit des Betroffenen aufrechterhalten werden können. In Belastungssituationen der Versuchung oder Versagung, bei einem drohenden Verlust einer wichtigen Person und ähnlichen Anlässen kann die Verdrängung nur dadurch aufrechterhalten werden, daß → Symptome entstehen, die zum Beispiel ein erneutes Auftreten der Versuchung verhindern (ein gelähmtes Mädchen ist von der Gefahr befreit, über ihre Heiratsabsichten mit ihrem Schwager nachzudenken).

Verfolgungsangst, Verfolgungswahn Die vom Kind häufig erlebte Situation der → Angst vor den kontrollierenden, mit Kritik, ja Schlägen verbundenen Blicken der → Eltern wiederholt sich bei manchen seelischen Erkrankungen im Erwachsenenalter. Die verinnerlichte Verfolgung durch die Kritik des eigenen → Über-Ich wird in die soziale Umwelt hinausgelegt. → Projektion, Wahn, Schizophrenie, Paranoia

Verhalten Äußerlich wahrnehmbare Tätigkeiten eines Lebewesens. Manchmal wird auch das Erleben als «inneres Verhalten» einbezogen. Vegetative Reaktionen (Blutdruckveränderungen oder Veränderungen des elektrischen Hautwiderstandes) können ebenfalls als Verhalten bezeichnet werden.

Verhaltenstherapie Im Gegensatz zur → Psychotherapie gilt in dieser aus dem → Behaviorismus entwickelten Form der Behandlung von → Neurosen das → Symptom nicht als Ausdruck eines unbewußten seelischen Konflikts oder als Folge von → Verdrängung, sondern als ungünstiges Verhalten, das nach den Grundsätzen des → Konditionierens (→ Bedingter Reflex) erworben wurde. Man geht dabei von Tierversuchen aus, in denen zum Beispiel Katzen dadurch eine heftige, «neurotisch» wirkende Angstreaktion erwerben, daß man sie schmerzhaften elektrischen Schlägen aussetzt. Solche Tiere bleiben besonders schreckhaft; im Gegensatz zu anderen erlernten Verhaltensweisen werden diese Angstreaktionen und das Vermeidungsverhalten (die Tiere sind unfähig, in einem Käfig zu fressen, der dem gleicht, in dem sie den Schock erhielten) nicht allmählich geringer. Sie werden nicht gelöscht oder «vergessen», ähnlich wie ein Neurosekranker auch dann nicht die Platzangst verliert, wenn er genau weiß, da es ungefährlich ist, den Platz zu überqueren. In der wichtigsten Technik der Verhaltenstherapie, der «systematischen Desensitivierung» wird nun der Katze in so großer Entfernung von dem angsteinflößenden Käfig Futter angeboten, daß sie gerade noch frißt. Das Fressen mildert die leichte Angst so, daß es schrittweise möglich ist, das Tier immer näher zum Käfig zu bringen, ohne daß es Angst entwickelt. Endlich scheut es den Käfig nicht mehr. Ähnlich werden Menschen mit Angstreaktionen angewiesen, eine Methode der → Entspannung zu erlernen und sich dann schrittweise erst kleinere und später immer ausgeprägtere Angstsituationen vorzustellen (oder auch diese wirklich aufzusuchen). Auf diese Weise kann die → Angst vermindert werden. Ein anderes Vorgehen ist die → Aversionstherapie; hier werden unerwünschte Verhaltensweisen (wie das Trinken bei Alkoholikern) durch schmerzhafte elektrische Schläge bestraft. Ein umgekehrter Ansatz ist die Verhaltensformung; dabei sucht man erwünschte Verhaltensweisen schrittweise durch Belohnung aufzubauen. Wegen des eng begrenzten Ansatzes in der Erklärung und Behandlung seelischer Störungen (die Verhaltenstherapie stützt sich fast ausschließlich auf die Grundlagen des Konditionierens) ist die Verhaltenstherapie vor allem bei klar abgrenzbaren, nicht zu lange bestehenden Verhaltensstörungen wirksam. In ihrer praktischen Anwendung werden häufig die Gesichtspunkte der → Psychotherapie und der → Gesprächspsychotherapie hinzugezogen.

Verhaltenstraining Einüben von Verhaltensweisen in kleinen Schritten (→ Konditionieren). Die zugrundeliegenden Techniken entsprechen denen der Verhaltenformung (→ Verhaltenstherapie) und des → Konditionierens.

Verkehrspsychologie Teilgebiet der → angewandten Psychologie, das sich mit dem menschlichen Verhalten im Straßenverkehr, in Eisenbahn, Schifffahrt und Luftverkehr befaßt. Aufgabengebiete sind die Untersuchung der Eignung von Fahrern (Schiffskapitänen, Piloten), wobei neben der Tüchtigkeit der Sinnesorgane (Sehschärfe, Farbwahrnehmung, Gehör) und der Reaktionsschnelligkeit vor allem die charakterliche Befähigung geprüft wird (→ Persönlichkeit, Test). Bedeutsam ist in diesem Zusammenhang die Tatsache, daß der weit überwiegende Teil aller Unfälle im Straßenverkehr durch eine Minderheit der Kraftfahrer ausgelöst wird. Die Versuche, einen eigenen Persönlichkeitstypus des «Unfällers» zu ermitteln, sind jedoch noch nicht befriedigend geglückt. Fahrergruppen mit besonders hohem Risiko sind junge Männer unter 25 Jahren, die dazu neigen, ihr Können und die Leistungsfähigkeit des Fahrzeugs zu überschätzen, sowie alte Menschen mit körperlichen Leistungseinbußen.

Verneinung In der → Psychoanalyse ein Vorgang, bei dem ein Mensch einen Vorstellungsinhalt, der verdrängt war und ihm nun wieder zu Bewußtsein kommt, nicht als etwas Eigenes anerkennt. Die Verneinung ist sozusagen eine Form, das Verdrängte (→ Verdrängung) zur Kenntnis zu nehmen, ohne → Einsicht zu gewinnen. Die Verneinung kann als eine Anwendung des → Abwehrmechanismus der Verleugnung auf den analytischen Vorgang der Aufdeckung des → Unbewußten selbst angesehen werden. Die Verleugnung drückt sich darin aus, daß bestimmten → Wahrnehmungen der Wirklichkeitscharakter aberkannt wird, wenn sie für einen Menschen zu bedrohlich werden. In der Kindheit ist das recht häufig. Bei Erwachsenen kann der übermäßige Gebrauch des Abwehrmechanismus der Verleugnung eine → Psychose einleiten (die Wirklichkeit wird nicht mehr angemessen wahrgenommen und berücksichtigt).

Vernunft Philosophischer Begriff, gleichbedeutend mit → Einsicht.

Verschiebung Die gefühlshafte Eindruckskraft, mit der eine Vorstellung erlebt wird, kann sich vor allem im → Traum von einer Vorstellung auf eine andere verschieben. Im Wacherleben sehr stark mit → Affekt verbundene Vorstellungen können als gleichgültig geträumt werden (zum Beispiel körperliche Verstümmelung), während andererseits sonst gleichgültige Situationen eine unerklärliche Gefühlsstärke annehmen. Die leichte Möglichkeit einer Verschiebung ist ein wichtiges Merkmal der → Primärvorgänge. → Phantasie, Unbewußtes

Verwahrlosung Von der Gesellschaft mißbilligtes, mit Strafen bedrohtes Verhalten (Schulschwänzen, Stehlen, → Prostitution) von Kindern und Jugendlichen, das auf einer mangelhaften → Erziehung beruht. Meist haben verwahrloste Jugendliche keinen Menschen, der sich ihrer liebevoll annimmt und sie «wahrnimmt». In den gesellschaftswidrigen Verhaltensweisen kann sich ein Streben ausdrücken, auf diese Weise sich an den vernachlässigenden oder strafenden Erwachsenen zu rächen, ihre Aufmerksamkeit zu gewinnen und Bestätigung durch andere Jugendliche zu finden. Gründliche und ausdauernde psychologische Behandlung von Verwahrlosten wäre sehr wichtig, um zum Beispiel späterer → Kriminalität vorzubeugen. Die gegenwärtigen Wege der Heimerziehung und Jugendstrafe sind dazu allerdings oft nicht geeignet.

Vorstellung Wiedervergegenwärtigung früher wahrgenommener Gegenstände oder Situationen unabhängig von entsprechenden Sinnesreizen (→ Phantasie).

Vorurteil Vorgefaßte Ansicht oder → Einstellung gegenüber Personen oder Sachen. Am meisten in der Psychologie untersucht wurden Vorurteile, die rassische oder politische Minderheiten betreffen (Juden, Farbige, Kommunisten). Vorurteile können auf Grund ihrer sozialen Funktion (zum Beispiel im Rahmen von Klassenkämpfen) untersucht werden, oder auch im Hinblick auf ihre Entstehung in der einzelnen Persönlichkeit. Es ist hier deutlich geworden, daß solche vorgefaßten Urteile von der → Primärgruppe (meist der → Familie) übernommen werden und sich dann nach dem Vorgang der Prophezeiung, die sich selbst erfüllt, bestätigen: Wer Negern oder Juden vorurteilsvoll-ablehnend gegenübertritt, wird mit ihnen wohl meist auch Erlebnisse haben, die sein Vorurteil zu bestätigen scheinen. Zudem bieten Vorurteile eine Möglichkeit, → Aggressionen, die nicht gegen die tatsächlichen Ursachen von → Frustration gerichtet werden können, auf ein wehrloses Objekt zu verschieben. Das ist in der Entstehung der → autoritären Persönlichkeit der Fall.

Voyeurismus Schau-Lust; Gewinn sexueller Lust aus dem Beobachten hetero- oder homosexueller Handlungen zwischen anderen Menschen. Als Teil der normalen Sexualität ist der Voyeurismus sehr weit verbreitet (Kauf von Sex-Magazinen, Betrachten pornographischer Filme). Viel seltener ist eine → Perversion, bei der ein → Orgasmus nur zu erreichen ist, wenn vorher oder gleichzeitig sexuelle Handlungen anderer beobachtet werden. Voyeurismus setzt wahrscheinlich eine gewisse Verbotshaltung der eigenen Sexualität gegenüber voraus; das schlechte Gewissen im Hinblick auf die eigene Sexualität wird dadurch erleichtert, daß andere bei sexuellen Handlungen beobachtet werden.

W

Wahn Paranoia; Krankheitszustand, der durch eine Verkennung der Wirklichkeit und die Ausbildung von verfälschten Bewußtseinsinhalten gekennzeichnet ist, die durch Beweise des Gegenteils nicht widerlegt werden können. Wahngedanken und Wahnvorstellungen kann man nach ihren Inhalten einteilen (Verfolgungswahn, Größenwahn, Beziehungswahn); weiterhin unterscheidet man primären Wahn (der fast nur bei der → Schizophrenie vorkommt) von sekundärem Wahn oder Erklärungswahn, bei dem Wahngedanken verwendet werden, um eine seelische Ausnahmesituation zu verarbeiten (etwa der Schuldwahn bei der → Depression oder Wahnvorstellungen nach seelischen Schockerlebnissen).

Wahrheitsdroge, Wahrheitsserum Stoffe, die einen Rauschzustand bewirken, in dem die bewußte Kontrolle nachläßt und die Beeinflußbarkeit durch → Suggestionen und augenblickliche Stimmungen stark erhöht ist. Vor allem Skopolamin und schnellwirkende Schlafmittel auf Barbitursäure-Basis wurden oft verwendet, um Erinnerungen, die unter dem Einfluß großer seelischer Belastungen einer → Verdrängung erlagen, wieder ins Bewußtsein zurückzurufen. In dem durch das Rauschmittel erzeugten Zustand ist zwar das kritische → Ich geschwächt, doch bleibt der Untersuchte so weit ansprechbar, daß er – ähnlich wie in → Hypnose – auf Fragen antworten kann. Im Gegensatz zur Hypnose läßt sich eine solche «Wahrheitsdroge» aber auch ohne den Willen des Betroffenen geben. Dennoch sind die Wirkungen höchst unzuverlässig, wenn mit Hilfe eines solchen Mittels Geständnisse erpreßt werden sollen. Da der Betroffene nicht freiwillig mitarbeitet, kann es ihm durchaus gelingen, den Untersucher zu täuschen; oder aber er wird durch seine gesteigerte Empfänglichkeit für Suggestionen zum Geständnis von Dingen gebracht, die er nie getan hat. Sinnvoll verwendet können diese Mittel, die also keineswegs «Wahrheitsdrogen» sind, nur im Rahmen der sogenannten Narkoanalyse, bei der mit Hilfe von betäubenden Stoffen der Zugang zum → Unbewußten des Patienten eher gefunden und dann mit ihm gemeinsam im Wachzustand an der Bewältigung des so ermittelten Erinnerungsmaterials gearbeitet wird.

Wahrnehmung Verarbeitung der → Empfindungen im Organismus, die zu einem relativ stabilen und zuverlässigen Bild der Umwelt führt, wie es für das Überleben dieses Organismus dienlich ist. Die Wahrnehmung ist teils ein von der Natur der Reize und der Beschaffenheit der Sinnesorgane bestimmtes Geschehen, das aber auch durch die Erfahrung, die gegenwärtigen Wünsche und die Aufmerksamkeit des Individuums bestimmt wird: Ein hungriger Mensch nimmt bevorzugt Gegenstände wahr, die mit der Befriedigung seines Hungers zu tun haben; ärmere Kinder schätzen Münzen größer ein als reichere. Das Zustandekommen der Wahrnehmungen aus den Reizempfingungen der Sinnesorgane wird durch die → Gestalt-Gesetzte erklärt.

Waschzwang → Symptom der → Zwangsneurose, das sich in häufig wiederholtem, sich manchmal stundenlang hinziehenden Waschen äußert.

Widerstand Begriff der → Psychoanalyse, der alle Äußerungen umfaßt, die sich der Aufdeckung des → Unbewußten entgegenstellen. Durch die Verpflichtung zur Äußerung aller Einfälle wird der Patient dazu gebracht, auch seine Widerstände so weit zu verdeutlichen, daß sie bearbeitet werden können; der Ausdruck «Widerstand» ist insofern gelegentlich irreführend, weil er als Äußerung bewußter Einwände oder eines absichtlichen Verschweigens verstanden wird. Diese bewußten Sperren sind relativ leicht zu erkennen (→ Verneinung), während die unbewußten Widerstände erheblich schwerer zu bearbeiten sind. Andererseits macht die Arbeit an ihnen den wichtigsten, verändernden Teil einer psychoanalytischen Behandlung aus. Widerstandsäußerungen sind: Aufhören der Einfälle (der Patient schweigt), Vergessen der Analysestunde, Zuspätkommen, Abspaltung der Gefühle von den vorgebrachten Einfällen, Beiseiteschieben wichtiger Einfälle durch Gerede über Belanglosigkeiten, → Übertragung und die mit ihr verknüpften Schwierigkeiten.

Wiederholungszwang Nicht kontrollierbarer, unbewußter Vorgang, durch den sich ein Mensch immer wieder in unangenehme Situationen bringt und auf diese Weise alte, belastende Erfahrungen wiederholt; dabei erinnert er sich nicht an die Vorerfahrung, sondern glaubt, etwas in der Gegenwart Begründetes zu erleben. Der Wiederholungszwang gehört zu den wichtigsten und in ihren Ursachen dunkelsten Erscheinungen im Forschungsbereich der Psychologie. Während normalerweise → Lernen adaptiv ist, das heißt der Anpassung und dem Überleben dient, scheint im Wiederholungszwang diese Eigenschaft des Lernens für den Betroffenen ungültig. Er meidet Situationen, die ihm Lust bringen, sucht schädigende, ja selbstzerstörerische Situationen auf oder stellt sie ohne es zu merken selbst her. Er weist Menschen ab, deren Zuwendung ihn stützen könnte, reist, obwohl er bei jedem Besuch an einem Asthma-Anfall erkrankt, jede Woche wieder zu seiner Mutter, setzt Verhaltensweisen fort, von denen er weiß oder ahnt, daß sie sein Leben erheblich abkürzen (→ Sucht, Drogenabhängigkeit). Eine Erklärung liegt darin, daß das selbstschädigende Verhalten dazu dient, Situationen zu erleichtern, die noch unangenehmer sind (→ Schuldgefühle). Weiter spricht sich im Wiederholungszwang die Neigung des → Unbewußten aus, von den Entwicklungs- und Abnützungs-(Vergessens-)Vorgängen im → Ich unberührt zu bleiben. Der lebensfeindliche Zug des Wiederholungszwangs, der Freud zur Annahme eines sich darin aussprechenden → Todestriebes führte, erklärt sich möglicherweise daraus, das die betreffenden Erscheinungen nicht individuell (dem Überleben des einzelnen dienend), sondern artbezogen gesehen werden müssen. Wenn der Wiederholungszwang tatsächlich meistens die Situation der Unzufriedenheit und Kritik der Eltern oder anderer Bezugspersonen der → Primärgruppe am Kind in mehr oder weniger verschlüsselten Formen wiederherstellt, so drückt sich darin die zentrale Bedeutung der → Sozialisation für den Menschen aus. Es diente während der entscheidenden Zeitabschnitte der menschlichen Entwicklungsgeschichte dem Überleben der Art des «Kulturtiers» Mensch, wenn die frühen Gefühlsbeziehungen in der → Familie (der → Ödipuskomplex und seine Vorläufer) so nachhaltig aufgenommen und verinnerlicht wurden, daß eine Veränderung im späteren Erwachsenenleben nur unter großer Mühe und oft gar nicht möglich ist. Die begleitende Gefahr, auf diese Weise auch ungünstige, nicht nährende, sondern zerstörerische Gefühlsbeziehungen zu verinnerlichen, mußte von den Baumeistern der menschlichen Entwicklung (Mutation und Auslese) in Kauf genommen werden.

Wille Bewußte Verstärkung eines Wunsches oder einer Absicht, die aus einer Zahl von mindestens zwei miteinander im Wettbewerb stehenden → Motiven ausgewählt wird. Beispiel: «Soll ich jetzt arbeiten oder spazierengehen?» – «Ich will arbeiten!» In Zusammensetzungen wie «starker» und «schwacher» Wille wird der Ausdruck oft wertend gebraucht. Wer vorwiegend von der Gesellschaft hochgeschätzte Ziele verfolgt und sich nicht davon abbringen läßt, gilt als Mensch mit einem «starken Willen», während der Taugenichts, der in den Tag hinein schläft, einen «schwachen Willen» hat.

Willensfreiheit Philosophischer Begriff; Ausdruck der Fragestellung, ob der Wille eine freie Entscheidung zwischen verschiedenen Motiven treffen kann oder nicht. Vom psychologischen Standpunkt muß zwischen den subjektiven → Gefühlen bei einer solchen Entscheidung und ihrer wissenschaftlichen Untersuchung unterschieden werden. Ich erlebe die Entscheidung zwischen «arbeiten» oder «spazierengehen» als frei. Doch muß ich andererseits davon ausgehen, daß diese Entscheidung auf vielfältige Weise vorbestimmt ist: sowohl durch äußere Einflüsse (etwa den Termin, zu dem die Arbeit fertig sein muß) wie auch durch meine bisherige Lebensgeschichte (die Ausbildung eines → Über-Ich, welches sagt «Arbeit ist besser als Spazierengehen»). Die Freiheit des Willens, die ich spüre, wird bei genauerer Analyse mehr und mehr zu einer Illusion. Das Entschluß-Erlebnis «ich will» ist eine Begleiterscheinung, ein Kommentar des Bewußtseins zum Ausgang einer inneren Auseinandersetzung, in der die stärkeren → Motive gesiegt haben. Diese Motive aber sind durch meine Lebensgeschichte und meine gegenwärtige Lebenssituation bestimmt. Ich könnte meine Freiheit dadurch zeigen, daß ich – selbst auf die Gefahr hin, für willensschwach zu gelten – eine Münze werfe, um zwischen «arbeiten» oder «spazierengehen» zu entscheiden. Aber diese Freiheit des Zufalls ist trügerisch. Kaum jemand würde wichtige Entscheidungen dem Zufall überlassen. Diese Einwände gegen die Annahme einer Willensfreiheit (die auch unserem Strafgesetz zugrunde liegt) stoßen auf den Widerspruch von Rechtsphilosophen und Theologen, doch dürfte die Tatsache einer Abhängigkeit der menschlichen Entscheidung von anderen Einflüssen kaum abzuweisen sein. Die Willensfreiheit muß zu den kulturell begründeten (und möglicherweise für die → Sozialisation und → Erziehung sehr wichtigen) → Illusionen gerechnet werden.

Witz Einfälle oder Szenen, in denen durch Vorgänge der → Verdichtung und → Verschiebung Lustgewinn erzielt wird, der zum Lachen reizt. Die wichtigste psychologische Untersuchung zum Witz stammt von S. Freud, der hier – ähnlich wie im → Traum – die Entstellung einer unentstellt nicht offenzulegenden Absicht mit originellen Mitteln als Grundprinzip des Witzes beschreibt. Beispiel: Der Fürst winkt einen Untertanen heran, der ihm auffallend ähnlich sieht: «Hat Seine Mutter einmal in der Residenz gedient?» – «Nein, Durchlaucht», lautet die Antwort, «aber mein Vater!» Hier wird auf eine indirekte und wenig angreifbare Weise dem taktlosen Fürsten seine eigene Vorstellung zurückgespielt. Zugleich wird eine Menge an Erläuterungen und Erörterungen eingespart; Freud nahm an, daß diese Ersparnis ein wichtiger Teil der durch den Witz gewonnenen Lust sei.

Z

Zwangsneurose Seelische Störung (→ Neurose), bei der bestimmte, zwanghaft wiederkehrende Gedanken oder Handlungen nicht abgewiesen werden können. Es gibt dabei vielgestaltige Zwänge, die meistens eine Übersteigerung bestimmter gesellschaftlicher → Normen darstellen: → Waschzwang, wenn die Reinlichkeit bis zu stundenlangem Waschen übersteigert ist, Kontrollzwang, wenn Fenster oder Türschlösser, Gashähne, Wasserhähne immer wieder überprüft werden müssen, zwanghafte Ordnungsliebe, wenn der Betroffene in unerträgliche Unruhe gerät, sobald nicht sein Haus oder sein Zimmer in einer ganz bestimmten Weise aufgeräumt sind. Die Zwangshandlungen dienen dazu, → Angst abzuwehren, die sonst übermächtig wird. Zwangsgedanken sind oft ausgesprochen aggressiv, wobei die aggressive Grundlage häufig durch verschiedene → Abwehrmechanismen entstellt wird: Nicht der Todeswunsch gegen Kinder, die eine Frau hindern, einen ungeliebten Mann zu verlassen, wird bewußt, sondern die quälende Zwangsvorstellung, im Essen oder im Bettchen der Kinder könnten Nadeln versteckt sein. Nicht der Wunsch, der Vater möge sterben, wird bewußt, sondern der Zwangsgedanke, die Leute auf der Straße könnten tot umfallen, wenn man sie auf eine bestimmte Weise ansehe. In der → Psychoanalyse wird die Zwangsneurose auf → Reaktionsbildungen gegen → Fixierungen in der → analen Phase zurückgeführt und mit dem «Zwangscharakter» in Verbindung gebracht, der zu Ordnungsliebe, Geiz, Pedanterie, kontrollierender Herrschsucht (→ Autoritäre Persönlichkeit, Sadismus) neigt und entsteht, wenn in der Kindheit während der Erziehung zur Sauberkeit, Ordnung und Muskelkontrolle die → Neugieraktivität des Kindes lieblos eingeschränkt wird.

Zwillingsforschung Es gibt eineiige (EZ) und zweieiige Zwillinge (ZZ). Bei den ersten sind die Erbanlagen praktisch identisch, da sie aus einer einzigen befruchteten Eizelle stammen. Die zweiten gleichen sich in ihren Erbanlagen nicht mehr als andere Geschwister, doch werden sie zur selben Zeit geboren und begegnen daher – mehr als andere Geschwister – der Familiensituation, ein Paar zu sein. Die herkömmliche → Methode der Zwillingsforschung besteht darin, die Unterschiede in der Ausprägung bestimmter Merkmale bei EZ und ZZ festzustellen und dann die Unterschiede der ZZ von denen der EZ abzuziehen, um den Einfluß der Vererbung hinsichtlich der betrachteten Eigenschaft genauer zu erkennen. (→ Erbe/Umwelt-Problem). Dabei wird freilich nicht berücksichtigt, daß EZ in einer besonderen Umwelt aufwachsen, die auf ihre Angleichung hinarbeitet (so werden sie häufig von den Eltern gleich angezogen). Aufschlußreicher wäre es, getrennt aufwachsende EZ zu untersuchen; hier sind die nachweisbaren Unterschiede voll und ganz auf Umwelteinflüsse zurückzuführen, während man bei den Gemeinsamkeiten zusammen aufgewachsener EZ kaum abgrenzen kann, welche Eigenschaften ererbt und welche umweltbedingt sind. Eine weitere Form der Zwillingsforschung ist die Methode des Kontrollzwillings, mit der sich die Wechselwirkung von Reifung und → Lernen verfolgen läßt. Man übt zum Beispiel mit einem einjährigen EZ Treppensteigen, während der andere kein Training erhält. In dem beschriebenen Versuch gab das Trainingsergebnis dem geübten Zwilling zunächst einen eindeutigen Vorsprung, der aber im Lauf der Zeit beim Kontrollzwilling durch einfache Reifung wettgemacht wurde: Die frühe Übung führte zu keinem bleibenden Vorsprung. Die jüngste Methode auf dem Gebiet der Zwillingsforschung ermittelt die besonderen Folgen des Aufwachsens als Paar. Es hat sich gezeigt, daß EZ in manchen Persönlichkeitsmerkmalen (wie Neigung, zu herrschen oder sich unterzuordnen) sogar verschiedener sind als ZZ oder gewöhnliche Geschwister. Mit Hilfe der Paarforschung lassen sich auch die Ergebnisse der älteren Zwillingsforschung vielfach sinnvoller auswerten.

2025/1